Wilhelm Müller

Gedichte

Wilhelm Müller

Gedichte

ISBN/EAN: 9783743322769

Hergestellt in Europa, USA, Kanada, Australien, Japan

Cover: Foto ©ninafisch / pixelio.de

Manufactured and distributed by brebook publishing software
(www.brebook.com)

Wilhelm Müller

Gedichte

Vorwort

von

Max Müller.

Es hat wol selten ein Dichter in einem kurzen Leben von dreißig Jahren seinen Namen so tief auf die Erinnerungstafeln der Geschichte deutscher Dichtung eingedrückt als Wilhelm Müller. Ein Dichter, wenn auch seine Jugendleistungen von den wenigen gewürdigt werden, die das wahrhaft Gute und Schöne nicht blos darum bewundern, weil es von andern bewundert worden ist, muß doch, um das Ohr und das Herz seines Volks bleibend zu gewinnen, mit dem Volke leben und an den Bewegungen und Kämpfen seines Zeitalters theilnehmen. So allein kann er ein lebendiges Element in dem Bewußtsein seiner Zeitgenossen, eine bleibende Macht in der Erinnerung seines Volks werden. Wilhelm Müller starb, als sich eben die reichen Blüten seines dichterischen Talents zur Reife der Frucht entfalteten; und nachdem er mit seinen lyrischen Jugendliedern die Herzen der Jugend erwärmt und entzückt hatte, war es ihm nur auf kurze Zeit vergönnt, namentlich in seinen „Griechenliedern" und in den „Epigrammen" der Welt die höhern Ziele zu zeigen, nach denen er strebte. In diesen letzten Werken seiner Muse sieht man leicht, daß seine Dichtung nicht blos ein seliger Rausch der Jugend geblieben wäre, sondern daß er den Ernst ebenso wie das Spiel des Lebens mit poetischem Blick zu fassen, mit wahren und lebendigen Farben darzustellen verstand.

Man kann, glaube ich, die Freunde und Bewunderer Wilhelm Müller's in zwei Klassen theilen: die, welche sich an seinen lebensfrischen, lebensfreudigen Liedern erquicken und erfreuen, und die, welche den Adel und die Kraft seiner Gesinnung ehren, wie sie sich in den Gedichten, die er dem Freiheitskampf der Hellenen widmete, und in seinen Epigrammen aussprechen. Alle Poesie ist eben nicht für alle, noch für alle zu allen Zeiten. Es gibt Kritiker und Literarhistoriker, denen Jugendlieder, Liebeslieder, Weinlieder unausstehlich sind. Sie fragen stets Wozu? Warum?, und sie verlangen vor allem in der Poesie nach hohen oder tiefen Gedanken. Gedankenlose Poesie ist natürlich keine Poesie; aber es gibt Gedanken, die poetisch sind, auch ohne aus den tiefsten Tiefen des Herzens oder des Geistes geschöpft zu sein, ja, die poetisch sind, weil sie so einfach, so wahr, so ungesucht sind wie die Blumen am Bach oder die Sterne am Himmel. Es gibt eine Poesie für die Alten, aber es gibt auch eine Poesie für die Jungen. Die Jugend verlangt von der Poesie Vermittelung ihrer jugendlichen Gefühle und lernt sich erst wahrhaft selbst verstehen an den Dichtern, welche für sie sprechen, so wie sie selbst sprechen möchte, wenn ihr die Natur die Melodie der Gedanken und die Harmonie der Worte verliehen hätte. Die Jugend ist und bleibt die Majorität der Welt und wird sich das Recht dichterischer Begeisterung für junge Liebe und alten Wein von keiner finstern Stirne rauben lassen. Sei es, daß diese Jugend nicht allzu kritisch ist; sei es, daß sie es nicht versteht, mit gelehrten Phrasen über den Werth ihrer Lieblingsdichter zu sprechen oder zu schreiben: wer ist der Dichter, der nicht lieber in der warmen Erinnerung der unverwüstlichen Jugend seines Volks leben möchte, als in vielbändigen Encyklopädien oder selbst in marmornen Walhallas? Die Geschichte und die Gedichte von einem Müllersknecht, der eine Müllerstochter geliebt, und von einer Müllerstochter, der ein Jäger besser gefiel, mögen manchem Vierziger und Funfziger recht gewöhnlich, alltäglich und unpoetisch erscheinen. Aber es gibt Vierziger und Funfziger, die die schöne Ferne ihrer Jugend nie aus den Blicken verloren, die noch immer mit den Fröhlichen lachen und mit den Traurigen trauern, mit den Liebenden lieben, ja mit alten und jungen Freunden ihren Becher leeren können, und denen die Alltäglichkeit den poetischen Zauber nicht verwischt hat, der überall auf dem Leben ruht, wo es mit warmen und natürlichen Gefühlen erfaßt wird. Gedichte, welche einem Franz Schubert so in die Seele hinein und aus der Seele herausdringen konnten wie „Die schöne Müllerin“ und „Die Winterreise“, dürfen auch uns den Grund des Herzens bewegen, ohne daß wir die weisen Mienen derer zu fürchten hätten, die es verstehen in vielen Worten nichts zu sagen. Warum sollte denn die Poesie weniger Freiheit haben als die Malerei, das Schöne aufzusuchen, wo immer ein Menschenauge es entdecken und Menschenkunst es nachschaffen kann? Niemand tadelt den Maler, wenn er statt himmelhoher Felsspitzen oder himmelweiter Meereswogen den stillen engen Thalgrund auf seine Leinwand hinzaubert, voll von grünem Duft und belebt durch eine graue Mühle und ein dunkelbraunes Mühlrad, von dem der Wasserstaub wie Silber emporsteigt und in den Sonnenstrahlen verschwimmt und verschwindet. Ist das, was nicht zu gewöhnlich für den Maler ist, zu gewöhnlich für den Dichter? Ist ein Idyll in den wahrsten, wärmsten, weichsten Farben der Seele, wie „Die schöne Müllerin", weniger ein Kunstwerk als eine Landschaft von Lessing? Und wie entspricht in diesen Liedern die Ausführung dem Gegenstand! Der Ton der Müllerlieder ist durchaus volksthümlich und erinnert manchen vielleicht zu sehr an den Ton von „Des Knaben Wunderhorn". Dies ist aber unvermeidlich. Theokrit konnte seine Idyllen nicht in prächtigem attischem Griechisch schreiben; er bedurfte der Gemüthlichkeit des böotischen Dialekts. Ebenso Wilhelm Müller, dem man daher ein jetzt vielleicht mehr als früher störendes „Thät" oder „Wasen" oder „Schleuß zu" nicht zum Vorwurf machen sollte.

Die Einfachheit und Natürlichkeit in der Auffassung der Natur zeigt sich am schönsten in den „Wanderliedern" und in dem „Frühlingskranz aus dem Plauenschen Grunde". Nirgends ein mühsamer Gedanke oder ein mühsames Wort. So wie die schöne Frühlingswelt ist, so wird sie geschildert; aber überall wird sie belebt und begeistet durch das Dichterauge und den Dichtergeist, die das erblicken und das in Worten aussprechen, was andere nicht sehen und was die stumme Natur nicht sagen kann. Dies Erkennen des Schönen im Unbedeutenden, des Großen im Kleinsten, des Wunderbaren im Alltäglichen, ja diese Ahnung des Göttlichen bei jedem irdischen Genuß, dies ist es, was den kleinen Liedern Wilhelm Müller's ihren eigenen Reiz verleiht und sie allen denen so liebgemacht, welche die Freude des Sich still der Natur Hingebens im Treiben des Lebens nicht verlernt und den Glauben an das Mysterium der göttlichen Allgegenwart im Schönen, Guten und Wahren nicht verloren haben. Man lese doch „Das Frühlingsmahl" oder „Pfingsten", und man wird sehen, daß auch im kleinsten Thautropfen sich eine ganze Welt, ja ein Himmel spiegeln kann.

Und wie der Genuß an der Natur einen so hellen Widerhall in der Poesie Wilhelm Müller's findet, so auch der Genuß, den der Mensch am Menschen hat. Trinklieder und Tafellieder sind nicht die höchsten Erzeugnisse der Poesie: aber wenn die Freuden des Zusammenseins und Zusammengenießens zu den hellsten Augenblicken menschlichen Glücks gehören, warum sollten sie dem Dichter als der Dichtung unwürdig erscheinen? Es liegt in den Trinkliedern etwas entschieden Deutsches, und keine Nation hat ihren Wein so in Ehren gehalten als die unserige. Kann man sich englische Gedichte auf Sherry oder Port denken? Hat der Franzose viel von seinem Bordeaux, selbst von seinem Burgunder zu erzählen? Es fehlt dort die Poesie im Wein, weil man das nicht kennt, was dem Wein Poesie verleiht, das frohe Miteinander- und Zusammengenießen, das Sich-öffnen der Herzen, das Wiedermenschwerden aller Professoren und Geheimräthe, aller Generale und Minister beim Klange der Gläser. Diese rein menschliche Freude am Genuß des Lebens, an der Würze des deutschen Weins und der noch höhern Würze des deutschen Symposiums findet den glücklichsten Ausdruck in den Trinkliedern Wilhelm Müller's. Oft sind sie von den besten Meistern in Musik gesetzt, und lange sind sie gesungen worden von Fröhlichen und Glücklichen. Der Name des Dichters ist oft vergessen, und manches seiner Lieder zum Volkslied geworden, eben weil es dem deutschen Volke aus Herz und Seele gesungen war, so wie das Volk vor funfzig Jahren war und wie die Besten noch immer sind, trotzdem daß so manches in der Heimat anders geworden.

Daß es auch in den Trinkliedern an Ernst nicht fehlt, ist leicht zu sehen. Der Wein war gut, die Zeit war schlecht. Die, welche wie Wilhelm Müller die großen Leiden und die großen Hoffnungen des deutschen Volks getheilt, und die dann sahen, daß nach all den Opfern, die man gebracht, alles umsonst, alles wieder wie sonst und noch schlechter war, die konnten ihren Mismuth nur schwer verhehlen, so hülflos sie auch waren gegen die Brutalitäten der Machthaber. Manche, die wie Wilhelm Müller an der Wiederbelebung des deutschen Volksgefühls gearbeitet, die wie er die Universität verlassen, um als gemeine Soldaten ihr Leben und Lebensglück der

Freiheit des Vaterlands zu opfern, die dann sahen, wie die Furcht der kaum geretteten Fürsten vor ihren Rettern und die Furcht des Auslandes vor einem geeinigten und starken Deutschland Hand in Hand die schöne in Blut und Thränen gesäete Saat zerstörten, die konnten wol nicht immer den Unmuth der Entrüstung unterdrücken an solcher schwachherzigen, schwachsinnigen Politik. Am 1. Januar 1820 schrieb Wilhelm Müller in der Widmung des zweiten Theils seiner „Briefe aus Rom“ an seinen Freund Atterbom, den schwedischen Dichter, mit dem er noch vor kurzem die Carnevalszeit heiter und rücksichtslos in Italien zugebracht: „Und somit grüße ich Sie in Ihrem altheiligen Vaterlande, nicht wie das Buch, dessen Schreiber mir fremd geworden ist, scherzend und spielend; nein, ernst und kurz: denn die große Fastenzeit der europäischen Welt, der Marterwoche entgegensehend und harrend auf Erlösung, verträgt kein gleichgültiges Achselzucken und keine flatterhaften Vermittelungen und Entschuldigungen. Wer in dieser Zeit nicht handeln kann, der kann doch ruhen und trauern.“ Für solche Worte, verhüllt wie sie waren, resignirt wie sie waren, war zu damaliger Zeit die mainzer Festung die gewöhnliche Antwort.

Deutsch und frei und stark und lauter
In dem deutschen Land
Ist der Wein allein geblieben
An des Rheines Strand.
Ist der nicht ein Demagoge,
Wer soll einer sein?
Mainz, du stolze Bundesfeste,
Sperr' ihn nur nicht ein!

Wenn Wilhelm Müller den kleinlichen und peinlichen Verfolgungen der damaligen Polizeiwirthschaft entging, so verdankte er es theilweise seinem zurückgezogenen Leben in seinem kleinen Vaterlande, theilweise seinem guten Humor, der den Menschen denn doch nicht ganz im Politiker untergehen ließ. Ungünstige hatte er wol auch an dem kleinen Hofe, dessen Fürst und Fürstin ihm persönlich gewogen waren. Ein glückliches Leben wie das seinige konnte nicht ohne Neider sein, und sein freimüthiges, argloses Wesen gab leicht Gelegenheit zu Verdächtigungen. Aber die einzige Antwort, die er den Böswilligen gab, war:

Und laßt mir doch mein volles Glas,
Und laßt mir meinen guten Spaß
Mit unsrer schlechten Zeit!
Wer bei dem Weine singt und lacht,
Den thut, ihr Herrn, nicht in die Acht!
Ein Kind ist Fröhlichkeit.

Wilhelm Müller fühlte offenbar, daß, wenn Worte keine Thaten sind und zu keinen Thaten führen, Schweigen des Mannes würdiger ist als Reden. Er wurde nicht zum politischen Dichter, wenigstens nicht in seinem eigenen Vaterlande. Als aber die Erhebung der Griechen an das nie ganz zu erdrückende menschliche Mitgefühl der christlichen Völker appellirte, und als auch hier die kleinherzige Politik der Großmächte, anstatt den Grundsätzen zu folgen, welche allein das wahre und dauernde Glück der Staaten sowie der einzelnen Menschen zu begründen vermögen, mit den großen Ereignissen des Ostens Europas spielte und feilschte, da schien der lang' angehäufte Grimm des Dichters und des Menschen zum Ausbruch zu kommen und sich in den Liedern für den Freiheitskampf der Hellenen Luft zu machen. Menschliche, christliche, politische und classische Sympathien wärmten sein Herz und hauchten den meisten seiner Lieder die Glut ein, die sie noch immer besitzen. Wie ein junger Mann in einer kleinen isolirten Stadt wie Dessau, fast ausgeschlossen vom Verkehr der großen Welt, den Ereignissen der griechischen Erhebung Schritt für Schritt folgen, das Berechtigende, das Schöne und Hohe des Kampfs erfassen, die hervorstechenden Charaktere sich vergegenwärtigen und zugleich die eigenthümliche locale Färbung der Ereignisse bemeistern konnte, ist überraschend. Wilhelm Müller war eben nicht nur Dichter, sondern innig vertraut mit dem classischen Alterthum. Er kannte seine Griechen, seine Römer. Und wie er während seines Aufenthalts in Rom überall das Alte im Neuen wiedererkannte, überall das Ewige in der Ewigen Stadt zu finden suchte, so waren ihm auch die neuen Griechen unzertrennlich mit den alten verwachsen. Kenntniß der neugriechischen Sprache galt ihm als eine natürliche Ergänzung des Studiums der altgriechischen, und seine Vertrautheit mit den Volksliedern des neuen sowie des alten Hellas lieferte ihm die Farben, die seinen eigenen Griechenliedern den lebendigen Ausdruck der Wahrheit und Natürlichkeit verliehen. So entstanden die

„Griechenlieder", die in kleinen Heften und in schneller Aufeinanderfolge erschienen und beim Volke großen Anklang fanden. Den väterlichen Regierungen der damaligen Zeit flößten jedoch selbst diese „Griechenlieder" Besorgnisse ein.

Ruh und Friede will Europa — warum hast du sie gestört?
Warum mit dem Wahn der Freiheit eigenmächtig dich bethört?
Hoff' auf keines Herren Hülfe gegen eines Herren Fron:
Auch des Türkenkaisers Polster nennt Europa einen Thron.

Seine letzten Gedichte wurden von der Censur unterdrückt, ebenso sein „Hymnus auf den Tod Rafael Riego's". Einige davon sind erst lange nach seinem Tode herausgegeben worden, andere sind wol in den Händen des Censors verloren gegangen.

Wenn man bedenkt, was alles in dieses kurze Erdenleben zusammengedrängt war, so möchte man glauben, daß dies unermüdliche Ergreifen und Schaffen Körper und Geist ermüdet, geschwächt und aufgelöst hätte. Dies war aber nicht der Fall. Alle, die den Dichter kannten, stimmen darin überein, daß er sich nie überarbeitet, und daß er alles, was er gethan, mit größter Leichtigkeit und Freude vollbracht hat. Man bedenke nur, wie seine Studienzeit durch Kriegsdienst unterbrochen worden, wie dann seine Reise in Italien mehrere Jahre seines Lebens in Anspruch nahm, wie er später in Dessau seinem Berufe als Lehrer und Bibliothekar zu leben hatte, und man blicke dann auf das, was er geschafft und geschaffen hat: so wird man staunen nicht nur über die Masse, sondern noch mehr über die reife Form, die seine Arbeiten auszeichnete. Er gehörte zu den ersten, die mit Zeune, von der Hagen und den Gebrüdern Grimm an der Wiederbelebung des Interesses für die alt- und mitteldeutsche Literatur arbeiteten. Er war ein Lieblingsschüler Wolf's, und seine „Homerische Vorschule" hat damals mehr als irgendein anderes Werk für die Wolf'schen Ideen Propaganda gemacht. Er war in den neuern Sprachen Europas, im Französischen, Italienischen, Englischen und Spanischen, wohl bewandert, und seine Kritiken in allen diesen Feldern der Literatur legen Zeugniß ab, wie innig er mit den besten Schriftstellern dieser Völker vertraut war. Dabei arbeitete er stets für Journale und Encyklopädien und war namentlich als Mitherausgeber an der großen „Encyklopädie der Wissenschaften und

Künste" von Ersch und Gruber thätig. Sodann unternahm er die Herausgabe einer „Bibliothek deutscher Dichter des 17. Jahrhunderts", und dies alles — seiner Dichtungen und Novellen zu geschweigen — in der kurzen Spanne eines Lebens von dreiunddreißig Jahren!

Ich vergesse fast, daß ich von meinem Vater spreche; denn ich habe ihn ja kaum gekannt, und als seine wissenschaftliche und poetische Thätigkeit ihr Ende erreichte, war er viel jünger, als ich jetzt bin. Ich glaube aber nicht, daß eine natürliche Hinneigung und Verehrung für den Dichter uns die Berechtigung zu einem Urtheil rauben kann. Liebe, sagt man wol, macht blind; aber Liebe stärkt und schärft auch die blöden Augen, sodaß sie das Schöne erblicken, wo Tausende gleichgültig vorübergehen. Scheint es doch fast, wenn man die meisten kritischen Aufsätze liest, als sei es das Hauptgeschäft des Kritikers, die Schwächen und Fehler eines jeden Kunstwerks herauszufinden. Nichts hat der Kritik so geschadet als dieses Vorurtheil! Ein Kritiker ist ein Richter; aber ein Richter, wenn er auch kein Anwalt ist, soll doch auch nicht blos Ankläger sein. Die schwachen Seiten eines Kunstwerks verrathen sich gar zu bald; aber um das Schöne herauszufinden, dazu gehört eben nicht nur ein scharfer, sondern ein geübter Blick, dazu gehören vor allem Liebe und Mitgefühl. Das Herz macht den Kritiker, nicht die Nase. Es ist bekannt, wie viele der wunderschönsten Punkte in Schottland und Wales und Cornwall vor nicht gar vielen Jahren noch als Wüsten und Einöden verschrien waren. Man bewunderte Richmond und Hamptoncourt, man reiste sogar nach Versailles, und bewunderte auch den oft bewunderten ewig blauen Himmel von Italien. Aber Dichter wie Walter Scott und Wordsworth entdeckten die Schönheiten ihrer Heimat. Wo andere nur über kahle und unbequeme Hügel geklagt hatten, erblickten sie die Schlachtfelder und Grabhügel urzeitlicher Titanenkämpfe der Natur. Wo andere nichts sahen als öde Steppen voll Heidekraut und Ginster, da erschien ihnen das Land wie mit Teppichen gedeckt, elastischer und farbenreicher als die herrlichsten Gewebe der Türkei. Wo andere sich über graue kalte Nebel geärgert, da staunten sie die silbernen Schleier der Braut des Morgens an und die goldene Verklärung des Abendroths. Jetzt bewundert jeder Cockney den geringsten See von Westmoreland und den ödesten Moor in den

Highlands. Warum? Weil wenig Augen so blind sind, daß sie das Schöne nicht sehen können, wenn es ihnen gezeigt worden, und wenn sie wissen, daß sie sich ihrer Bewunderung nicht zu schämen brauchen. Wie mit den Schönheiten der Natur, so mit den Schönheiten der Poesie. Das Schöne in der Poesie muß auch erst entdeckt und, nachdem es entdeckt, mitgetheilt werden; sonst sind schottische Balladendichter nur gemeine Bänkelsänger, sonst sind die Nibelungenlieder, wie Friedrich der Große meinte, keinen Schuß Pulver werth. Das Handwerk des Tadelns ist bald gelernt; die Kunst der Bewunderung ist eine schwere Kunst, schwer namentlich für kleine Geister, enge Herzen und furchtsame Seelen, die gern auf breiten und sichern Pfaden gehen. So manche Kritiker und Literaturhistoriker sind bei den Gedichten Wilhelm Müller's vorbeigerannt, sowie die Wanderer, die den gewohnten Touristenweg gehen, links und rechts bei den schönsten Blicken der Natur vorbeilaufen und erst stillestehen und Augen und Mund öffnen, wenn ihr rothes Buch ihnen sagt, daß sie bewundern sollen. Begegnet ihnen am Wege ein alter Mann, der hier zu Hause ist, und räth den Wanderern von der breiten Landstraße hinweg mit ihm einen schattigen Mühlsteig entlang zu gehen, so fühlen viele zuerst wol Mismuth und Mistrauen. Haben sie sich aber im dunkelgrünen Thalgrund mit seinem muntern Mühlbach und seinem würzigen Walddust erfrischt, so sind sie dem Führer nicht länger böse, daß er ihnen ein etwas lautes Halt auf ihrer Reise zugerufen. Ein solches Halt ist's, was ich in diesen kurzen einleitenden Zeilen dem Leser zuzurufen versucht — und ich glaube, auch ich darf wol dafür auf Nachsicht, wenn nicht auf Dank rechnen.

In dieser neuen Ausgabe der Gedichte meines Vaters habe ich nur wenig zu ändern gehabt. Zu einer Auswahl fühlte ich mich nicht berechtigt; denn wenn auch manche seiner Gedichte der Vergessenheit anheimgegeben werden könnten, ohne daß ein wesentlicher Zug im Bilde des Dichters verwischt würde, so hat man doch, namentlich in einer „Bibliothek der deutschen Nationalliteratur", lieber gern alles beisammen. Man kann ja leicht überschlagen, und bei der Verschiedenheit des Geschmacks wäre es schwer gewesen, irgendwelche bedeutende Zahl von Gedichten wegzulassen und sich nicht mit Sicherheit dem Vorwurf auszusetzen, daß Leser und Leserinnen gerade diejenigen vermißten, nach welchen sie in den Poesien Wilhelm Müller's gesucht. Ich habe daher die zahlreichen Zusätze, die in der vierten Auflage der „Gedichte" (2 Theile. Leipzig, 1858) zuerst gedruckt worden sind, auch in dieser Ausgabe beibehalten und ihnen noch ein neues Gedicht hinzugefügt. Gustav Schwab sagt in der Biographie des Dichters, womit er die von ihm herausgegebenen „Vermischten Schriften" Wilhelm Müller's (5 Bändchen. Leipzig, 1830) begleitete: „Die Hochzeit ward im Mai 1821 am Tage der Silbernen Hochzeit seiner Schwiegerältern gefeiert, zu welchem Feste Müller das schöne Gedicht: «Dem älterlichen Brautpaar» verfaßte, das späterhin im «Morgenblatt» abgedruckt ward und jetzt dieser Sammlung einverleibt ist." Ein sonderbarer Zufall aber wollte es, daß dennoch dieses Gedicht weder in die erwähnte noch in eine spätere Sammlung aufgenommen wurde. Es steht nun im ersten Theil der vorliegenden Ausgabe unter den „Vaterländischen Gedichten". Was ich an den Texten zu ändern hatte, beschränkte sich auf Verbesserung der Schreib- und Druckfehler und auf eine passende Anordnung der verschiedenen Gedichtgruppen.

Die am Schluß des ersten und zweiten Theils gegebenen Anmerkungen rühren meist vom Dichter selbst her. Eines weitern Commentars schienen mir diese Gedichte, deren Sprache so einfach und so natürlich dahinfließt, entrathen zu können. Selbst die in den „Griechenliedern" erwähnten Personen und Begebenheiten sind theils noch so lebendig in der Erinnerung, theils so leicht in zugänglichen Geschichtswerken oder Encyklopädien nachzuschlagen, daß ein gelehrter Apparat von Erklärungen auch hier zur Zeit wol noch überflüssig ist.

Gustav Schwab hat die äußern Lebensumstände und den Entwickelungsgang Wilhelm Müller's aus eigenen Erinnerungen sowie durch authentische Mittheilungen der Familie unterstützt in seiner Biographie des Dichters anschaulich geschildert. Dieselbe wird in Folgendem mit nur einigen unwesentlichen Nachträgen von meiner Hand den Lesern von neuem dargeboten.

Oxford, 1868.

Max Müller.

Wilhelm Müller's Leben.

Von

Gustav Schwab.

Wilhelm Müller ward zu Dessau den 7. October 1794 geboren. Sein Vater war ein wohlhabender, für seinen Stand gebildeter und in seiner Vaterstadt allgemein geachteter Bürger. Fünf theils größere, theils kleinere Geschwister Wilhelm's starben bald nacheinander weg, und die ganze Liebe und Sorge der Aeltern wandte sich nun dem einzig übrigbleibenden Kinde zu. Auch Wilhelm hatte im dritten oder vierten Jahre einen heftigen Gichtanfall zu überstehen; später war er jedoch nie ernstlich krank und wurde zwar kein starker, doch ein gesunder Knabe. Grenzenlos war die Willensfreiheit, welche ihm von seinen Aeltern gelassen wurde; denn nie haben sie, aus übergroßer Liebe und Angst, ihn zu bestrafen gewagt. Seine Erziehung war so fern von allem Zwange, daß die Wahl der Selbstbeschäftigung fast ganz den Launen des Knaben überlassen blieb. Kein Wunder, wenn auch später noch der lebhafte Geist des Jünglings einige Zeit hindurch von einem Lieblingsgegenstande zum andern schwankte. Was dem minder Begabten leicht hätte verderblich werden können, ward hier wohlthätig entscheidend für das Leben; denn nicht nur wurde dadurch jenes Gefühl von Unabhängigkeit erweckt und genährt, das einen Grundton in Müller's Dichterleben ausmachte, sondern gewiß auch schon damals der Keim zu einer Vielseitigkeit des wissenschaftlichen und künstlerischen Strebens in ihn gelegt, die in seiner schriftstellerischen Thätigkeit immer sichtbar war. Mehrere Reisen, die Müller schon als Knabe mit einem Hausfreunde der Aeltern nach Frankfurt, Dresden, Weimar u. s. w. machen durfte, dienten gleichfalls zur freiern Ausbildung seiner Anlagen und weckten in ihm zugleich jene Wanderlust, die ihn späterhin nie verließ und ein Hauptelement seiner Poesie wurde.

Seine ersten dichterischen Versuche fallen in sein vierzehntes Lebensjahr, wo er einen ganzen Band wie zum Druck fertig ordnete, enthaltend: Elegien, Oden, kleine Lieder und ein Trauerspiel nach einem Romane bearbeitet. Von spätern Poesien aus dieser Zeit hat er nichts aufbewahrt; doch mag er auf der Schule sich viel mit Versen beschäftigt haben, und als Primaner schrieb er, wie seine Bekannten erzählen, oft vor der Schulstunde die ganze Tafel damit voll. In seinem elften Jahre starb ihm die Mutter; der Vater verheirathete sich nach einigen Jahren wieder mit einer vermöglichen Bürgersfrau, wol größtentheils mit in der Absicht, einen längstgehegten Wunsch in Ausführung bringen, den Sohn studiren lassen zu können.

Im Jahre 1812 bezog der achtzehnjährige Jüngling auch wirklich die Universität Berlin. Ein kleiner Auszug aus einem Aufsatz, den er bei seinem Abiturientenexamen schrieb und der noch jetzt unter den Papieren der Schule in Dessau aufbewahrt wird, möge hier seine Stelle finden:

„... Doch gegen das Ende des 11. Jahrhunderts bricht ein barbarisches Volk, türkischer Abkunft, die Seldschucken, in Palästina ein, und die verjagten Christen klagen umsonst über ihre gemishandelten Heiligthümer und umsonst versucht es die Stimme zweier Päpste, ihnen einen Rächer zu erwecken.

„Da ergreift einen durch Wunderzeichen entflammten Einsiedler der Entschluß, das Grab seines Erlösers zu befreien, und der päpstliche Stuhl, den damals Urban II. besitzt, nimmt seinen Vorschlag, nicht ohne politische Gründe, freudig auf. Der Prophet läßt die Stimme der Gottheit durch Frankreich und Italien ertönen. Seine Zunge thut Wunder, und der Himmel beschützt ihn durch seltene Zeichen. Der Greis vergißt das Zittern seines Arms, und der Knabe quält sich das große Schwert seines Vaters aufzuheben. «Gott will es!» riefen in der Versammlung zu Clermont, im Frühling des Jahres 1095, Tausende aus Einem Munde, Fürsten und Bettler. Karl der Große, lief die Sage, würde, von den Todten auferstanden, die Streiter des Kreuzes anführen. Peter erwartete den Aufbruch des größern Heeres nicht: im Frühling des Jahres 1096 verläßt er mit einem unordentlichen Haufen sein Vaterland, und am 15. August folgt ihm der Oberfeldherr von Bouillon.

„Die neuere Geschichte ist arm an großen herzerhebenden Thaten und Männern, die die alte einer erhabenen Dichtung ähnlich machen;

und dennoch ist der wenige Heroismus jener Zeiten mehr als etwas der Versündigung des Witzes ausgesetzt. Der Kleinmuth unsers Jahrhunderts leugnet, was zu leugnen ist, und zerrt und dreht an dem Unleugbaren so lange, bis es sich gestaltet, wie er es fassen kann. So ward Frankreichs rettende Schäferin eine feile Dirne, so wurden auch die Kreuzzüge bald das Werk der Raserei, bald der Verzweiflung, bald der Eroberungssucht, bald einer ränkevollen Politik.

„Dann aber verwaltet der Dichter sein heiligstes Amt, als Anwalt der Tugend und Unschuld, und was der Spott in den Staub gewälzt, hebt er zum Himmel. Die Kreuzzüge haben Voltaire genug gefunden, aber auch einen Tasso."

In Berlin widmete sich Müller unter F. A. Wolf's Einflusse und unter der Leitung von Böckh, Buttmann, Rühs, Solger und Uhden, philologischen und geschichtlichen Studien, die, nachdem der Krieg sie eine Zeit lang unterbrochen hatte, später wieder von ihm aufgenommen wurden. Auch ihn nämlich rief im März 1813 der Befreiungskrieg als Freiwilligen unter die preußischen Fahnen, unter denen er den Schlachten bei Lützen, Bautzen, Hanau und Kulm beiwohnte. Später folgte er dem preußischen Heere nach den Niederlanden und kehrte, nachdem er einige Zeit in dem Commandantenbureau zu Brüssel thätig gewesen, im Jahre 1814 über Dessau nach Berlin zurück.

Seinen lebhaften Geist bewahrte die Einwirkung der obengenannten Männer vor seichter Vielwisserei; inzwischen strebte er, nach verschiedenen Seiten hin sich auszubilden. Er fand an Zeune und Jahn theilnehmende Freunde, wurde Mitglied der Berlinischen Gesellschaft für deutsche Sprache und nahm mit Eifer das Studium der altdeutschen Literatur vor, als dessen Frucht im Jahre 1816 die „Blumenlese aus den Minnesängern" erschien. Die schon im Herbst 1815 abgefaßte, den Bearbeitungen jener altdeutschen Lieder vorangestellte Vorrede bildet eine Abhandlung über den deutschen Minnegesang, die von Selbstdenken zeugt, doch auch viele Spuren jugendlicher Unreife enthält.

Sein Aufenthalt in Berlin führte ihn mit Freunden der Poesie zusammen, und durch diese Vereinigung genährt und gefördert, trieb sein längst knospendes Talent die ersten Blüten. Die Dichtung hatte im Sommer 1814 einige junge Männer verbunden, die während des Feldzugs einander befreundet worden und jetzt aus diesem heimgekehrt waren. Graf Friedrich von Kalckreuth, Graf Georg von Blankensee und Maler Wilhelm Hensel waren die ersten, die sich zusammengefunden. Das Bedürfniß, sich an Gleichgesinnte und Gleichempfindende anzuschließen, führte Wilhelm von Studnitz und zuletzt Wilhelm Müller zu ihnen. Obgleich dieser letzte der jüngste von allen an Jahren und Bestrebungen war, so erkannten die ältern Freunde doch bald in ihm das schönste Talent und betrachteten ihn als die Blüte ihres Vereins. Diese Vorempfindung, sowie der Umstand, daß Müller damals (wie später sein ganzes Leben hindurch) den Studien ungetheilt angehören durfte, während die übrigen Freunde andern Berufspflichten obliegen mußten, veranlaßte den Grafen Kalckreuth, ihm die Leitung des kleinen Bundes als Ordner zuzuerkennen, und alle Freunde stimmten ihm bei; wie denn Freundschaft diesen Bund ebenso sehr beseelte als Liebe zur Dichtung, eine Freundschaft, welche das Grab überdauert. Die „Bundesblüten", die im Jahre 1815 in Berlin bei Maurer erschienen, enthalten die Erstlinge der lyrischen Muse Müller's. Durch die Verbindung mit dem Grafen Kalckreuth wurde dieser in den literarischen Cirkel des Feldmarschalls, welcher der Vater seines Freundes war, gezogen, und die Freunde lebten thätig und fröhlich beisammen, bis der Krieg sie im Frühjahr 1815 aufs neue auseinanderführte. Müller allein blieb in Berlin zurück „und überholte bald in der Entwickelung seines schönen Talents die Freunde in gleicher Weise, als er ihnen von Natur überlegen war" (Worte des Grafen Friedrich Kalckreuth).

In dieser Zeit ging Müller's flüchtige Erscheinung auch an dem Verfasser dieser Lebensbeschreibung vorüber, dem nach Beendigung seiner Studien auf einer Reise durch Norddeutschland einige Monate zu Berlin im Umgange mit Dichtern und Gelehrten zu verweilen gegönnt war. Müller wurde damals (im Sommer 1815) von dem Professor Messerschmidt von Altenburg dem Freiherrn de la Motte Fouqué, der unter Dichtergenossen und andern Bekannten in dem Saale eines Kaffeehauses, das der Sammelplatz der Literaten war, in traulichem Gespräche saß, vorgestellt. Er stand erröthend vor dem Meister, dessen Poesie auf ihn wie auf die meisten jüngern Dichter jener Zeit einen so großen Einfluß geübt hatte; sein Gesicht blühte in der ersten Jugend, eine fast jungfräuliche Scham färbte mit einem schnell wachsenden und vergehenden Roth die durchsichtige Haut seiner Wangen; im Auge glänzte der Stolz des werdenden Dichters; ein voller Kranz von blonden, halbgelockten Haaren umgab seine hohe Stirne. In dieser Gestalt ist er mir später immer erschienen, wenn ich die begeisterungsvollsten seiner Gesänge, namentlich seine „Griechenlieder" las.

Nach dem Frieden von 1815 kehrte Müller's Freund Graf Kalckreuth auf kurze Zeit nach Berlin zurück und freute sich seiner fortschreitenden Entwickelung. Damals traf auch Adolf Müllner in jener Hauptstadt ein und berührte die Freunde. Diese hofften eine neue, gehaltvollere Sammlung der „Bundesblüten" zu Stande zu bringen, in welcher Müller nach ihrer Ueberzeugung jedenfalls den ersten Platz eingenommen haben würde. Jene Hoffnung ging jedoch nicht in Erfüllung. Inzwischen entwickelte sich Wilhelm Müller's Dichtertalent immer mehr in der Stille; der größte Theil der Lieder, die den ersten Band seiner später erschienenen Gedichte füllen und die unter die frischesten Erzeugnisse seiner Muse zu zählen sind, fällt in diese Zeit. Von großem Einfluß auf sein Gemüth war der Umgang mit der Familie eines seiner Freunde, wo eine fromme, reine Liebe die vortheilhafteste Veränderung in seinem Innern hervorbrachte.

Oeffentlich trat Müller um diese Zeit mit kleinern Arbeiten in Tagesblättern auf, namentlich im „Gesellschafter", dessen Kritiken über die Darstellungen der berliner Bühne den jungen Beurtheiler mit Müllner in Streit brachten. Auch die Uebersetzung des „Doctor Faustus" von Marlow, aus dem Englischen, wurde damals vollendet. Sie erschien im Jahre 1818 (Berlin, Maurer), und Achim von Arnim begleitete sie mit einer Vorrede.

Nach dem Schlusse seiner wissenschaftlichen Bildungszeit, im Jahre 1817, eröffnete sich unserm Dichter unerwartet eine glänzende Aussicht zur Ausbildung seines Talents wie überhaupt seines Geistes, durchs Leben und durch die Anschauung fremder Natur und Nationalität. Der königlich preußische Kammerherr und Baron, später Graf Sack hatte sein Vermögen dem Staat auf Leibrenten überlassen und beschloß, zur Stärkung seiner Gesundheit eine Reise nach Aegypten zu machen. Er wollte, daß dieselbe zugleich den Wissenschaften nützlich werde, und veranlaßte die berliner Akademie, ihm einen Gelehrten auf seine Kosten mitzugeben. Die Wahl fiel auf unsern Müller. Der Reiseplan wurde rasch entworfen, und die

Wanderer wollten den Weg über Wien und Konstantinopel nehmen. Von der Akademie der Wissenschaften zu Berlin mit Empfehlungsschreiben an das griechische Volk und an die Consuln sowie mit einer Instruction zur Sammlung von Inschriften versehen, trat Wilhelm Müller im August 1817 in Begleitung des Freiherrn die Reise an. Ein zweimonatlicher Aufenthalt in Wien wurde zumeist der Erlernung der neugriechischen Sprache gewidmet. Die Liebe des Freiherrn von Sack zu Müller bewog ihn, den Reiseplan zu ändern und den Weg über Italien, das gelobte Land der Dichter, zu nehmen, das der letztere sehnlich kennen zu lernen wünschte. So gingen denn beide über Venedig und Florenz nach Rom.

Graf Kalckreuth hatte im Frühling desselben Jahres eine Fußwanderung angetreten, die ihn durch Deutschland, die Schweiz, Frankreich und Italien führte. Ganz unerwartet traf er mit seinem Freunde in Florenz zusammen, wo er diesen tief in den toscanischen Kunstgenüssen traf, gegen welche der ältere Reisebegleiter, der Baron Sack, kälter war, während Müller's Leben darin aufging. Graf Kalckreuth reiste dem Freunde nach Rom voran, und dieser folgte ihm bald nach. Beide durchwanderten nun gemeinschaftlich das einzige Rom, während sie dem ältern Begleiter nicht zumuthen konnten, mit ihrer Unersättlichkeit Schritt zu halten. Es war nicht zu verkennen, daß Müller den längern und sich unmerklich immer mehr verlängernden Aufenthalt der nachgiebigen Güte seines Gefährten allein zu danken hatte. Kalckreuth ging zu Ende des Carnevals nach Neapel; Müller gedachte ihm zu folgen; aber der Freund fand ihn zu Ostern 1818, als er selbst auf der Heimkehr war, immer noch in Rom und blieb dort bei ihm bis zum Mai.

Bald nach der Begegnung auf dem classischen Boden hatten beide Reisende, der alte Weltmann und der junge Dichter, dem Grafen ihre gegenseitige Unbehaglichkeit anvertraut, und Herr von Sack sogar die Vermittelung Kalckreuth's, als eines alten Bekannten, bei dessen Freunde in Anspruch genommen. Müller's Misbehagen siegte indessen über alle Vorstellungen der Freundschaft, über die Hinweisung auf die Pforten so vieler interessanten Länder, die ihm die Güte des Begleiters aufzuthun bereit war. Alles war vergebens. Die Reisenden trennten sich freiwillig. Herr von Sack ging mit dem berühmten Architekten Gau nach Aegypten, der aber dort bald auch seinen eigenen Weg einschlug. Müller reiste allein nach Neapel und kehrte nach kurzer Frist zurück nach Albano, wo er den ganzen Sommer 1818, von Freunden unterstützt und zum Theil in ihrer Gesellschaft, verweilte. Neben Kunst und Alterthum fand auch das römische Volksleben an ihm einen aufmerksamen Beobachter; vieles auf Sprache und Mundart Bezügliche ward aufgezeichnet und ein Schatz von Volksliedern gesammelt. Sie sind vom Prof. O. L. B. Wolff in Weimar herausgegeben worden. Auf seine Dichterphantasie wirkte die ganze Reise farbenzeugend und lebendig; eine große Anzahl von Liedern verdankte ihre unmittelbare oder spätere Entstehung derselben, und die Summe von Erfahrungen und Lebensanschauungen während seines Aufenthalts in Italien und Rom legte der reisende Dichter in seinem Werke: „Rom, Römer und Römerinnen", nieder, welches im Jahre 1820 in zwei Bänden zu Berlin bei Duncker und Humblot erschien und dessen erster Band Briefe aus Albano, der zweite Briefe aus Rom, Orvieto, Perugia und Florenz nebst Bruchstücken seines römischen Tagebuchs enthält. Dieses Werk entzückt noch heute durch die Wahrheit und Lebendigkeit seiner Darstellung jeden, der Rom und Italien gesehen hat; der etwas leichtfertige Ton, der hier und da darin herrscht, ist vorübergehender Einfluß des Landes, in dem, und des Volks, unter dem der Verfasser drei Vierteljahre zugebracht hatte, und ging weder aus seinem Charakter noch aus seinen dauernden Lebensansichten hervor.

Der erste Band ist „Seinen lieben Freunden Friedrich Grafen von Kalckreuth und Ludwig Sigismund Ruhl zum Denkmal der glücklichen Begegnung in Rom" gewidmet. Mit dem letztgenannten der beiden Freunde verließ Wilhelm Müller im September des Jahres 1818 Rom; denn die Reise nach Griechenland mußte nach der Trennung vom Freiherrn von Sack unterbleiben. Auf der Rückreise weilte er einige Monate zu Florenz, zunächst um die ältere italienische Kunst zu studiren, und kehrte dann über Verona, Tirol und München zu Anfang des Jahres 1819 nach Berlin zurück.

Von hier ward er bald darauf zum Lehrer der lateinischen und griechischen Sprache an die neuorganisirte Gelehrtenschule in Dessau berufen. Als hier der regierende Herzog die Vereinigung der im Lande zerstreuten öffentlichen Büchersammlungen zu einer Bibliothek verfügte, nahm Müller als Gehülfe an der ersten Einrichtung theil und wurde kurz darauf, mit Beibehaltung einiger Stunden höhern Gymnasialunterrichts, zum Bibliothekar ernannt. Während dieser Zeit starb sein Vater. Er selbst lebte sehr still und zurückgezogen, ohne Bekanntschaften zu suchen. Im November des Jahres 1820 verlobte er sich mit Adelheid Basedow, der Tochter des herzoglich dessauischen Regierungsraths Basedow und Enkelin des berühmten Pädagogen. Diese Verbindung, auf gegenseitige Neigung gegründet, machte das reinste Glück seines kurzen Erdenlebens aus. Die Hochzeit ward im Mai 1821 am Tage der Silbernen Hochzeit seiner Schwiegerältern gefeiert, zu welchem Feste Müller das schöne Gedicht „Dem älterlichen Brautpaar" verfaßte, das späterhin im „Morgenblatt" abgedruckt ward und jetzt dieser Sammlung einverleibt ist.

Das Einkommen Müller's war anfangs sehr mäßig, und die jungen Leute lebten still und häuslich; doch von einer Zeit zur andern mehrten sich von verschiedenen Seiten die Aufforderungen zur Theilnahme an literarischen Instituten; seine im Jahre 1821 (Dessau, Ackermann) erschienenen „Gedichte aus den hinterlassenen Papieren eines reisenden Waldhornisten" und fast noch mehr das unmittelbar darauf ins Publikum ausgegangene erste Heft von „Griechenliedern" fanden ungetheilten Beifall und begründeten seinen Ruf als deutscher Lyriker. Müller arbeitete mit unglaublicher Leichtigkeit, keineswegs anhaltend und angestrengt; man täuscht sich, wenn man aus der reichen Fülle seines Schaffens auf seiner kurzen Lebensbahn eine zu mühevolle Thätigkeit folgert und aus dieser seinen frühen Tod ableitet. Er schrieb im Durchschnitt des Tags nicht über vier bis fünf Stunden, und dies noch durch zwei öffentliche Lectionen unterbrochen, welche er täglich in den obern Klassen der Gelehrtenschule gab. Nie arbeitete er abends, und oft genoß er ganze Tage unbeschäftigt im Kreise der Seinigen. Besonders liebte er Spaziergänge und dichtete in der idyllischen Umgegend seiner Vaterstadt manches seiner schönsten Lieder. Gesellschaften suchte er nur wenig. Seinem Freunde, dem Grafen Kalckreuth, hatte er schon früher in Dessau zu seiner innigen Freude wieder begegnet, und im Jahre 1822 legte sich der Grund zu einer neuen Herzensfreundschaft in seinem Gemüthe.

Im Herbst dieses Jahres kam nämlich der Baron Alexander von Simolin aus Kurland, der die ersten Jahre seiner Kindheit in Dessau verlebt hatte und ein Spielgenosse von Müller's Frau gewesen war, auf einer Ferienreise von Bonn aus über Kopenhagen nach Dessau. Die Bekanntschaft beider Männer schien damals nur flüchtig, und kein gegenseitiges Gefallen war fühlbar; dennoch war sie keineswegs so vorübergehend, als die Kälte von beiden Seiten es hätte sollen erwarten lassen.

Inzwischen dichtete Müller rüstig fort; das Material zu einem zweiten Bändchen von „Waldhornistenliedern" (welches im Jahre 1824 erschien) häufte sich; einzelne Lieder wie ganze Liederreihen, bald heitern, bald wehmüthigen, bald, wie mehrere Trinklieder, sarkastisch zürnenden Klanges, gingen als Vorläufer in die Welt hinaus und bereiteten der ganzen Sammlung einen günstigen Empfang. Denn so wenig sich entschiedene Vorbilder, ein Goethe und Uhland, in seinen lyrischen Dichtungen verkennen ließen, so bestimmt prägte sich in ihnen doch auch zugleich die eigenthümliche Individualität des Dichters aus, jenes zarte, rasche, flackernde Gefühl und eine vom Witz leicht aufgeregte, schnell entflammte Einbildungskraft. Beide brannten in stärkerm Feuer in seinen allmählich zu fünf Heften angewachsenen „Griechenliedern". Die echt lyrische Sprache seiner Gedichte und ihr meist natürlicher Volkston machte sie der musikalischen Bearbeitung werth, und diese ist ihnen auch von ausgezeichneten Tonsetzern, wie Methfessel, Fr. Schneider, Bernhard Klein, Tomaschek und namentlich von Franz Schubert zutheil geworden. Auch Karl Maria von Weber's persönliche Achtung und Freundschaft gewann der liebenswürdige Dichter, er widmete diesem „Meister des deutschen Gesanges" die zweite Sammlung seiner Waldhornistenlieder „als ein Pfand seiner Freundschaft und Verehrung".

Auch der Kreis des geselligen Lebens erweiterte sich nun für Müller. In jedem Jahre machte er jetzt eine Reise, theils um sich der Natur zu erfreuen, theils um seine vielen Bekannten und Freunde aufzusuchen, theils um würdige Feste feiern zu helfen, wie Klopstock's hundertjährige Geburtsfeier zu Quedlinburg am 2. Juli 1824. Besonders gern wandte er sich nach Dresden, wo er in Kalckreuth einen liebevollen Wirth, in Otto von der Malsburg und dem Grafen Löben (Isidorus Orientalis), die beide ihm im Tode vorangegangen sind, neue Dichterfreunde und in Ludwig Tieck einen theilnehmenden Berather seiner Poesie fand. Unter Kalckreuth's treuem Dach, in der Villa Grassi im Plauenschen Grunde, sang er im Jahre 1824 jene Frühlingslieder, die nach meinem Urtheile als die lieblichsten und zugleich schwungreichsten Producte seiner Muse in unserer Sammlung glänzen. Ueberhaupt war Dresden fruchtbringend für seine Dichterbildung. Dorthin sendet er auch den Weihegruß der zweiten Auflage der ersten „Waldhornistenlieder" (1826), in dem er sie „Seinem hochverehrten und inniggeliebten Freunde Ludwig Tieck zum Danke für mannichfache Belehrung und Ermunterung" widmete.

Neben der Poesie, für welche er später auch durch seine vortreffliche Uebersetzung der Fauriel'schen Sammlung von griechischen Volksliedern (2 Thle., Leipzig 1825) thätig wurde, arbeitete jetzt Wilhelm Müller auch vieles im Gebiete der Kritik und Literaturgeschichte. Das „Literarische Conversationsblatt" und die an seine Stelle getretenen „Blätter für literarische Unterhaltung", die hallische „Literaturzeitung", die „Encyklopädie" von Ersch und Gruber, an deren Direction er zuletzt Antheil hatte, das „Conversations-Lexikon", der „Hermes" und endlich die berliner „Jahrbücher für wissenschaftliche Kritik" enthielten manche seiner gehaltreichen Aufsätze; die „Homerische Vorschule" (Leipzig, Brockhaus, 1824) lehrte ihn uns auch als einen wackern Zögling Fr. A. Wolf's kennen, der die Ideen des Meisters nicht ohne eigenthümliche Ansichten einem größern Kreise von Lesern genießbar zu machen verstand. Der Kritik war auch zum Theil die schon im Jahre 1820 von ihm herausgegebene Zeitschrift „Ascania" gewidmet, die aber das Jahr ihrer Entstehung nicht überlebte. Außerdem fing er seit dem Jahre 1822 die „Bibliothek deutscher Dichter des 17. Jahrhunderts" (Leipzig, Brockhaus) anzulegen an, eine sehr verdienstliche Sammlung, die nach seinem Tode durch Karl Förster fortgesetzt worden ist.

Im Juli des Jahres 1825 kam Baron Simolin auf seiner Reise in die Bäder durch Dessau. Müller war abwesend und mit dem Sammeln seiner „Muscheln vom Strande Rügens" beschäftigt, wo er bei dem seither mit der ausgezeichneten epischen Dichtung „Arkona" aufgetretenen Sänger Furchau als freundlich geladener Gast verweilte. Aber ein erneuerter Briefwechsel verband jetzt ihn und Simolin enger. Dieser kehrte zu Weihnachten 1825 nach Dessau zurück und hatte jetzt, wie seine Mittheilungen sagen, „die beste Gelegenheit, Müller's einfache, kindliche Natur kennen zu lernen. An dem großen Christfeste einer Kinderwelt spielte auch er im Geben und Empfangen so selig mit, daß man das Reinmenschliche, Unschuldige seines reichen Gemüths hier am besten zu erkennen im Stande war".

Im Frühjahr 1826 bekam Müller, von seinen Kindern angesteckt, den Keuchhusten; bis dahin hatte seine Frau noch nie eine Klage über Unwohlbefinden von ihm gehört. Dieser Husten aber griff ihn sehr an, und zu seiner Erholung gab ihm sein gütiger Herzog im Mai dieses Jahres die Erlaubniß, eine Sommerwohnung im Luisium zu beziehen, wo früher Matthisson so viele Jahre gelebt hatte. Dieser Aufenthalt wirkte geistig und körperlich höchst wohlthätig auf ihn. „Er führte hier", sagt sein Freund, „ein wahrhaft elysisches Leben und feierte unter den kosenden Lüften und den duftenden Blumen seinen Lebensmai. Er lagerte sich ins tiefe grüne Gras, ließ die Blüten über sich wehen, die Nachtigallen über sich schlagen, und suchte Gesang und Lust in die tiefste Brust einzuathmen. Oft sah ich ihn mit Thränen der Wonne im Auge in jene großen Geheimnisse der Natur hineinlächeln, die für ihn so aufgeschlossen dalagen." Sein Vollgefühl jener Stunden hat er in dem schönen Gedicht „Morgengruß aus Luisium" ausgesprochen. Sonst dichtete er während dieser Zeit wenig, theils weil er durch das Hin- und Hergehen nach der Stadt, wo er seine Lehrstunden fortsetzte und meist zu Mittag blieb, nicht ungestörte Muße finden konnte, theils weil er der Biene gleich genießen und sammeln wollte und sich, wenn es möglich gewesen wäre, gern an jedem Blütenkelch festgesogen hätte.

Nur das zweite Hundert seiner in den „Lyrischen Reisen" erschienenen „Epigramme", nachdem ein erstes schon früher in die Welt ausgegangen war, und die Herausgabe des neunten Bändchens seiner „Bibliothek deutscher Dichter des 17. Jahrhunderts" fällt in diese Zeit. Er arbeitete hier in der Morgen- und Abendkühle an einem mit Rosen und Weinlaub umrankten Fenster.

Bis zum 25. Juli lebten die Freunde so in dem lieblichen Garten wie verzaubert, dann brachen sie, da beiden die Bäder von Eger verordnet worden waren, auf und reisten über Leipzig und Altenburg dorthin ab. Müller war der heiterste Reisegefährte, und der Weg selbst war nicht ohne fröhliche Abenteuer.

Das Bad bekam Müllern außerordentlich gut, er wurde frisch und kräftig, und die während dieser Zeit sonst so nothwendige in-

innere Trägheit verwandelte sich bei ihm in eine wohlthuende angestrengt geistige Thätigkeit. Die Freunde machten ihre Rückreise über Wunsiedel und Baireuth, und Müller suchte jedes Plätzchen auf, das an Jean Paul erinnern konnte. Bei seinem Grabe stand er lange Zeit, ohne etwas zu sprechen, still und schaute mit nassem Auge darüber weg; endlich pflückte er eine Blume von demselben und sagte tief bewegt: „Der lebt ewig!"

Der Rückweg wurde weiter über Nürnberg, Bamberg, endlich über Weimar genommen, wo der junge Dichter es so glücklich traf, seinen großen Meister Goethe an dessen Geburtstage, dem 28. August, besuchen zu können.

Nach Dessau zurückgekehrt, ging Müller mit gestärkter Kraft an die Arbeit. Seine Gesundheit schien ganz wiederhergestellt. Seine Brust war stark zu nennen, denn er konnte des Abends, wenn er wöchentlich einen kleinen Cirkel bei sich sah, fast ohne anzuhalten ein ganzes Stück von Shakspeare mit aller Kraft vorlesen.

Müller befand sich jetzt in einer sehr angenehmen, sorgenfreien Lage, da seine Arbeiten sehr gesucht und sehr gut bezahlt wurden. Er fühlte sich sehr glücklich in seinem Schaffen und seinem Beruf, hatte dabei eine innere Ruhe und ein Selbstgefühl, fern von Anmaßung und Eitelkeit. Er erkannte ungeblendet, was er zu leisten vermochte, und hatte das richtigste Urtheil über sich selbst, ungestört durch Lob und Tadel, die ihm von andern zutheil werden konnten.

In Dessau war seine Stellung in jeder Hinsicht eine höchst glückliche. Geachtet von seinem hohen Fürstenpaar, dem zu Liebe er alle Aufforderungen von sich wies, die namentlich in der letzten Zeit häufig an ihn kamen und ihm anderweitige, den äußern Umständen nach glänzendere Anstellungen verhießen, geliebt von seinen Schülern, die mit einer wahren Begeisterung an ihm hingen, von jedem, der seinen Charakter und sein Wesen einmal erkannt hatte, gern gesehen, lebte er im erhöhten Gefühl seines häuslichen Glücks, im Besitz einer geistreichen, vortrefflichen Gattin und eines gesund heranblühenden Kinderpaares, dem er der zärtlichste Vater war, und mit welchem er in stundenlangen Spielen zum fröhlichen Kinde werden konnte. Dankbar erkannte er, was ihm die Vorsehung gegeben; er genoß es als Dichter, und sein menschlich beglücktes

Dasein spiegelte sich in seinen Dichtungen wider. „Denn", sagt sein Freund von ihm, „alles, was er vom Leben empfing, war ein seine Gemüthswelt nicht Zerstreuendes und das geistige Gleichgewicht derselben nicht Aufhebendes; es schloß vielmehr dieselbe noch reicher auf und ließ uns die Harmonie seines äußern und innern Friedens recht sichtbar werden."

Zu einer großen Annehmlichkeit seines Lebens gehörte seine Stellung als Bibliothekar. Er konnte alle Bücher, die er für nöthig hielt, nach seiner Wahl anschaffen, und in der schönen öffentlichen Wohnung, der er sich erfreute, stieß das Local der Bibliothek an sein Schlafgemach, sodaß er sie mit größter Bequemlichkeit benutzen konnte.

Seine Bekanntschaften erweiterten sich in den letzten Jahren mehr und mehr; Müller wurde viel mittheilender und geselliger; er liebte gute Gesellschaft, guten Wein, gute Küche, doch stets bei großer Mäßigkeit, wie er überhaupt allem Uebermaß feind und schlichte Einfachheit ein Hauptzug seines Charakters war. Muntere Gespräche, sinnreiche Scherze, geistreiche Ueberraschungen würzten seinen Umgang mit Freunden und Gästen.

Der Herbst und Winter von 1826 zu 1827 verging für Müller in geräuschvoller Geselligkeit. Dessenungeachtet schrieb er seine zweite Novelle „Debora" (die erste: „Der Dreizehnte", war das Jahr vorher entstanden), dazu Recensionen und Aufsätze in Menge, und erfreute einen Kreis ausgewählter Bekannten durch regelmäßiges Vorlesen.

Sein Freund Simolin befand sich damals in einem krankhaften Gemüthszustande, mit dem Müller unmöglich zufrieden sein konnte. Dieser wandte sich schriftlich an ihn, und der Freund theilt uns den Brief rückhaltslos mit, weil er ein Glaubensbekenntniß Müller's enthält, das seinen Charakter in das hellste Licht setzt. „Wahrheit — so beginnt jener Brief — ist ein Grundzug meiner Natur, meines Charakters und meines Lebens. Ohne Wahrheit gibt es für mich keine Tugend, keine Schönheit, keine Liebe und keine Freundschaft. Ich kann daher, auch auf die Gefahr einen Freund zu verlieren, nicht unwahr sein. Nun gibt es aber freilich Momente, Stunden — warum nicht auch Tage —, in denen ich, mit Rücksicht auf den Seelen- oder Körperzustand eines Menschen, mit meiner Wahrheit schweigend zurücktreten könnte und sollte; denn Schweigen ist nicht immer eine Lüge. Ob Du seit einiger Zeit in jenem Zustande wärest, darüber habe ich lange mit mir berathschlagt; aber es kam eine andere Frage dabei ins Spiel: darf der Arzt mit seiner bittern Arznei zurücktreten, wenn er glaubt, sie müsse dem Kranken helfen, ob dieser sich auch gegen die Hand empöre, die sie ihm reichen will? ... Was ich gesagt, weiß ich, und wir werden, wenn wir müssen, aber später, darüber sprechen; denn Freunde können wol über einzelne Meinungen, Ansichten, Maximen verschieden fühlen, denken und urtheilen; aber wenn es das Höchste gilt — die Principien über Gut und Schlecht, Edel und Unedel, Recht und Unrecht —, da kann keine Differenz zwischen ihnen obwalten. Daher ist auch hier durchaus von keiner Uebereilung, Heftigkeit und dergleichen die Rede. Die Grundsätze, die ich gegen Dich ausgesprochen, sind allgemein, die in mir so feststehen wie der Glaube an Gott, Tugend und Gerechtigkeit."

Noch war seine Novelle „Debora" nicht beendigt, als sich ihm schon wieder ein neuer Novellenstoff aufdrang, an dem er in Gedanken viel arbeitete und wovon er seiner Frau erzählte, als wäre sie schon niedergeschrieben. Aber der Himmel wollte es anders.

Im Frühjahr 1827 befiel ihn eine große Mattigkeit und Nervenabspannung; er kränkelte mehrere Wochen und vermochte durchaus nicht zu arbeiten. Mit Anfang des Sommers trank er zu Hause den Egerbrunnen, welcher ihm im vorigen Jahre so gut gethan hatte; auch diesmal verfehlte dieser seine Wirkung nicht; er erholte sich sehr, und der Arzt gab seine Zustimmung zu einer Erholungsreise, welche die Stelle der Badecur vertreten sollte. Schon längst hatte Müller den Vorsatz, mit seiner Frau den Rhein zu sehen, und mit großer Freudigkeit wurde jetzt, Ende Juli, die Reise nach dem herrlichen Strome angetreten. Vorher noch hatte er ein drittes Bändchen seiner Gedichte („Lyrische Reisen und epigrammatische Spaziergänge") gesammelt und seinem Freunde Simolin mit einem rührenden Liede gewidmet. Unterwegs war Müller wohl und heiter und konnte das Fahren mit der Schnellpost mehrere Tage und Nächte hindurch ertragen. Selig im Genusse der Naturschönheiten, beglückt durch das Wiederfinden mancher alten Freunde, erfreut durch viele neue Bekanntschaften, schrieb und dichtete er während der ganzen Reise gar nicht; er wollte ungestört genießen und sammelte nur im Geiste ein, um bei Ruhe und Muße desto größere Ausbeute zu gewinnen. In seiner Schreibtafel fanden sich die Hauptgegenstände aufgezeichnet, welche er sich zu poetischer Bearbeitung gewählt hatte. Es waren unter anderm: die drei Leiern auf dem alten Wappen über Goethe's Hause in Frankfurt; die goldene Brücke über den Rhein, die der Vollmond bei Rüdesheim darüber strahlte und worauf der Kaiser Karl herüberschreitet, um nach seinen Reben zu sehen; der Drachenfels und Rolandseck; der Sonnenuntergang vom strasburger Münster; der Abschied vom Rhein. In Frankfurt lebten die Reisenden mit Georg Döring und dessen Angehörigen fröhliche Tage. Dann wandten sie sich dem Schwabenlande und Stuttgart zu, wo ihnen längst unter meinem Dache Stätte bereitet war und sie mit Sehnsucht erwartet wurden.

Jenes Zusammentreffen in Berlin im Sommer 1815 hatte uns nicht in Berührung gebracht; wir waren beide junge, trotzige Dichter; begierig nach dem Umgange mit Meistern, jeder schon von einem Kreise liebender, mitstrebender Freunde umgeben, hefteten wir die Blicke nicht lange aufeinander, und die fremde Stammesart war jedem am andern fühlbar. Als später beider Name allmählich öfter genannt wurde, näherte uns gegenseitige Beurtheilung unserer Dichtungen und übrigen Productionen, in welcher wir uns beide in ganz unbefangenem Lob und Tadel übereinander aussprachen. Unsere Bücher und fliegenden Blätter gingen als Xenien hin und her, und endlich erhielt ich auf einige warme Zeilen, die im Jahre 1825 ein solches Geschenk von mir begleiteten, eine sehr herzliche Antwort von Müller. Wir wurden Freunde, und als er mir seine Absicht schrieb, im Sommer 1827 in unsern Süden zu kommen, so bat ich ihn, mit seiner Frau an meinem Herde einzukehren: eine Einladung, die er freundlich annahm. Von Karlsruhe meldete er mir am 29. August 1827 seine baldige Ankunft mit dem Zuruf: „Hand in Hand und Aug' in Auge“; und am 4. September trat er in einer frühen Morgenstunde, wo ich ihn nicht erwartete, ins Zimmer zu unserm Frühstück. Mit Mühe fand ich in den feinen, aber bleichen und kränklichen Zügen das jugendliche Bild wieder, wie es seit 12 Jahren von ihm in meiner Phantasie lebte. Es brauchte einige Secunden, bis ich ihn erkannte, ich mußte ein wehmüthiges Schmerzgefühl unterdrücken und war recht ängstlich freundlich; doch verbannte bald die Frische seines Geistes und die fröhliche Lebendigkeit seiner liebenswürdigen Gattin, die er zu uns aus dem Gasthofe, wo sie abgestiegen waren, abholte, jene geheime Angst. Beider natürliche, herzliche Unterhaltung, die uns vergessen ließ, daß wir sie jetzt erst kennen lernten, verscheuchte alle trüben Ahnungen, und wir verlebten zehn frohe Tage in um so innigerer Gemeinschaft, als eine Unpäßlichkeit von Müller's Frau uns bald von der größern Gesellschaft zurückzog. Doch hatten wir dem Dichter Uhland's Umgang, nach welchem sich schon seine Briefe gesehnt hatten, wiederholt verschafft; er freute sich auch Wolfgang Menzel zu begrüßen, brachte fröhliche Stunden mit Wilhelm Hauff, Hang, Reinbeck und dessen Familie und Karl Grüneisen zu, und besuchte die Versammlungen des Liederkranzes und des Schillervereins, in welchen er mit der Achtung empfangen wurde, die der Ruf, der ihm vorangegangen war, längst den Mitgliedern jener Gesellschaften eingeflößt hatte. Auch der lachenden Umgegend von Stuttgart erfreute sich das Müller'sche Paar, und auf das schönste Rebenthal Würtembergs, bei Uhlbach, sah Müller mit begeisterten Blicken hinab und gelobte ihm ein Lied, an dessen Gestaltung nur der Tod ihn gehindert hat.

Wenn mich schon seine Lieder dem liebenswerthen Dichtergeiste recht nahe gebracht hatten, so versprach die Woche, die ich ihm ausschließend widmen durfte, mir ein langes, inniges Verhältniß mit Müller dem Menschen. Seine Gedichte ließen harmloses Wohlwollen gegen jedermann, schnelle Begeisterung für Schönes und Gutes, Talent für Geselligkeit und geistreiche Unterhaltung zum voraus ahnen. Im nähern Umgang aber entwickelte sich bei ihm auch ein Ernst der Gesinnung, ein biederer Sinn, eine sittliche Zuverlässigkeit, die, wenn man sie einmal erkannt hatte, auch den leichtesten Producten seiner heitern Muse ein besonders reizendes Ansehen verliehen, wie Lusthütten, die auf Felsen gebaut sind. Er weihte mich in alle seine Lebensverhältnisse ein, gedachte mit der wärmsten Dankbarkeit seines edeln Fürsten, durch dessen Gnade ihm ein sorgloses Leben zutheil geworden, und sprach mit inniger Liebe von seinen Freunden Simolin, Kalckreuth und den vorangegangenen O. von der Malsburg und Grafen von Löben. Wir verbrüderten uns beim letzten Glase Wein, und auch unsere Frauen schieden als die besten Freundinnen. Auf der Rückreise kehrte er in Weinsberg bei Justinus Kerner ein und verbrachte bei diesem ächten Dichter einen Abend voll Sängerjugend. Die Seherin von Prevorst, eine Somnambule, die Kerner damals behandelte und von welcher uns seine Schrift jetzt berichtet hat, beschäftigte Müller's Geist aufs lebhafteste, und er erschien hier selbst seiner Frau, die bisher ganz sorglos gewesen war, in etwas überreiztem Zustande. Inzwischen schrieb er mir von Gotha aus zwei Zeilen, die Wohlsein und Zufriedenheit athmeten. In Weimar traf er seinen Freund Simolin wieder und erschien auch diesem gesunder und wieder ganz der alte lebenslustige, genießende Mensch. Er fand ihn voll von Dichterentwürfen: Rheinlieder sollten gesungen, dem Johannisberg, dem Hause Goethe's, auch dem Eintritt unter das Dach seines stuttgarter Freundes sollte ein Klang gewidmet werden.

Die Freunde reisten jetzt zusammen nach Dessau. In Leipzig verlebte Müller einen recht vergnügten Mittag mit seinen leipziger Freunden bei Heinrich Brockhaus; er war voll von Reiseerzählungen, fiel aber auch durch eine früher nie an ihm bemerkte Exaltation auf. Unterwegs berichtete er seinem Vertrauten auch von Weinsberg. Sie hatten oft früher über Magnetismus gesprochen, und Müller hatte den Freund stets mit seinem Glauben daran ausgelacht. Jetzt aber wich er allen Fragen Simolin's aus und sagte nur: „Ich bin jetzt mit dir Einer Meinung; — du bist aber nur auf halbem Wege; um auf den ganzen zu kommen, mußt du nach Weinsberg gehen — dort wirst du vertraut werden mit den Geistern, die über uns sind!"

Als er dieses sprach, ahnte er nicht, daß er selbst schon ganz dicht an der Pforte der andern Welt stehe.

Am 25. September 1827 war Müller mit seiner Frau nach Dessau zurückgekommen, glücklich und heiter in der Erinnerung so vieler Genüsse, froh im Wiederfinden der zurückgelassenen Kinder und Verwandten. Obgleich etwas angegriffen und ermüdet, besuchte er in den folgenden Tagen doch seine Vorgesetzten und Bekannten, ruhte aber noch ohne Geschäfte und Arbeiten. Sonntag den 30. September war er im Kreise seiner Familie sehr heiter und sprach mit seinem Freunde Simolin viel über die Herausgabe seiner sämmtlichen

„Griechenlieder"; an demselben Tage sagte er dem ihm begegnenden Arzte, „daß er sich ganz erstaunlich wohl fühle". Er schrieb gegen Abend noch mehrere Briefe und erzählte seiner Frau mit wahrer Freude, daß er am morgenden Tage anfangen wolle zu arbeiten. Noch vor Mitternacht hatte eine plötzliche Ausdehnung des Herzens seinem jungen hoffnungsreichen Leben ein Ende gemacht. Kein Glied war verzuckt; ruhig beide Arme unter der Decke auf der Brust, die Augen geschlossen, lag er da im ewigen Schlafe; sein Gesicht, wie das eines Schlafenden, gab den ungestörtesten Ausdruck zu einer von dem geschickten Bildhauer Hunold verfertigten Büste.

So schied Müller ohne Abschied von der heißgeliebten Gattin, von den kaum wieder begrüßten Kindern und Verwandten und von dem einzigen anwesenden Freunde. Ganz ahnungslos scheint er nicht in den Tod gegangen sein; denn man fand in einem medicinischen Buche, das er wenige Tage zuvor durchgeblättert, ein von ihm gemachtes Zeichen bei dem Abschnitte Nervenschlag.

Stimmen der Liebe und des Schmerzes schallten aus der Nähe und aus der Ferne nach seiner Heimat und Ruhestätte herüber. Die Witwe, zwei Kinder des Verewigten — eine Tochter von fünf, einen Knaben von drei Jahren am Herzen — trägt den Verlust ihres Erdenglücks mit der Fassung und der Hoffnung einer Christin.

Einer der ersten deutschen Sänger, den auch Müller unter seine Vorbilder zählte, Ludwig Uhland, hat dem Scheidenden, nicht ahnend, daß er für immer scheide, folgende Worte in sein Stammbuch gesetzt, die der frühe Tod des jungen Dichters zur Prophezeiung gemacht hat, die aber zugleich als das herrlichste Trostwort unsern traurig endenden Bericht, wie ein helles Abendroth am Wolkenhimmel, schließen:

Wol blühet jedem Jahre
Sein Frühling, süß und licht;
Auch jener große, klare —
Getrost! er fehlt dir nicht;
Er ist dir noch beschieden
Am Ziele deiner Bahn;
Du ahnest ihn hienieden,
Und droben bricht er an.

Stuttgart, 1827.

Gustav Schwab.

Inhalt des ersten Theils.

Gedichte.

Erster Theil.

Die schöne Müllerin.

(Im Winter zu lesen.)

Der Dichter, als Prolog.

Ich lad' euch, schöne Damen, kluge Herrn,
Und die ihr hört und schaut was Gutes gern,
Zu einem funkelnagelneuen Spiel
Im allerfunkelnagelneusten Stil;
Schlicht ausgedrechselt, kunstlos zugestutzt,
Mit edler deutscher Roheit aufgeputzt,
Keck wie ein Bursch im Stadtsoldatenstrauß,
Dazu wol auch ein wenig fromm fürs Haus;
Das mag genug mir zur Empfehlung sein,
Wem die behagt, der trete nur herein.
Erhoffe, weil es grad' ist Winterzeit,
Thut euch ein Stündlein hier im Grün nicht Leid;
Denn wißt es nur, daß heut' in meinem Lied
Der Lenz mit allen seinen Blumen blüht.
Im Freien geht die freie Handlung vor,
In reiner Luft, weit von der Städte Thor,
Durch Wald und Feld, in Gründen, auf den Höhn;
Und was nur in vier Wänden darf geschehn,
Das schaut ihr halb durchs offne Fenster an,
So ist der Kunst und euch genug gethan.
Doch wenn ihr nach des Spiels Personen fragt,
So kann ich euch, den Musen sei's geklagt,
Nur e i n e präsentiren recht und echt,
Das ist ein junger, blonder Müllersknecht;
Denn ob der Bach zuletzt ein Wort auch spricht,
So wird ein Bach deshalb Person noch nicht.
Drum nehmt nur heut' das Monodram vorlieb:
Wer mehr gibt als er hat, der heißt ein Dieb.

Auch ist dafür die Scene reich geziert,
Mit grünem Sammet unten tapezirt;
Der ist mit tausend Blumen bunt gestickt,
Und Weg und Steg darüber ausgedrückt.
Die Sonne strahlt von oben hell herein
Und bricht in Thau und Thränen ihren Schein,
Und auch der Mond blickt aus der Wolken Flor
Schwermüthig, wie's die Mode will, hervor.
Den Hintergrund umkränzt ein hoher Wald,
Der Hund schlägt an, das muntre Jagdhorn schallt;
Hier stürzt vom schroffen Fels der junge Quell
Und fließt im Thal als Bächlein silberhell;
Das Mühlrad braust, die Werke klappern drein,
Man hört die Vöglein kaum im nahen Hain.
Drum denkt, wenn euch zu rauh manch Liedchen klingt,
Daß das Local es also mit sich bringt.
Doch, was das Schönste bei den Rädern ist,
Das wird euch sagen mein Monodramist;
Verrieth ich's euch, verdürb' ich ihm das Spiel:
Gehabt euch wohl und amusirt euch viel!

Wanderschaft.

Das Wandern ist des Müllers Lust,
Das Wandern!
Das muß ein schlechter Müller sein,
Dem niemals fiel das Wandern ein,
Das Wandern.

Vom Wasser haben wir's gelernt,
Vom Wasser!
Das hat nicht Rast bei Tag und Nacht,
Ist stets auf Wanderschaft bedacht,
Das Wasser.

Das sehn wir auch den Rädern ab,
Den Rädern!
Die gar nicht gerne stille stehn,
Die sich mein Tag nicht müde drehn,
Die Räder.

Die Steine selbst, so schwer sie sind,
Die Steine!
Sie tanzen mit den muntern Reihn
Und wollen gar noch schneller sein,
Die Steine.

O Wandern, Wandern, meine Lust,
O Wandern!
Herr Meister und Frau Meisterin,
Laßt mich in Frieden weiter ziehn
Und wandern.

Wohin?

Ich hört' ein Bächlein rauschen
Wohl aus dem Felsenquell,
Hinab zum Thale rauschen
So frisch und wunderhell.

Ich weiß nicht, wie mir wurde,
Nicht, wer den Rath mir gab,
Ich mußte gleich hinunter
Mit meinem Wanderstab.

Hinunter und immer weiter,
Und immer dem Bache nach,
Und immer frischer rauschte
Und immer heller der Bach.

Ist das denn meine Straße?
O Bächlein, sprich, wohin?
Du hast mit deinem Rauschen
Mir ganz berauscht den Sinn.

Was sag' ich denn vom Rauschen?
Das kann kein Rauschen sein:
Es singen wol die Nixen
Dort unten ihren Reihn.

Laß singen, Gesell, laß rauschen,
Und wandre fröhlich nach!
Es gehn ja Mühlenräder
In jedem klaren Bach.

Halt!

Eine Mühle seh' ich blicken
Aus den Erlen heraus,
Durch Rauschen und Singen
Bricht Rädergebraus.

Ei willkommen, ei willkommen,
Süßer Mühlengesang!
Und das Haus, wie so traulich!
Und die Fenster, wie blank!

Und die Sonne, wie helle
Vom Himmel sie scheint!
Ei, Bächlein, liebes Bächlein,
War es also gemeint?

Danksagung an den Bach.

War es also gemeint,
Mein rauschender Freund?
Dein Singen, dein Klingen,
War es also gemeint?

Zur Müllerin hin!
So lautet der Sinn.
Gelt, hab' ich's verstanden?
Zur Müllerin hin!

Hat *sie* dich geschickt?
Oder hast mich berückt?
Das möcht' ich noch wissen,
Ob *sie* dich geschickt.

Nun wie's auch mag sein,
Ich gebe mich drein;
Was ich such', ist gefunden,
Wie's immer mag sein.

Nach Arbeit ich frug,
Nun hab' ich genug;
Für die Hände, fürs Herze
Vollauf genug!

Am Feierabend.

Hätt' ich tausend
Arme zu rühren!
Könnt' ich brausend
Die Räder führen!
Könnt' ich wehen
Durch alle Haine!
Könnt' ich drehen
Alle Steine!
Daß die schöne Müllerin
Merkte meinen treuen Sinn!

Ach, wie ist mein Arm so schwach!
Was ich hebe, was ich trage,
Was ich schneide, was ich schlage,
Jeder Knappe thut es nach.
Und da sitz' ich in der großen Runde,
Zu der stillen kühlen Feierstunde,
Und der Meister spricht zu allen:
Euer Werk hat mir gefallen;
Und das liebe Mädchen sagt
Allen eine Gute Nacht.

Der Neugierige.

Ich frage keine Blume,
Ich frage keinen Stern;
Sie können mir nicht sagen,
Was ich erführ' so gern.

Ich bin ja auch kein Gärtner,
Die Sterne stehn zu hoch;
Mein Bächlein will ich fragen,
Ob mich mein Herz belog.

O Bächlein meiner Liebe,
Wie bist du heut' so stumm!
Will ja nur eines wissen,
Ein Wörtchen um und um.

„Ja" heißt das eine Wörtchen,
Das andre heißet „Nein",
Die beiden Wörtchen schließen
Die ganze Welt mir ein.

O Bächlein meiner Liebe,
Was bist du wunderlich!
Will's ja nicht weiter sagen,
Sag', Bächlein, liebt sie mich?

Das Mühlenleben.

Seh' ich sie am Bache sitzen,
Wenn sie Fliegennetze strickt,
Oder Sonntags für die Fenster
Frische Wiesenblumen pflückt;

Seh' ich sie zum Garten wandeln,
Mit dem Körbchen in der Hand,
Nach den ersten Beeren spähen
An der grünen Dornenwand:

Dann wird's eng' in meiner Mühle,
Alle Mauern ziehn sich ein,
Und ich möchte flugs ein Fischer,
Jäger oder Gärtner sein.

Und der Steine lustig Pfeifen,
Und des Wasserrads Gebraus,
Und der Werke emsig Klappern,
's jagt mich fast zum Thor hinaus.

Aber wenn in guter Stunde
Plaudernd sie zum Burschen tritt,
Und als kluges Kind des Hauses
Seitwärts nach dem Rechten sieht,

Und verständig lobt den einen,
Daß der andre merken mag,
Wie er's besser treiben solle,
Geht er ihrem Danke nach —

Keiner fühlt sich recht getroffen,
Und doch schießt sie nimmer fehl;
Jeder muß von Schonung sagen,
Und doch hat sie keinen Hehl.

Keiner wünscht, sie möchte gehen,
Steht sie auch als Herrin da,
Und fast wie das Auge Gottes
Ist ihr Bild uns immer nah:

Ei, da mag das Mühlenleben
Wol des Liedes würdig sein,
Und die Räder, Stein' und Stampfen
Stimmen als Begleitung ein.

Alles geht in schönem Tanze
Auf und ab, und ein und aus:
Gott gesegne mir das Handwerk
Und des guten Meisters Haus!

Ungeduld.

Ich schnitt' es gern in alle Rinden ein,
Ich grüb' es gern in jeden Kieselstein,
Ich möcht' es sä'n auf jedes frische Beet
Mit Kressensamen, der es schnell verräth,
Auf jeden weißen Zettel möcht' ich's schreiben:
Dein ist mein Herz, und soll es ewig bleiben.

Ich möcht' mir ziehen einen jungen Staar,
Bis daß er spräch' die Worte rein und klar,
Bis er sie spräch' mit meines Mundes Klang,
Mit meines Herzens vollem, heißem Drang;
Dann säng' er hell durch ihre Fensterscheiben:
Dein ist mein Herz, und soll es ewig bleiben.

Den Morgenwinden möcht' ich's hauchen ein,
Ich möcht' es säuseln durch den regen Hain;
O, leuchtet' es aus jedem Blumenstern!
Trüg' es der Duft zu ihr von nah und fern!
Ihr Wogen, könnt ihr nichts als Räder treiben?
Dein ist mein Herz, und soll es ewig bleiben.

Ich meint', es müßt' in meinen Augen stehn,
Auf meinen Wangen müßt' man's brennen sehn,
Zu lesen wär's auf meinem stummen Mund,
Ein jeder Athemzug gäb's laut ihr kund,
Und sie merkt nichts von all dem bangen Treiben:
Dein ist mein Herz, und soll es ewig bleiben!

Morgengruß.

Guten Morgen, schöne Müllerin!
Wo steckst du gleich das Köpfchen hin,
Als wär' dir was geschehen?
Verdrießt dich denn mein Gruß so schwer?
Verstört dich denn mein Blick so sehr?
So muß ich wieder gehen.

O laß mich nur von ferne stehn,
Nach deinem lieben Fenster sehn,
Von ferne, ganz von ferne!
Du blondes Köpfchen, komm hervor!
Hervor aus euerm runden Thor,
Ihr blauen Morgensterne!

Ihr schlummertrunknen Aeugelein,
Ihr thaubetrübten Blümelein,
Was scheuet ihr die Sonne?
Hat es die Nacht so gut gemeint,
Daß ihr euch schließt und bückt und weint
Nach ihrer stillen Wonne?

Nun schüttelt ab der Träume Flor,
Und hebt euch frisch und frei empor
In Gottes hellen Morgen!
Die Lerche wirbelt in der Luft,
Und aus dem tiefen Herzen ruft
Die Liebe Leid und Sorgen.

Des Müllers Blumen.

Am Bach viel kleine Blumen stehn,
Aus hellen blauen Augen sehn;
Der Bach, der ist des Müllers Freund,
Und hellblau Liebchens Auge scheint,
Drum sind es meine Blumen.

Dicht unter ihrem Fensterlein
Da pflanz' ich meine Blumen ein;
Da ruft ihr zu, wenn alles schweigt,
Wenn sich ihr Haupt zum Schlummer neigt,
Ihr wißt ja, was ich meine.

Und wenn sie thut die Aeuglein zu
Und schläft in süßer, süßer Ruh',
Dann lispelt als ein Traumgesicht
Ihr zu: Vergiß, vergiß mein nicht!
Das ist es, was ich meine.

Und schließt sie früh die Laden auf,
Dann schaut mit Liebesblick hinauf;
Der Thau in euern Aeugelein,
Das sollen meine Thränen sein,
Die will ich auf euch weinen.

Thränenregen.

Wir saßen so traulich beisammen
Im kühlen Erlendach,
Wir schauten so traulich zusammen
Hinab in den rieselnden Bach.

Der Mond war auch gekommen,
Die Sternlein hinterdrein,
Und schauten so traulich zusammen
In den silbernen Spiegel hinein.

Ich sah nach keinem Monde,
Nach keinem Sternenschein,
Ich schaute nach ihrem Bilde,
Nach ihren Augen allein.

Und sahe sie nicken und blicken
Herauf aus dem seligen Bach,
Die Blümlein am Ufer, die blauen,
Sie nickten und blickten ihr nach.

Und in den Bach versunken
Der ganze Himmel schien
Und wollte mich mit hinunter
In seine Tiefe ziehn.

Und über den Wolken und Sternen
Da rieselte munter der Bach
Und rief mit Singen und Klingen:
Geselle, Geselle, mir nach!

Da gingen die Augen mir über,
Da ward es im Spiegel so kraus;
Sie sprach: „Es kommt ein Regen,
Ade, ich geh' nach Haus."

Mein!

Bächlein, laß dein Rauschen sein!
Räder, stellt eu'r Brausen ein!
All' ihr muntern Waldvögelein,
Groß und klein,
Endet eure Melodein!
Durch den Hain
Aus und ein
Schalle heut' ein Reim allein:
Die geliebte Müllerin ist mein!
Mein!
Frühling, sind das alle deine Blümelein?
Sonne, hast du keinen hellern Schein?
Ach, so muß ich ganz allein
Mit dem seligen Worte mein
Unverstanden in der weiten Schöpfung sein!

Pause.

Meine Laute hab' ich gehängt an die Wand,
Hab' sie umschlungen mit einem grünen Band —
Ich kann nicht mehr singen, mein Herz ist zu voll,
Weiß nicht, wie ich's in Reime zwingen soll.
Meiner Sehnsucht allerheißesten Schmerz
Durft' ich aushauchen in Liederscherz,
Und wie ich klagte so süß und fein,
Meint' ich doch, mein Leiden wär' nicht klein.
Ei, wie groß ist wol meines Glückes Last,
Daß kein Klang auf Erden es in sich faßt?

Nun, liebe Laute, ruh' an dem Nagel hier!
Und weht ein Lüftchen über die Saiten dir,
Und streift eine Biene mit ihren Flügeln dich,
Da wird mir bange und es durchschauert mich.
Warum ließ ich das Band auch hängen so lang?
Oft fliegt's um die Saiten mit seufzendem Klang.
Ist es der Nachklang meiner Liebespein?
Soll es das Vorspiel neuer Lieder sein?

Mit dem grünen Lautenbande.

„Schad' um das schöne grüne Band,
Daß es verbleicht hier an der Wand,
Ich hab' das Grün so gern!"
So sprachst du, Liebchen, heut' zu mir;
Gleich knüpf' ich's ab und send' es dir:
Nun hab' das Grüne gern!

Ist auch dein ganzer Liebster weiß,
Soll Grün doch haben seinen Preis,
Und ich auch hab' es gern.
Weil unsre Lieb' ist immergrün,
Weil Grün der Hoffnung Fernen blühn,
Drum haben wir es gern.

Nun schlingst du in die Locken dein
Das grüne Band gefällig ein,
Du hast ja 's Grün so gern.
Dann weiß ich, wo die Hoffnung wohnt,
Dann weiß ich, wo die Liebe thront,
Dann hab' ich 's Grün erst gern.

Der Jäger.

Was sucht denn der Jäger am Mühlbach hier?
Bleib, trotziger Jäger, in deinem Revier!
Hier gibt es kein Wild zu jagen für dich,
Hier wohnt nur ein Rehlein, ein zahmes, für mich.
Und willst du das zärtliche Rehlein sehn,
So laß deine Büchsen im Walde stehn,
Und laß deine klaffenden Hunde zu Haus,
Und laß auf dem Horne den Saus und Braus,
Und schere vom Kinne das struppige Haar;
Sonst scheut sich im Garten das Rehlein fürwahr.

Doch besser, du bliebest im Walde dazu,
Und ließest die Mühlen und Müller in Ruh'.
Was taugen die Fischlein im grünen Gezweig?
Was will denn das Eichhorn im bläulichen Teich?
Drum bleibe, du trotziger Jäger, im Hain,
Und laß mich mit meinen drei Rädern allein;
Und willst meinem Schätzchen dich machen beliebt,
So wisse, mein Freund, was ihr Herzchen betrübt:
Die Eber, die kommen zu Nacht aus dem Hain
Und brechen in ihren Kohlgarten ein,
Und treten und wühlen herum in dem Feld;
Die Eber, die schieße, du Jägerheld!

Eifersucht und Stolz.

Wohin so schnell, so kraus, so wild, mein lieber Bach?
Eilst du voll Zorn dem frechen Bruder Jäger nach?
Kehr' um, kehr' um, und schilt erst deine Müllerin
Für ihren leichten, losen, kleinen Flattersinn.
Sahst du sie gestern Abend nicht am Thore stehn,
Mit langem Halse nach der großen Straße sehn?
Wenn von dem Fang der Jäger lustig zieht nach Haus,
Da steckt kein sittsam Kind den Kopf zum Fenster 'naus.
Geh, Bächlein, hin und sag' ihr das; doch sag' ihr nicht,
Hörst du, kein Wort von meinem traurigen Gesicht;
Sag' ihr: Er schnitzt bei mir sich eine Pfeif' aus Rohr
Und bläst den Kindern schöne Tänz' und Lieder vor.

Erster Schmerz, letzter Scherz.

Nun sitz' am Bache nieder
Mit deinem hellen Rohr,
Und blas' den lieben Kindern
Die schönen Lieder vor.

Die Lust ist ja verrauschet,
Das Leid hat immer Zeit;
Nun singe neue Lieder
Von alter Seligkeit.

Noch blühn die alten Blumen,
Noch rauscht der alte Bach,
Es scheint die liebe Sonne
Noch wie am ersten Tag.

Die Fensterscheiben glänzen
Im klaren Sonnenschein,
Und hinter den Fensterscheiben
Da sitzt die Liebste mein.

Ein Jäger, ein grüner Jäger,
Der liegt in ihrem Arm —
Ei, Bach, wie lustig du rauschest!
Ei, Sonne, wie scheinst du so warm!

Ich will einen Strauß dir pflücken,
Herzliebste, von buntem Klee,
Den sollst du mir stellen ans Fenster,
Damit ich den Jäger nicht seh'.

Ich will mit Rosenblättern
Den Mühlensteg bestreun;
Der Steg hat mich getragen
Zu dir, Herzliebste mein!

Und wenn der stolze Jäger
Ein Blättchen mir zertritt,
Dann stürz', o Steg, zusammen
Und nimm den Grünen mit,

Und trag ihn auf dem Rücken
Ins Meer, mit gutem Wind,
Nach einer fernen Insel,
Wo keine Mädchen sind.

Herzliebste, das Vergessen,
Es kommt dir ja nicht schwer —
Willst du den Müller wieder?
Vergißt dich nimmermehr.

Die liebe Farbe.

In Grün will ich mich kleiden,
In grüne Thränenweiden:
Mein Schatz hat 's Grün so gern.
Will suchen einen Cypressenhain,
Eine Heide voll grünem Rosmarein:
Mein Schatz hat 's Grün so gern.

Wohlauf zum fröhlichen Jagen!
Wohlauf durch Heid' und Hagen!
Mein Schatz hat 's Jagen so gern.
Das Wild, das ich jage, das ist der Tod;
Die Heide, die heiß' ich die Liebesnoth:
Mein Schatz hat 's Jagen so gern.

Grabt mir ein Grab im Wasen,
Deckt mich mit grünem Rasen:
Mein Schatz hat 's Grün so gern.
Kein Kreuzlein schwarz, kein Blümlein bunt,
Grün, alles grün so rings und rund:
Mein Schatz hat 's Grün so gern.

Die böse Farbe.

Ich möchte zieh'n in die Welt hinaus,
Hinaus in die weite Welt;
Wenn's nur so grün, so grün nicht wär'
Da draußen in Wald und Feld!

Ich möchte die grünen Blätter all'
Pflücken von jedem Zweig,
Ich möchte die grünen Gräser all'
Weinen ganz todtenbleich.

Ach Grün, du böse Farbe du,
Was siehst mich immer an
So stolz, so keck, so schadenfroh,
Mich armen weißen Mann?

Ich möchte liegen vor ihrer Thür,
In Sturm und Regen und Schnee,
Und singen ganz leise bei Tag und Nacht
Das eine Wörtchen Ade!

Horch, wenn im Wald ein Jagdhorn ruft,
Da klingt ihr Fensterlein;
Und schaut sie auch nach mir nicht aus,
Darf ich doch schauen hinein.

O binde von der Stirn dir ab
Das grüne, grüne Band;
Ade, ade! und reiche mir
Zum Abschied deine Hand!

Blümlein Vergißmein.

Was treibt mich jeden Morgen
So tief ins Holz hinein?
Was frommt mir, mich zu bergen
Im unbelauschten Hain?

Es blüht auf allen Fluren
Blümlein Vergißmeinnicht,
Es schaut vom heitern Himmel
Herab in blauem Licht.

Und soll ich's niedertreten,
Bebt mir der Fuß zurück,
Es fleht aus jedem Kelche
Ein wohlbekannter Blick.

Weißt du, in welchem Garten
Blümlein Vergißmein steht?
Das Blümlein muß ich suchen,
Wie auch die Straße geht.

'S ist nicht für Mädchenbusen,
So schön sieht es nicht aus;
Schwarz, schwarz ist seine Farbe,
Es paßt in keinen Strauß;

Hat keine grünen Blätter,
Hat keinen Blütenduft,
Es windet sich am Boden
In nächtig dumpfer Luft;

Wächst auch an einem Ufer,
Doch unten fließt kein Bach,
Und willst das Blümlein pflücken,
Dich zieht der Abgrund nach:

Das ist der rechte Garten,
Ein schwarzer, schwarzer Flor,
Darauf magst du dich betten —
Schleuß zu das Gartenthor!

Trockene Blumen.

Ihr Blümlein alle,
Die sie mir gab,
Euch soll man legen
Mit mir ins Grab.

Wie seht ihr alle
Mich an so weh,
Als ob ihr wüßtet,
Wie mir gescheh'?

Ihr Blümlein alle,
Wie welk, wie blaß?
Ihr Blümlein alle,
Wovon so naß?

Ach, Thränen machen
Nicht maiengrün,
Machen todte Liebe
Nicht wieder blühn.

Und Lenz wird kommen,
Und Winter wird gehn,
Und Blümlein werden
Im Grase stehn.

Und Blümlein liegen
In meinem Grab,
Die Blümlein alle,
Die sie mir gab.

Und wenn sie wandelt
Am Hügel vorbei
Und denkt im Herzen:
Der meint' es treu!

Dann, Blümlein alle,
Heraus, heraus!
Der Mai ist kommen,
Der Winter ist aus.

Der Müller und der Bach.

Der Müller.

Wo ein treues Herze
In Liebe vergeht,
Da welken die Lilien
Auf jedem Beet;

Da muß in die Wolken
Der Vollmond gehn,
Damit seine Thränen
Die Menschen nicht sehn;

Da halten die Englein
Die Augen sich zu
Und schluchzen und singen
Die Seele zu Ruh'.

Der Bach.

Und wenn sich die Liebe
Dem Schmerz entringt,
Ein Sternlein, ein neues,
Am Himmel erblinkt;

Da springen drei Rosen,
Halb roth, halb weiß,
Die welken nicht wieder
Aus Dornenreis.

Und die Englein schneiden
Die Flügel sich ab
Und gehn alle Morgen,
Zur Erde hinab.

Der Müller.

Ach Bächlein, liebes Bächlein,
Du meinst es so gut;
Ach Bächlein, aber weißt du,
Wie Liebe thut?

Ach unten, da unten
Die kühle Ruh'!
Ach Bächlein, liebes Bächlein,
So singe nur zu.

Des Baches Wiegenlied.

Gute Ruh', gute Ruh'!
Thu die Augen zu!
Wandrer, du müder, du bist zu Haus.
Die Treu' ist hier,
Sollst liegen bei mir,
Bis das Meer will trinken die Bächlein aus.

Will betten dich kühl
Auf weichem Pfühl
In dem blauen krystallenen Kämmerlein.
Heran, heran,
Was wiegen kann,
Woget und wieget den Knaben mir ein!

Wenn ein Jagdhorn schallt
Aus dem grünen Wald,

Will ich sausen und brausen wohl um dich her.
Blickt nicht herein,
Blaue Blümelein!
Ihr macht meinem Schläfer die Träume so schwer.

Hinweg, hinweg
Von dem Mühlensteg,
Böses Mägdlein, daß ihn dein Schatten nicht weckt!
Wirf mir herein
Dein Tüchlein fein,
Daß ich die Augen ihm halte bedeckt!

Gute Nacht, gute Nacht!
Bis alles wacht,
Schlaf' aus deine Freude, schlaf' aus dein Leid!
Der Vollmond steigt,
Der Nebel weicht,
Und der Himmel da oben, wie ist er so weit!

Der Dichter, als Epilog.

Weil gern man schließt mit einer runden Zahl,
Tret' ich noch einmal in den vollen Saal,
Als letztes, fünfundzwanzigstes Gedicht,
Als Epilog, der gern das Klügste spricht.
Doch pfuschte mir der Bach ins Handwerk schon
Mit seiner Leichenred' im nassen Ton.
Aus solchem hohlen Wasserorgelschall
Zieht jeder selbst sich besser die Moral;
Ich geb' es auf, und lasse diesen Zwist,
Weil Widerspruch nicht meines Amtes ist.

So hab' ich denn nichts lieber hier zu thun,
Als euch zum Schluß zu wünschen, wohl zu ruhn.
Wir blasen unsre Sonn' und Sternlein aus —
Nun findet euch im Dunkel gut nach Haus;
Und wollt ihr träumen einen leichten Traum,
So denkt an Mühlenrad und Wasserschaum,
Wenn ihr die Augen schließt zu langer Nacht,
Bis es den Kopf zum Drehen euch gebracht.

Und wer ein Mädchen führt an seiner Hand,
Der bitte scheidend um ein Liebespfand;
Und gibt sie heute, was sie oft versagt,
So sei des treuen Müllers treu gedacht
Bei jedem Händedruck, bei jedem Kuß,
Bei jedem heißen Herzensüberfluß:
Geb' ihm die Liebe für sein kurzes Leid
In euerm Busen lange Seligkeit!

Johannes und Esther.

(Im Frühling zu lesen.)

Christnacht.

Durch die Fenster seh' ich's flimmern,
Grün und Gold und Kerzenschein,
Jauchzend hör' ich durch die Laden
Helle Kinderstimmen schrein.

Schmetternde Posaunen schallen
Von dem Kirchenthurm herab:
Lobt den Vater in der Höhe,
Der der Welt das Kindlein gab!

Herz, mein Herz, wie bist so selig?
Herz, mein Herz, und so allein?.
Unsre Gaben, unsre Wünsche,
Dürfen wir sie keinem weihn?

Eine weiß ich wol zu finden,
Der ich vieles gönnen mag;
Offen steht mir ihre Pforte,
Und es kennt mich ihr Gemach.

Aber in dem stillen Hause
Brennt kein festlich helles Licht,
Und im schwarzen Wochenkleide
Sitzt sie da und freut sich nicht.

Ach, ihr ist er nicht geboren,
Der in dieser sel'gen Nacht
Freud' und Fried' und Wohlgefallen
Hat zu uns herabgebracht.

Seine Liebe, seine Leiden
Dringen nicht zu ihr hinein:
Ueber ihre zarte Seele
Herrschet ein Gesetz von Stein.

Gebet in der Christnacht.

O Liebe, die am Kreuze rang,
O Liebe, die den Tod bezwang
Für alle Menschenkinder,
Gedenk in dieser sel'gen Nacht,
Die dich zu uns herabgebracht,
Der Seelen, die dir fehlen!

O Liebe, die den Stern gesandt
Hinaus ins ferne Morgenland,
Die Könige zu rufen;
Die laut durch ihres Boten Mund
Sich gab den armen Hirten kund,
Wie bist du still geworden?

Noch eine fromme Hirtin liegt
In blinden Schlummer eingewiegt
Und träumt von grünen Bäumen.
Singt nicht vor ihrem Fensterlein
Ein Engel: Esther, laß mich ein,
Der Heiland ist geboren?

Vereinigung.

Wenn ich nur darf in deine Augen schauen,
In deine klaren, treuen, frommen Sterne,
So fühl' ich weichen das geheime Grauen,
Das Lied und Liebe hält in stummer Ferne.

Und unsre Herzen wollen sich begegnen
In langen Blicken, die mit Thränen ringen,
Und unsre Liebe will ein Engel segnen,
Er schlägt um uns die weichen, warmen Schwingen.

Nach seinem Namen wag' ich nicht zu fragen,
Noch nach dem Namen dessen, der ihn sendet;
Ich darf ja wieder weinen, wieder klagen —
Fürwahr, mich hat kein eitler Wahn geblendet!

Die Passionsblume.

Hochgebenedeite Pflanze,
Deren schöner Blütenstern
Uns in mildem, weißem Glanze
Zeigt das Marterthum des Herrn;
Voller Blüten seh' ich immer
Dich vor ihrem Fenster stehn:
Willst du denn, als eitler Schimmer,
Nur in Farb' und Duft vergehn?

Ward dir kein geheimes Leben
Unverwelklicher Natur
Von dem Heiland eingegeben,
Der dich pflanzt' in unsre Flur,
Als ein Bild von seinen Leiden,
Seinem bittern Liebestod,
Daß daran wir sollen weiden
Unsre Seel' in Lust und Noth?

Hast du nicht in stillen Stunden,
Heil'ge Blum', ihr zugehaucht
Das Geheimniß von den Wunden,
Von dem Dorn in Blut getaucht?
Esther schläft, und Träume schließen
Auf der reinen Seele Schrein:
Laß aus deinem Sterne fließen
Einen Strahl zu ihr hinein!

Purim.

Was meint sie mit dem Aschenkleide
An diesem freudenreichen Tag,
Wo alles gern in Sammt und Seide,
In Gold und Steinen prangen mag?

Es schwimmt das festlich bunte Zimmer
In hoher Kerzen Duft und Schein;
Sie schleicht sich aus der Freude Schimmer
Und steht am Fenster ganz allein.

Da legt sich, wie ein weißer Schleier,
Des Mondes Strahl um ihr Gesicht,
Und eine stille, tiefe Feier
Aus ihren sel'gen Augen spricht.

O wär' ich aus den Truggestalten
Der wilden, blinden Maskenlust
Und dürfte meine Hände falten,
Entlarvt, im Tempel ihrer Brust!

Vor ihrem Fenster.

Wie freut es mich, in dunkeln Abendstunden
Vor deinem hellen Fenster stillzustehn!
Den Vorhang find' ich hoch hinaufgewunden,
Frei darf mein Blick in seinen Himmel sehn.

Die Blumen, die sich an die Rahmen schmiegen,
Umschlingen mir dein Bild mit ihrem Kranz,
Und meines Odems Hauche überfliegen
Mit trübem Nebelduft der Scheiben Glanz.

Da sitzest du, so still und unbefangen,
Das schöne Haupt gestützt auf deinen Arm,
Und ich bin dir so nah' mit Lust und Bangen,
Mit meiner Wünsche ungestümem Schwarm.

Du schauest her; es wissen deine Augen
Vom süßen Zauber ihrer Blicke nicht,
Wie meine sich aus ihnen trunken saugen
Und hell erglühen nur von ihrem Licht.

Du ahnest nicht, wie sich mein ganzes Leben
Gleich einem Mond um deine Sonne dreht,
Der bald sich will auf stolzen Strahlen heben,
Bald tief gebeugt in Thränen untergeht.

Still, still, mein Herz! Was meint dein wildes Schlagen?
Schau' über dich, der Himmel ist nicht fern,
Und Flammen, die aus Sternen fallen, tragen
Der Menschen Seufzer vor den Thron des Herrn.

Die Laubenhütte.

Sei mir gegrüßt, du Holde,
In deinem grünen Zelt!
Hier seh' ich erst dich blühen,
Hier blühet deine Welt.

Mir ist's, als ob ich träte
In ein gelobtes Land,
Als hätten sich die Schritte
Der Zeiten umgewandt.

Entlaubt sind unsre Bäume,
Verblüht ist unser Feld;
Hier seh' ich Lenz und Sommer
Als Brüder froh gesellt.

Der Herbst auch ist gezogen
In dieses schöne Haus
Und sucht für seine Früchte
Sich Blumenstengel aus.

So prüfen Duft und Schimmer
Wetteifernd ihre Macht,
Es flammen hohe Kerzen
Wie Sterne durch die Nacht,

Und aus den blanken Becken
Steigt Weihrauch stolz empor;
Da trauert manche Rose,
Die ihren Duft verlor.

Du siehst mich an, Geliebte,
Und mir versagt das Wort;
Du wirst mich nicht verstehen
An diesem Zauberort.

Wie solltest du mir folgen
In trübe, kalte Luft
Aus deinem Vaterlande
Voll Glut und Glanz und Duft?

Der Perlenkranz.

Ein Kränzlein möcht' ich sehen
Gewunden um dein Haupt,
Nicht bunt von Sommerblumen,
Nicht immer grün belaubt;

Von hellen, weißen Perlen
Soll es geflochten sein,
Durch deine schwarzen Locken
Fließ' es wie Sternenschein.

Neige dein Haupt, du Liebe,
Lös' auf dein langes Haar!
Kennst du die Perlenkrone,
Durchsichtig, wasserklar?

Bebt Ahnung dir im Herzen?
O glaube, was sie spricht.
Laß auf dein Haupt mich weinen:
Taust denn die Thräne nicht?

Maria.

Maria möcht' ich dich begrüßen,
Mein Herz hat stets dich so genannt.
Seh' ich ein klares Bächlein fließen,
Setz' ich mich still an seinen Rand:
Maria, rieseln seine Wogen,
Maria soll ihr Name sein.
Ein weißes Täubchen kommt geflogen,
Schwebt über mir im Sonnenschein.

Geliebte, hast du nichts vernommen
Wie Orgelton und Wasserfall?
Der heil'ge Jordan kommt geschwommen
Durch Berg und Meer mit Jubelschall.
Der Geist des Herrn schwingt sein Gefieder
Und ruft: Wo ist die Tochter mein?
Tauch' in die Liebesfluten nieder:
Maria soll dein Name sein!

An Johannes.

Aus deiner Brust hab' ich emporgesungen
Verschwiegner Liebesflammen Lust und Schmerz,
Und von den Klängen fühl' ich nun durchdrungen
Mit tiefer Regung fast mein eignes Herz.
Der Frühling naht: schon trägt man aus dem Hause
Die Blumen an das freie Tageslicht,
Und länger bleiben auch in ihrer Klause
Die Winterblüten meiner Muse nicht.
Gedeihen muß die Lenzluft ihnen geben
Und junges Grün und frischen Knospendrang,
Auf daß sie sich befreunden mit dem Leben
Und werben nach der Leute Lob und Dank.
So ziehn sie aus im Duft und Glanz des Maien,
Bekränzt mit schwarzem Leid und bunter Lust;
Und will der Winter sie mit Schnee bestreuen,
So flüchten sie zurück in deine Brust.

Reiselieder.

I.

Große Wanderschaft.

Wandern, wandern!
Gestern dort und heute hier;
Morgen, wohin ziehen wir?
Wandern, wandern!
Wißt ihr wol das Losungswort,
Das die Welt treibt fort und fort?
Wandern, wandern!
Sehet Sonne, Mond und Sterne,
Wie die wandern all' so gerne.
Wandern, wandern!
Auch die Erde macht sich auf
Alle Jahr zum frischen Lauf.
Wandern, wandern!
Ei, so laß das Sitzen sein,
Mensch, du mußt doch hinterdrein.
Wandern, wandern!
Kind und Jüngling, Mann und Greis,
Also heißt die Lebensreis':
Wandern, wandern!
Ei, wie schöne Companei:
Fürstengunst und Frauentreu'.
Wandern, wandern!
Frau Fortuna führt uns an,
Amor ist der zweite Mann.
Wandern, wandern!
Auch die Musen könnt ihr sehn
All' in Reiseschuhen gehn.
Wandern, wandern!

Mars fährt auf Aprillenwetter,
Laune heißt des Ruhmes Vetter.
Wandern, wandern!
Liebes Herz, so zieh nur mit,
Halte wacker Schritt und Tritt.
Wandern, wandern!
Heute hier und morgen dort,
Und zu Haus an jedem Ort.
Wandern, wandern!
Regen, Sturm und Sonnenschein,
Rebensaft und Gerstenwein.
Wandern, wandern!
Heute blond und morgen braun
Ist mein Schätzchen anzuschaun.
Wandern, wandern!
Kalt und warm, und schlicht und kraus,
Bienenschwarm und Schneckenhaus.
Wandern, wandern!
Heut' hab' ich dies Lied erdacht,
Morgen wird es ausgelacht.
Wandern, wandern!

Wanderlieder eines rheinischen Handwerksburschen.

1. Auszug.

Ich ziehe so lustig zum Thore hinaus,
Als ob's ein Spaß nur wär';
Das macht, es wallt Feinliebchens Bild
Gar helle vor mir her.

Da merk' ich dann im Herzen bald:
Ich sei dort, oder hier,
Ich gehe fort, ich kehre heim,
Ich ziehe doch immer zu ihr.

Und wer zu seinem Liebchen reist,
Dem wird kein Weg zu schwer,
Der läuft bei Tag und läuft bei Nacht
Und ruht sich nimmermehr.

Und ob es regnet, ob es stürmt,
Mir thut kein Wetter weh:
Es hat mein Liebchen mir gesagt
Ein freundliches Ade!

---

2. Auf der Landstraße.

Was suchen doch die Menschen all
Zu Roß und auch zu Fuß?
Das wandert hin und wandert her
Zeitlebens ohn' Verdruß.

Die haben wol kein Liebchen heim,
Und auch ihr Herz dabei;
Sie sehn mich an und wundern sich,
Daß ich so langsam sei.

Ach, wer mit jedem, jedem Fuß,
Den er setzt in die Welt hinein,
Einen Schritt von seiner Liebsten thut
Der macht ihn gerne klein.

Wer hat das Wandern doch erdacht?
Der hatt' ein Herz von Stein;
Und wär' es heut' noch nicht bekannt,
Ich ließ' es wahrlich sein.

---

3. Einsamkeit.

Der Mai ist auf dem Wege,
Der Mai ist vor der Thür:
Im Garten, auf der Wiese,
Ihr Blümlein, kommt herfür!

Da hab' ich den Stab genommen,
Da hab' ich das Bündel geschnürt,
Zieh' weiter und immer weiter,
Wohin die Straße mich führt.

Und über mir ziehen die Vögel,
Sie ziehen in lustigen Reihn,
Sie zwitschern und trillern und flöten,
Als ging's in den Himmel hinein.

Der Wandrer geht alleine,
Geht schweigend seinen Gang;
Das Bündel will ihn drücken,
Der Weg wird ihm zu lang.

Ja, wenn wir all' zusammen
So zögen ins Land hinein!
Und wenn auch das nicht wäre —
Könnt' eine nur mit mir sein!

4. Brüderschaft.

Im Krug zum grünen Kranze
Da kehrt' ich durstig ein.
Da saß ein Wandrer drinnen
Am Tisch bei kühlem Wein.

Ein Glas war eingegossen,
Das wurde nimmer leer;
Sein Haupt ruht' auf dem Bündel,
Als wär's ihm viel zu schwer.

Ich thät mich zu ihm setzen,
Ich sah ihm ins Gesicht,
Das schien mir gar befreundet,
Und dennoch kannt' ich's nicht.

Da sah auch mir ins Auge
Der fremde Wandersmann
Und füllte meinen Becher
Und sah mich wieder an.

Hei, was die Becher klangen!
Wie brannte Hand in Hand!
„Es lebe die Liebste deine,
Herzbruder, im Vaterland!"

5. Abendreihn.

„Guten Abend, lieber Mondenschein!
Wie blickst mir so traulich ins Herz herein!
Nun sprich, und laß dich nicht lange fragen,
Du hast mir gewiß einen Gruß zu sagen,
Einen Gruß von meinem Schatz.“ —

„Wie sollt' ich bringen den Gruß zu dir?
Du hast ja keinen Schatz bei mir;
Und was mir da unten die Bursche sagen,
Und was mir die Frauen und Mädchen klagen,
Ei, das versteh' ich nicht.“ —

„Hast recht, mein lieber Mondenschein,
Du darfst auch Schätzchens Bote nicht sein;
Denn thätst du zu tief ihr ins Auge sehn,
Du könntest ja nimmermehr untergehn,
Schienst ewig nur für sie.“

Dies Liedchen ist ein Abendreihn,
Ein Wandrer sang's im Vollmondschein;
Und die es lesen bei Kerzenlicht,
Die Leute verstehn das Liedchen nicht,
Und ist doch kinderleicht.

---

6. Morgen.

In die grüne Welt hinein
Zieh' ich mit dem Morgenschein,
Abendlust und Abendleid
Hinter mir so weit, so weit!

Ei wie roth deine Wangen sind,
Morgen, Morgen, süßes Kind!
Blümlein weinten die ganze Nacht,
Weil man dich zu Bett gebracht;
Mittag kam, der stolze Ritter,
Abend kam, der müde Schnitter,
Keinen haben sie angeschaut,
Haben still auf dich vertraut.

Und nun bist du wieder da,
Bist so freundlich, bist so nah!
Und sie richten sich empor,
Schütteln ab der Träume Flor.
Wie sie wanken, wie sie beben,
Scheu die trunknen Blicke heben!
War's dein Kuß, der sie erweckte?
War's ein Zephyr, der sie neckte?
Welcher Schrecken, welche Lust!
Mund an Mund und Brust an Brust!

Guten Morgen, Guten Morgen!
In die Winde alle Sorgen,
Alle Thränen von den Wangen,
Aus dem Herzen alles Bangen,
Alles froh und alles frei,
Ob's der erste Welttag sei!
Auch die kleinen Waldvöglein
Wollen bei dem Feste sein,
Lassen ihre Stimmlein klingen,
Einen Gruß hinaufzusingen.

Wißt ihr, wer's am besten meint
Mit dem jungen Himmelsfreund?
Lerche sich zum höchsten schwingt
Und ihm grad' ans Herze sinkt.
Lerche, Lerche, einen Gruß,
Lerche, Lerche, Gruß und Kuß,
Nimm sie mit dir von uns allen
Und laß deine Stimme schallen,
Wenn wir dich nicht mehr ersehn,
Aus den lieben blauen Höhn!

Fischlein, Fischlein in dem See,
Wird's da unten euch zu weh?
Drang sein helles Rosenlicht
Noch in eure Tiefe nicht?
Ei so springt einmal heraus
Aus dem düstern Wogenhaus,
Schnappt von seinen Aeugelein
Einen Blick zu euch hinein,
Und die Lampen von Krystall
Zündet an mit seinem Strahl!

Morgenstund' hat Gold im Mund.
Arme Wandrer rings und rund,
Auf und fort im Morgenschein,
Wollt ihr reiche Leute sein!

---

7. Frühlingsgruß.

Du heller linder Abendwind,
Flieg hin zu meinem Schatz geschwind,
Es wird dich nicht verdrießen,
Und fächl' ihr sanft um Wang' und Kinn,
Treib deine jüngsten Düfte hin
Und sprich: Der Lenz läßt grüßen!

Die Laute nehm' ich von der Wand
Und schlinge drum ein grünes Band.
Ein Vöglein hört' ich schlagen,
Es schlug: Wer bindet an mit mir
Zu Lieb' und Sang ein Festturnier
In grünen Rosenhagen?

Wohlauf im hellen Mondenschein,
Durch alle Gassen aus und ein
Mit Fiedeln und Schalmeien!
Thut auf, thut auf die Fensterlein,
Ihr Mägdlein, laßt den Frühling ein!
Dürft euch vor ihm nicht scheuen.

Er ist ein wohlgezogner Gast,
Ein Knäblein jung und blöde fast,
Auch etwas unerfahren;
Nehmt Amorn ihm als Lehrer an,
So wird er bald ein kluger Mann,
Noch eh' er kommt zu Jahren.

Du heller linder Abendwind,
Was meint zu dir das liebe Kind,
Gefällt ihr deine Kunde?
Gut' Nacht, Gut' Nacht! Die Fenster zu!
Der neue Gast verlangt nach Ruh',
Der Wächter bläst die Stunde.

---

8. Entschuldigung.

Wenn wir durch die Straßen ziehen,
Recht wie Bursch', in Saus und Braus,
Schauen Augen, blau' und graue,
Schwarz' und braun', aus manchem Haus.

Und ich lass' die Blicke schweifen
Durch die Fenster hin und her,
Fast als wollt' ich eine suchen,
Die mir die allerliebste wär'.

Und doch weiß ich, daß die eine
Wohnt viel Meilen weit von mir,
Und doch muß ich immer gucken
Nach den schmucken Jungfern hier.

Liebchen, woll' dich nicht betrüben,
Wenn dir eins die Kunde bringt;
Und daß dich's nicht überrasche,
Dieses Lied der Wandrer singt.

---

9. Hier und dort.

Mein Liebchen hat gesagt:
„Dein Sang mir behagt."
Ach wenn ich doch selber
Ein Lied gleich wär',
Meinem Schätzchen zu Ehr'!

Da wollt' ich mich schreiben
Auf seidnes Papier
Und wollte mich schicken
Per Post zu ihr.
Flugs thät' sie erbrechen
Das Briefchen so fein
Und schaute schnurgrade
Ins Herz mir hinein
Und sähe und hörte,
Wie gut ich ihr bin

Und wie ich ihr diene
Mit stetigem Sinn.
Und Liebchen thät' sagen:
„Du thust mir behagen“
Und sagte und sänge
Und spielte nur mich,
Und trüge im Mund und im Kopf und im Herzen
Mich ewiglich.

Hätt' Gott mich gefragt,
Als die Welt er gemacht,
So hätt' ich ein Liebchen,
Das wäre fein hier,
Und wär' sie woanders,
So wär' ich bei ihr. —

Dies Lied hat gesungen
Ein Wandrer vom Rhein.
Hier trinkt er das Wasser,
Dort trank er den Wein.

Des Postillons Morgenlied vor der Bergscheuke.

Vivat! und ins Horn ich stoße;
Vivat! wie so hell es klingt,
Wenn es in der Morgenstunde
Meinem Schatz ein Vivat bringt!

Und die Peitsche knallt dazwischen,
Und die Räder rasseln drein,
Und die Funken und die Flammen
Fliegen über Stock und Stein.

„Bravo, bravo, braver Schwager!“
Ruft mir zu der Passagier;
Mag er's loben und bezahlen!
Liebste, aber's gilt nur dir.

Kann ich's mit dem Schwert nicht zeigen,
Mit dem blanken Rittersporn,
Hat mein Herz für seine Liebe
Doch dies kleine runde Horn.

Wer's versteht, es klingt nicht übel,
Frisch und scharf wie Morgenwind.
Und die Liebste, die ich meine,
Ist kein schwächlich städtisch Kind;

In dem Wald ist sie geboren,
Ist des Schenken Töchterlein,
Klang der Becher, Zank der Zecher
Mußt' ihr Wiegenliedchen sein.

In dem Walde steht die Schenke
Einsam auf dem höchsten Berg,
Durch den Schornstein bläst die Hexe,
Und im Keller wühlt der Zwerg.

Aber sie, die flinke Dirne,
Weiß mit Geistern umzugehn;
Wenn ihr Schlüsselbund nur klappert,
Läßt kein Spuk sich weiter sehn.

Und wie trefflich kann sie bannen
Geister auch von Fleisch und Bein —
Die Berauschten, sei's von Liebe,
Sei's von Bier und Branntewein.

Keiner wagt sich ihr zu nahe,
Weil den Zauberkreis er kennt,
Der dem kecken Ueberspringer
Zung' und Finger gleich verbrennt.

Aber freundlich und gesprächig
Ist sie dem bescheidnen Gast,
Und an ihrem Thor vorüber
Rollt kein Wagen ohne Rast.

„Bravo, bravo, braver Schwager!"
Ruft mir zu der Passagier;
„Gut gefahren, gut gehalten
Bei der schmucken Dirne hier!"

Mag er's loben und bezahlen!
Liebste, aber's gilt nur dir.
Schöne Schenkin, ach, ich dürste,
Schenke, schenke Liebe mir!

Vivat! und ins Horn ich stoße,
Und es muß geschieden sein.
Vivat! und wie soll es schmettern,
Kehr' ich hier auf ewig ein!

Der prager Musikant.

Mit der Fiedel auf dem Rücken,
Mit dem Kappel in der Hand,
Ziehn wir prager Musikanten
Durch das weite Christenland.

Unser Schutzpatron im Himmel
Heißt der heil'ge Nepomuk,
Steht mit seinem Sternenkränzel
Mitten auf der prager Bruck.

Als ich da hinausgewandert,
Hab' ich Reverenz gemacht,
Ein Gebet ihm aus dem Kopfe
Recht bedächtig hergesagt;

Steht also in keinem Büchel,
Wie man's auf dem Herzen hat:
Wanderschaft mit leerem Beutel,
Und ein Schätzel in der Stadt.

Wenn das Mädel singen könnte,
Wär's gezogen mit hinaus;
Doch es hat 'ne heiſre Kehle,
Darum ließ ich es zu Haus.

Ei da gab es nasse Augen,
's war mir selbst nicht einerlei;
Sprach ich: „'s ist ja nicht für ewig,
Schönstes Nannerl, laß mich frei!"

Und ich schlüpft' aus ihren Armen,
Aus der Kammer, aus dem Haus,
Konnt' nicht wieder rückwärts schauen,
Bis ich war zur Stadt hinaus.

Da hab' ich dies Lied gesungen,
Hab' die Fiedel zu gespielt,
Bis ich in den Morgenlüften
Auf der Brust mich leicht gefühlt.

Manches Vöglein hat's vernommen;
Flög' nur eins an Liebchens Ohr,
Säng' ihr, wenn sie weinen wollte,
Dieses frische Liedel vor!

Wenn ich aus der Fremde komme,
Spiel' ich auf aus anderm Ton
Abends unter ihrem Fenster:
„Schätzel, Schätzel, schläfst du schon?"

Hoch geschwenkt den vollen Beutel,
Das gibt eine Musika!
'S Fenster klirrt, es rauscht der Laden —
Heilige Cäcilia!

All ihr prager Musikanten,
Auf, heraus mit Horn und Baß,
Spielt den schönsten Hochzeitreigen!
Morgen leeren wir ein Faß.

Ein anderer.

Wenn du wandelst auf der prager Brücken,
Thut vor dir Sanct-Nepomuk sich bücken,
Und die Arme hebt er auf zum Segen
Deiner schwarzen Schelmenaugen wegen.

Ach, wie soll man heut' ein Heil'ger werden,
Wo's ein solches Mädel gibt auf Erden?
Aus dem Himmel liefen Gottes Engel,
Um zu küssen deine Rosenwängel;

Und ich sollt' mit meiner armen Seelen
Fort von dir mich in den Himmel quälen,
Um von oben mit betrübten Blicken
Grüße dir hinunter zuzunicken?

Meiner Fiedel Saiten sind zersprungen,
Als ich dir das Abschiedslied gesungen.
Sag', wie soll mein Herz doch diese Plagen,
Ohne zu zerreißen, still ertragen?

Die prager Musikantenbraut.

Und wißt ihr, wer mein Schätzel ist?
Ein prager Musikant,
Ein Musikant von feiner Kunst
In Baß und in Discant.

Und wißt ihr, wo mein Schätzel ist?
So wißt ihr mehr als ich;
Denn weil er halt nicht schreiben kann,
So denkt er nur an mich.

Und 's Denken ist ein lustig Ding,
Summt leis' ins Herz hinein;
Woher es kommt, wohin es geht,
Das muß errathen sein.

Ei, kommst denn nimmermehr zur Ruh',
Du Musikantenblut?
Ei, lernst denn nimmermehr verstehn,
Wie lieb's in Böhmen thut?

So zieh' nur hin durch Stadt und Land,
Mit dir Sanct-Nepomuk,
Der segne Fiedel dir und Baß
Mit gutem Strich und Druck!

Und wo in Gottes weiter Welt
Du klopfst an Thür und Thor,
Find' offne Beutel überall
Und ein geneigtes Ohr!

Die Mädel schaun dir ins Gesicht,
Die Männer nach der Hand,
Und einer und die andre spricht:
Ein braver Musikant!

Dann sing ein Lied von deiner Braut,
Die an der Moldau ist;
Das klingt mir hell durch Mark und Bein
Und sagt mir, wo du bist.

Und sagt mir noch so mancherlei,
Was schwer sich sagt im Reim,
Und sagt mir: Wann die Lerche kommt,
Kehr' ich nach Böhmen heim.

Seefahrers Abschied.

Die du fliegst in hohen Lüften,
Kleine Schwalbe, komm herab,
Weil ich dir ein Wort im stillen
Unten zu vertrauen hab'!
Sollst mir eine Feder schenken
Aus den schwarzen Flügeln dein,
Will an meine Liebe schreiben:
Herz, es muß geschieden sein.

Morgen fahr' ich auf dem Meere,
Wind und Woge weiß wohin;
Und es fragen mich die Freunde,
Was ich doch so traurig bin.
Aber Wind und Woge sprechen
Viel von Unbeständigkeit,
Und der Sklave singt zum Ruder:
Mächtig, mächtig ist die Zeit!

Gott, und soll ich untergehen,
Sei es in dem tiefen Meer,
Nur nicht in der Liebsten Herzen,
Wo ich gern geborgen wär'!
In dem stillen klaren Spiegel
Male sich mein treues Bild,
Wann um mich in Ungewittern
Die empörte Woge schwillt.

Liebe, sieh, wie Well' auf Welle
Ringt nach dem ersehnten Strand;
Aber manche wird verschlungen,
Eh' sie küßt das grüne Land.

Wenn du an dem Ufer wandelst,
Hüpft die Flut nach deinem Fuß;
Wogen hab' ich nur und Winde,
Dir zu schicken meinen Gruß.

Wann die fernen Höhen dämmern,
Jauchzet alles nach dem Land;
Nur zwei müde Augen bleiben
Still dem Meere zugewandt.
Wann die Segel wieder glänzen,
Wann die Winde heimwärts wehn,
Laßt mich auf dem Maste sitzen!
Liebe kann durch Wolken sehn.

Schiff und Vogel.

Die Flüsse rauschen in das Meer
Vorüber an Burgen und Städten,
Die Winde blasen hinterher
Mit lustigen Trompeten.

Die Wolken ziehen hoch voran,
Wir Vöglein mitten drinnen,
Und alles, was fliegen und singen kann,
Nur nach, nur mit uns, nur von hinnen!

„Ich grüße dich, Schifflein! Wohin, woher,
Mit dem flatternden goldenen Bande?“ —
„Ich grüße dich, Vöglein! Ins weite Meer
Fahr' ich hin aus dem engen Lande.

„All' meine Segel sind geschwellt,
Kein Berg ist mehr zu sehen;
Ich hab' mein' Sach' auf den Wind gestellt,
Der Wind läßt mich nicht stehen.

„Und willst du, Vöglein, mit hinaus,
Magst dich auf den Mastbaum stellen;
Denn voll zum Sinken ist mein Haus
Von glücklichen Gesellen.

„Sie tanzen und springen den ganzen Tag,
Und klimpern und spielen und trinken,
Und wer nicht mehr tanzen und trinken mag,
Seiner Nachbarin muß er winken.“ —

„Gesellen, die brauch' ich und such' ich nicht,
Lieb Schifflein, ich kann ja noch singen;
Dem Mastbaum wär' ich ein böses Gewicht,
Lieb Schifflein, ich habe ja Schwingen.

„Hoch über dem Segel, hoch über dem Mast,
Wer will mir die Lust verwehren?
Und hält deine wilde Gesellschaft Rast,
So sollst du mich singen hören.

„Und wer nicht ruhen und horchen mag,
Gott gesegn' ihm die bessere Freude!
So schwing' ich mich auf in den blauen Tag,
In die goldene Sonnenweide.

„So sing' ich meinen Jubelgesang
Hinaus in alle vier Winde,
Daß ihn mein und sein Lebelang
Kein Schreiber und Drucker finde!“

Reiselieder

II.

Die Winterreise.

Gute Nacht.

Fremd bin ich eingezogen,
Fremd zieh' ich wieder aus.
Der Mai war mir gewogen
Mit manchem Blumenstrauß.
Das Mädchen sprach von Liebe,
Die Mutter gar von Eh' —
Nun ist die Welt so trübe,
Der Weg gehüllt in Schnee.

Ich kann zu meiner Reisen
Nicht wählen mit der Zeit,
Muß selbst den Weg mir weisen
In dieser Dunkelheit.
Es zieht ein Mondenschatten
Als mein Gefährte mit,
Und auf den weißen Matten
Such' ich des Wildes Tritt.

Was soll ich länger weilen,
Bis man mich trieb' hinaus?
Laß irre Hunde heulen
Vor ihres Herren Haus;
Die Liebe liebt das Wandern —
Gott hat sie so gemacht —
Von einem zu dem andern.
Fein Liebchen, Gute Nacht!

Will dich im Traum nicht stören,
Wär' schad' um deine Ruh',
Sollst meinen Tritt nicht hören —
Sacht, sacht die Thüre zu!
Ich schreibe nur im Gehen
Ans Thor noch: „Gute Nacht!"
Damit du mögest sehen,
Ich hab' an dich gedacht.

Die Wetterfahne.

Der Wind spielt mit der Wetterfahne
Auf meines schönen Liebchens Haus;
Da dacht' ich schon in meinem Wahne,
Sie pfiff' den armen Flüchtling aus.

Er hätt' es eh'r bemerken sollen,
Des Hauses aufgesteckten Schild,
So hätt' er nimmer suchen wollen
Im Haus ein treues Frauenbild.

Der Wind spielt drinnen mit den Herzen
Wie auf dem Dach, nur nicht so laut.
Was fragen sie nach meinen Schmerzen?
Ihr Kind ist eine reiche Braut.

Gefrorene Thränen.

Gefrorne Tropfen fallen
Von meinen Wangen ab;
Und ist's mir denn entgangen,
Daß ich geweinet hab'?

Ei Thränen, meine Thränen,
Und seid ihr gar so lau,
Daß ihr erstarrt zu Eise
Wie kühler Morgenthau?

Und dringt doch aus der Quelle
Der Brust so glühend heiß,
Als wolltet ihr zerschmelzen
Des ganzen Winters Eis!

Erstarrung.

Ich such' im Schnee vergebens
Nach ihrer Tritte Spur,
Hier, wo wir oft gewandelt
Selbander durch die Flur.

Ich will den Boden küssen,
Durchdringen Eis' und Schnee
Mit meinen heißen Thränen,
Bis ich die Erde seh'.

Wo find' ich eine Blüte,
Wo find' ich grünes Gras?
Die Blumen sind erstorben,
Der Rasen sieht so blaß.

Soll denn kein Angedenken
Ich nehmen mit von hier?
Wenn meine Schmerzen schweigen,
Wer sagt mir dann von ihr?

Mein Herz ist wie erfroren,
Kalt starrt ihr Bild darin;
Schmilzt je das Herz mir wieder,
Fließt auch das Bild dahin.

Der Lindenbaum.

Am Brunnen vor dem Thore
Da steht ein Lindenbaum;
Ich träumt' in seinem Schatten
So manchen süßen Traum.

Ich schnitt in seine Rinde
So manches liebe Wort;
Es zog in Freud' und Leide
Zu ihm mich immer fort.

Ich mußt' auch heute wandern
Vorbei in tiefer Nacht,
Da hab' ich noch im Dunkeln
Die Augen zugemacht.

Und seine Zweige rauschten,
Als riefen sie mir zu:
Komm her zu mir, Geselle,
Hier find'st du deine Ruh'!

Die kalten Winde bliesen
Mir grad' ins Angesicht,
Der Hut flog mir vom Kopfe,
Ich wendete mich nicht.

Nun bin ich manche Stunde
Entfernt von jenem Ort,
Und immer hör' ich's rauschen:
Du fändest Ruhe dort!

Die Post.

Von der Straße her ein Posthorn klingt.
Was hat es, daß es so hoch aufspringt,
Mein Herz?

Die Post bringt keinen Brief für dich.
Was drängst du denn so wunderlich,
Mein Herz?

Nun ja, die Post kommt aus der Stadt,
Wo ich ein liebes Liebchen hatt',
Mein Herz!

Willst wol einmal hinübersehn
Und fragen, wie es dort mag gehn,
Mein Herz?

Wasserflut.

Manche Thrän' aus meinen Augen
Ist gefallen in den Schnee;
Seine kalten Flocken saugen
Durstig ein das heiße Weh.

Wann die Gräser sprossen wollen,
Weht daher ein lauer Wind,
Und das Eis zerspringt in Schollen,
Und der weiche Schnee zerrinnt.

Schnee, du weißt von meinem Sehnen,
Sag' mir, wohin geht dein Lauf?
Folge nach nur meinen Thränen,
Nimmt dich bald das Bächlein auf.

Wirst mit ihm die Stadt durchziehen,
Muntre Straßen ein und aus;
Fühlst du meine Thränen glühen,
Da ist meiner Liebsten Haus.

Auf dem Flusse.

Der du so lustig rauschest,
Du heller, wilder Fluß,
Wie still bist du geworden,
Gibst keinen Scheidegruß.

Mit harter, starrer Rinde
Hast du dich überdeckt,
Liegst kalt und unbeweglich
Im Sande hingestreckt.

In deine Decke grab' ich
Mit einem spitzen Stein
Den Namen meiner Liebsten
Und Stund' und Tag hinein:

Den Tag des ersten Grußes,
Den Tag, an dem ich ging;
Um Nam' und Zahlen windet
Sich ein zerbrochner Ring.

Mein Herz, in diesem Bache
Erkennst du nun dein Bild?
Ob's unter seiner Rinde
Wol auch so reißend schwillt?

Rückblick.

Es brennt mir unter beiden Sohlen,
Tret' ich auch schon auf Eis und Schnee
Ich möcht' nicht wieder Athem holen,
Bis ich nicht mehr die Thürme seh'.

Hab' mich an jedem Stein gestoßen,
So eilt' ich zu der Stadt hinaus;
Die Krähen warfen Bäll' und Schloßen
Auf meinen Hut von jedem Haus.

Wie anders hast du mich empfangen,
Du Stadt der Unbeständigkeit!
An deinen blanken Fenstern sangen
Die Lerch' und Nachtigall im Streit.

Die runden Lindenbäume blühten,
Die klaren Rinnen rauschten hell,
Und ach, zwei Mädchenaugen glühten —
Da war's geschehn um dich, Gesell!

Kommt mir der Tag in die Gedanken,
Möcht' ich noch einmal rückwärts sehn,
Möcht' ich zurücke wieder wanken,
Vor ihrem Hause stillestehn.

Der greise Kopf.

Der Reif hatt' einen weißen Schein
Mir übers Haar gestreuet,
Da meint' ich schon ein Greis zu sein
Und hab' mich sehr gefreuet.

Doch bald ist er hinweggethaut,
Hab' wieder schwarze Haare,
Daß mir's vor meiner Jugend graut —
Wie weit noch bis zur Bahre!

Vom Abendroth zum Morgenlicht
Ward mancher Kopf zum Greise.
Wer glaubt's? und meiner ward es nicht
Auf dieser ganzen Reise!

Die Krähe.

Eine Krähe war mit mir
Aus der Stadt gezogen,
Ist bis heute für und für
Um mein Haupt geflogen.

Krähe, wunderliches Thier,
Willst mich nicht verlassen?
Meinst wol bald als Beute hier
Meinen Leib zu fassen?

Nun, es wird nicht weit mehr gehn
An dem Wanderstabe.
Krähe, laß mich endlich sehn
Treue bis zum Grabe!

Letzte Hoffnung.

Hier und da ist an den Bäumen
Noch ein buntes Blatt zu sehn,
Und ich bleibe vor den Bäumen
Oftmals in Gedanken stehn.

Schaue nach dem einen Blatte,
Hänge meine Hoffnung dran;
Spielt der Wind mit meinem Blatte,
Zittr' ich, was ich zittern kann.

Ach, und fällt das Blatt zu Boden,
Fällt mit ihm die Hoffnung ab,
Fall' ich selber mit zu Boden,
Wein' auf meiner Hoffnung Grab.

Im Dorfe.

Es bellen die Hunde, es rasseln die Ketten;
Die Menschen schnarchen in ihren Betten,
Träumen sich manches, was sie nicht haben,
Thun sich im Guten und Argen erlaben,
Und morgen früh ist alles zerflossen —
Je nun, sie haben ihr Theil genossen
Und hoffen, was sie noch übrigließen,
Doch wiederzufinden auf ihren Kissen.

Bellt mich nur fort, ihr wachen Hunde,
Laßt mich nicht ruhn in der Schlummerstunde!
Ich bin zu Ende mit allen Träumen —
Was will ich unter den Schläfern säumen?

Der stürmische Morgen.

Wie hat der Sturm zerrissen
Des Himmels graues Kleid!
Die Wolkenfetzen flattern
Umher in mattem Streit,

Und rothe Feuerflammen
Ziehn zwischen ihnen hin:
Das nenn' ich einen Morgen
So recht nach meinem Sinn!

Mein Herz sieht an dem Himmel
Gemalt sein eignes Bild —
Es ist nichts als der Winter,
Der Winter kalt und wild!

Täuschung.

Ein Licht tanzt freundlich vor mir her,
Ich folg' ihm nach die Kreuz und Quer;
Ich folg' ihm gern, ich seh's ihm an,
Daß es verlockt den Wandersmann.
Ach, wer wie ich so elend ist,
Gibt gern sich hin der bunten List,
Die hinter Eis und Nacht und Graus
Ihm weist ein helles, warmes Haus
Und eine liebe Seele drin —
Nur Täuschung ist für mich Gewinn!

Der Wegweiser.

Was vermeid' ich denn die Wege,
Wo die andern Wandrer gehn,
Suche mir versteckte Stege
Durch verschneite Felsenhöhn?

Habe ja doch nichts begangen,
Daß ich Menschen sollte scheun;
Welch ein thörichtes Verlangen
Treibt mich in die Wüstenein?

Weiser stehen auf den Straßen,
Weisen auf die Städte zu,
Und ich wandre sonder Maßen,
Ohne Ruh', und suche Ruh'.

Einen Weiser seh' ich stehen
Unverrückt vor meinem Blick:
Eine Straße muß ich gehen,
Die noch keiner ging zurück.

Das Wirthshaus.

Auf einen Todtenacker
Hat mich mein Weg gebracht.
Allhier will ich einkehren,
Hab' ich bei mir gedacht.

Ihr grünen Todtenkränze
Könnt wol die Zeichen sein,
Die müde Wandrer laden
Ins kühle Wirthshaus ein.

Sind denn in diesem Hause
Die Kammern all besetzt?
Bin matt zum Niedersinken
Und tödlich schwer verletzt.

O unbarmherz'ge Schenke,
Doch weisest du mich ab?
Nun weiter denn, nur weiter,
Mein treuer Wanderstab!

Das Irrlicht.

In die tiefsten Felsengründe
Lockte mich ein Irrlicht hin;
Wie ich einen Ausgang finde,
Liegt nicht schwer mir in dem Sinn.

Bin gewohnt das Irregehen,
's führt ja jeder Weg zum Ziel;
Unsre Freuden, unsre Wehen,
Alles eines Irrlichts Spiel!

Durch des Bergstroms trockne Rinnen
Wind' ich ruhig mich hinab;
Jeder Strom wird 's Meer gewinnen,
Jedes Leiden auch ein Grab.

Rast.

Nun merk' ich erst, wie müd' ich bin,
Da ich zur Ruh' mich lege.
Das Wandern hielt mich munter hin
Auf unwirthbarem Wege;

Die Füße frugen nicht nach Rast,
Es war zu kalt zum Stehen;
Der Rücken fühlte keine Last,
Der Sturm half fort mich wehen.

In eines Köhlers engem Haus
Hab' Obdach ich gefunden;
Doch meine Glieder ruhn nicht aus,
So brennen ihre Wunden.

Auch du, mein Herz, im Kampf und Sturm
So wild und so verwegen,
Fühlst in der Still' erst deinen Wurm
Mit heißem Stich sich regen!

Die Nebensonnen.

Drei Sonnen sah ich am Himmel stehn,
Hab' lang' und fest sie angesehen,
Und sie auch standen da so stier,
Als könnten sie nicht weg von mir.
Ach, meine Sonnen seid ihr nicht!
Schaut andern doch ins Angesicht!
Ja, neulich hatt' ich auch wol drei;
Nun sind hinab die besten zwei.
Ging' nur die dritt' erst hinterdrein!
Im Dunkel wird mir wohler sein.

Frühlingstraum.

Ich träumte von bunten Blumen,
So wie sie wol blühen im Mai;
Ich träumte von grünen Wiesen,
Von lustigem Vogelgeschrei.

Und als die Hähne krähten,
Da ward mein Auge wach;
Da war es kalt und finster,
Es schrien die Raben vom Dach.

Doch an den Fensterscheiben
Wer malte die Blätter da?
Ihr lacht wol über den Träumer,
Der Blumen im Winter sah?

Ich träumte von Lieb' um Liebe,
Von einer schönen Maid,
Von Herzen und von Küssen,
Von Wonn' und Seligkeit.

Und als die Hähne krähten,
Da ward mein Herze wach;
Nun sitz' ich hier alleine
Und denke dem Traume nach.

Die Augen schließ' ich wieder,
Noch schlägt das Herz so warm.
Wann grünt ihr Blätter am Fenster?
Wann halt' ich dich, Liebchen, im Arm?

Einsamkeit.

Wie eine trübe Wolke
Durch heitre Lüfte geht,
Wann in der Tanne Wipfel
Ein mattes Lüftchen weht:

So zieh' ich meine Straße
Dahin mit trägem Fuß
Durch helles, frohes Leben
Einsam und ohne Gruß.

Ach, daß die Luft so ruhig!
Ach, daß die Welt so licht!
Als noch die Stürme tobten,
War ich so elend nicht.

Muth.

Fliegt der Schnee mir ins Gesicht,
Schüttl' ich ihn herunter;
Wenn mein Herz im Busen spricht,
Sing' ich hell und munter,

Höre nicht, was es mir sagt,
Habe keine Ohren,
Fühle nicht, was es mir klagt.
Klagen ist für Thoren.

Lustig in die Welt hinein
Gegen Wind und Wetter!
Will kein Gott auf Erden sein,
Sind wir selber Götter.

Der Leiermann.

Drüben hinterm Dorfe
Steht ein Leiermann,
Und mit starren Fingern
Dreht er, was er kann.

Barfuß auf dem Eise
Schwankt er hin und her,
Und sein kleiner Teller
Bleibt ihm immer leer.

Keiner mag ihn hören,
Keiner sieht ihn an,
Und die Hunde brummen
Um den alten Mann.

Und er läßt es gehen
Alles, wie es will,
Dreht, und seine Leier
Steht ihm nimmer still.

Wunderlicher Alter!
Soll ich mit dir gehn?
Willst zu meinen Liedern
Deine Leier drehn?

III.

Wanderlieder.

Der ewige Jude.

Ich wandre sonder Rast und Ruh',
Mein Weg führt keinem Ziele zu;
Fremd bin ich in jedwedem Land
Und überall doch wohlbekannt.

Tief in dem Herzen klingt ein Wort,
Das treibt mich fort von Ort zu Ort;
Ich spräch's nicht aus, nicht laut, nicht leis',
Sollt' ew'ge Ruh' auch sein der Preis.

Es wärmt mich nicht der Sonne Licht,
Des Abends Thau, der kühlt mich nicht;
Ein lauer Nebel hüllt mich ein
In ewig gleichen Dämmerschein.

Kein Mensch sich je zu mir gesellt,
Es lacht kein Blick mir in der Welt,
Kein Vogel singt auf meinem Pfad,
Ob meinem Haupte rauscht kein Blatt.

So zieh' ich Tag und Nacht einher,
Das Herz so voll, die Welt so leer;
Ich habe alles schon gesehn,
Und darf doch nicht zur Ruhe gehn.

Vom Felsen stürzt der Wasserfall,
Fort schäumt der Fluß im tiefen Thal,
Er eilt so froh der ew'gen Ruh',
Dem stillen Oceane zu.

Der Adler schwingt sich durch die Luft,
Verschwebend in des Aethers Duft,
Hoch in den Wolken steht sein Haus;
Auf Alpenspitzen ruht er aus.

Der Delphin durch die Fluten schweift,
Wenn in die Bucht der Schiffer läuft,
Und nach dem Sturm im Sonnenschein
Schläft er auf Wellenspiegeln ein.

Die Wolken treiben hin und her,
Sie sind so matt, sie sind so schwer;
Da stürzen rauschend sie herab,
Der Schos der Erde wird ihr Grab.

Der müde Wandrer dieser Welt,
Ein sicher Ziel ist ihm gestellt,
Was klagt er ob des Tages Noth?
Vor Nacht noch holt ihn heim der Tod.

O Mensch, der du den Lauf vollbracht
Und gehest ein zur kühlen Nacht,
Bet', eh' du thust die Augen zu,
Für mich um eine Stunde Ruh'!

Der Mondsüchtige.

Du bleicher Mann da droben
Siehst wieder so mürrisch aus;
Bist wol recht unzufrieden
Mit deinem luftigen Haus?

Hör', Freund, wir wollen tauschen:
Ich geb' und räume dir
Für diesen kühlen Abend
Mein warmes Lager hier.

Dafür sollst du mich heben
In deinen Mond hinauf,
Mich mit ihm wandeln lassen
Den hellen Himmelslauf.

Will auch auf deiner Warte
Ganz mäuschenstille stehn
Und nach der bösen Erde
Nicht viel heruntersehn.

Will keinen Dieb verrathen,
Will stören kein liebendes Paar;
Nur eines möcht' ich sehen,
Und das recht hell und klar.

Dir, Mond, will ich's vertrauen:
Es ist die Liebste mein,
Die ich beschauen möchte
In deinem goldnen Schein.

Sie wohnet in der Ferne,
Blickt oft empor zu dir;
Du guckst im Weltgetümmel
Wol kaum einmal nach ihr.

Ich wollt' sie besser finden,
Ich kenn' ihr Fensterlein;
Durch Laden, Glas und Gitter
Schlüpft' ich zu ihr hinein,

Hinein in ihre Kammer
Mit aller Strahlen Flut! —
Wo ist der Mond geblieben?
Der Himmel auf Erden ruht.

Der Apfelbaum.

Was drückst du so tief in die Stirn den Hut?
Wohin so früh, du junges Blut?
„Herr Thürmer, schließt mir auf das Thor!
Ich hab' eine lange Reise vor."

Und also ging's zur Stadt hinaus —
Es hielt der Mond am Himmel Haus —
Wol über die Brücke, wol über den See:
Da wurde dem Wandrer so wunderweh'.
Es rauschten die Zweige vom Ufer her,
Und sie rauschten so tief und sie rauschten so schwer.
„Wer schüttelt die Zweige? Es weht ja kein Wind,
Und es spielen ums Haupt mir die Lüfte lind."
Da gab es im See einen plätschernden Schall,
Als hätt' es gethan einen schweren Fall.
„Herzliebste, das muß von dem Baume sein,
Den ich habe gepflanzt in dem Garten dein.
Die schönen Aepfel, so roth, so rund,
Nun liegen sie unten im kalten Grund!"

Die Bäume.

Grüne Bäume, kühle Schatten,
In den Wäldern, auf den Matten,
Seid dem Wandrer immer hold!
Wollt an seine Straß' euch stellen,
Flüsternd euch ihm zugesellen
In des Mittags schwüler Glut!

Hat das Stadtthor mich empfangen,
Such' ich wieder mit Verlangen
Nach dem ersten grünen Baum,
Der mit seinen frischen Zweigen
Mir den rechten Weg will zeigen
Zu dem kühlen Labewein.

Euch begrüß' ich auch, ihr Linden!
Mag euch gern auf Märkten finden,
Dicht und kugelrund belaubt.
In des Abends Feierstunde
Führt mich die gewohnte Runde
Immer zu den Bäumen hin.

Vöglein in den Wipfeln singen,
Und die Funkenwürmchen schwingen
Ihre Lichter in dem Grün;

Unten wollen sich ergeben,
Die im Dunkel sich verstehen
Besser als im Sonnenschein.

Heim in meines Mädchens Garten
Grünen Bäume vieler Arten;
Doch vor allen preis' ich dich,
Baum, in dessen glatten Rinden
Unsre Namen sind zu finden
Und ein flammend Herz darum.

Haben oft dabei gesessen
Und des Scheidens gar vergessen,
Meinend, daß wir wären eins.
Wenn wir so in eins verschlungen,
So von einem Brand durchdrungen
Unsre beiden Namen sahn.

Heimkehr.

Vor der Thüre meiner Lieben
Häng' ich auf den Wanderstab;
Was mich durch die Welt getrieben,
Leg' ich ihr zu Füßen ab.

Wanderlustige Gedanken,
Die ihr flattert nah und fern,
Fügt euch in die engen Schranken
Ihrer treuen Arme gern!

Was uns in der weiten Ferne
Suchen hieß ein eitler Traum,
Zeigen uns der Liebe Sterne
In dem traulich kleinen Raum.

Schwalben kommen hergezogen —
Setzt euch, Vöglein, auf mein Dach!
Habt euch müde schon geflogen,
Und noch ist die Welt nicht wach.

Baut in meinen Fensterräumen
Eure Häuschen weich und warm!
Singt mir zu in Morgenträumen
Wanderlust und Wanderharm!

Der Wanderer in Welschland.

In dem lichten Sonnenschein,
Durch den immergrünen Hain,
Wandrer, wie so eilig?
Lerche ruft: Schau' um dich her,
Rechts und links, und kreuz und quer,
Kennst die bunten Boten?

Mandelblüt' das Veilchen grüßt;
Ach, gar lange Zeit es ist,
Daß sie sich nicht sahen!
Mit den Grüßen, mit dem Duft
Flattert Zephyr durch die Luft,
Froh der süßen Beute.

In dem Ginster, an dem Quell,
Horch, wie's da so flink und hell
Auf- und niederraschelt!
Halt, Lacertchen, laß mich sehn,
Wie der Sonnenstrahl so schön
Spielt auf deinem Rücken!

Nachtigall ist auch dabei,
Doch noch etwas blöd' und scheu
Sucht sie stille Plätze;
Und was einzeln flog hinein,
Fliegt bald paarweis aus dem Hain
Mit Gesang und Girren.

Amor, nun brich auf in Eil'
Mit dem Bogen, mit dem Pfeil,
Mit dem ganzen Heere!
Zum Versteck, zum Ueberfall
Lauben sich die Hecken all',
Kleiner, scharfer Schütze!

— —

Ländliche Lieder.

I.

Ländlicher Reigen.

Schnitter.

Ich hab' ein Herz verloren
Wol in dem grünen Mai,
Und keine will mir sagen,
Wo's nun geblieben sei.

Ihr schmucken Dirnen alle,
Nun eine hat es doch;
Und habt ihr's nicht gefunden,
So liegt's im Grase noch.

Und wenn es liegt im Grase,
So liegt's auf kühler Streu;
Und wann ihr mäht die Wiesen,
So schneidet's nicht entzwei.

Schnitterin.

Ich hab' ein Herz gefunden
Wol in dem Mond April,
Wo alle Narren wandern;
Einen Narren ich nicht will.

Drum will ich's weiter schicken,
Bis daß es wird gescheit,
Und kommt es klug zurücke,
Zum Lieben ist's immer noch Zeit.

Schnitter.

Ich hab' ein Herz begraben
Wol im Decemberschnee;
Und wenn das Eis zerrinnet,
So fällt es in den See,

Und schwimmet auf und nieder,
Und hüpfet her und hin,
Bis es ins Netz gesprungen
Der schönsten Fischerin.

Schnitterin.

Ich hab' manch Herz gefangen
Wol in dem Erntetanz:
All Jahr' ein frisches Herzchen!
All Jahr' ein frischer Kranz!

Und wem das nicht behaget,
Der seh' dem Tanze zu;
So mag er 's Herz behalten,
Dazu auch ganze Schuh'.

Höhen und Thäler.

Mein Mädchen wohnt im Niederland,
Und ich wohn' auf der Höh';
Und daß so steil die Berge sind,
Das thut uns beiden weh.

Ach Felsen, ihr hohen Felsen ihr,
Wozu seid ihr doch da?
Wenn's überall fein eben wär',
So wär' mein Schatz mir nah.

Der Vater spricht: „Bleib' hier, mein Sohn,
Und bring dein Weib herauf."
Das Mädchen spricht: „Es kann nicht sein,
Mein Haus ich nicht verkauf'."

Ach Felsen, ihr hohen Felsen ihr,
Wenn ihr doch sänket ein!
Dann wär' der Streit ja gleich vorbei
Und 's Mädchen wäre mein.

Tanzlied.

Aus dem tiefen stillen Grund
Klingen die Schalmeien.
Sie tanzen wohl auf grünem Rund
Im Schatten der kühlen Maien.

Alle Weisen kenn' ich ja,
Kann sie pfeifen und singen;
Schon ist es mir, als wär' ich da,
Wo sie hüpfen und schweben und springen.

Meine Sohlen heben sich,
Und mein Herz wird munter.
Ach, liebes Kind, und säh' ich dich,
Ich spränge von oben hinunter.

Wenn ein andrer Bursch' dich dreht,
Laß dich nicht verdrehen!
Dein Köpfchen wenn das fest nicht steht,
Wie soll mein Wort denn stehen?

Und wenn eine Nadel dir
Abfällt aus dem Mieder,
Das gibt ins Herz zehn Stiche mir,
Die heilt kein Balsam wieder.

Der Ohrring.

Mein Bursch' einen Ring ins Ohr mir hing,
Als nach der bösen Stadt er ging —
Ach wären's zwei gewesen!
Er sprach: „Du sollst ein Schlößchen sein,
Laß mir kein Schmeichelwort hinein!"
Ach wären's zwei gewesen!

Die Schmeichler gehn zum offnen Ohr
Und reden ihm viel Süßes vor —
Ach hätt' ich nur zwei Schlösser!
Und Bitires auch noch hinterher,
Das macht das Herz mir centnerschwer —
Ach hätt' ich nur zwei Schlösser!

Sie sagen mir, mein Liebster sei
Mir wie ein Schmetterling getreu —
Ach hätt' ich gar kein Schlößchen!
Dann flög's herein zu einem Ohr
Und gleich hinaus zum andern Thor —
Ach hätt' ich gar kein Schlößchen!

Des Jägers Weib.

Den Kopf gestützt auf meinen Arm,
Steh' ich am Fensterlein;
Die Stirn wird mir so schwer und warm,
Es schläft der Arm mir ein.

Weit, weit herunter von den Höhn
Hallt einer Büchse Knall,
Und wenn die Lüft' ins Ohr mir wehn,
Klingt mir's wie Hörnerschall.

Ach, solltest du so fern noch sein
In dieser kalten Nacht?
Und weißt doch, bin ich hier allein,
Wie bang' mich alles macht.

Ich wage kaum den Kopf zu drehn,
Die Kammer ängstet mich;
Und sollt' ich nach der Thüre sehn,
Ich glaub', ich sähe dich.

Die Büchsen hängen hinter mir
Und schlagen an die Wand:
Ist es der Zug des Fensters hier?
Ist's eine Geisterhand?

So starr' ich in den Wind hinaus
Und friere, was ich kann,
Und überläuft mich dann ein Graus,
Stimm' ich ein Liedchen an;

Das treibt die Grillen in die Luft
Und macht die Brust mir leicht,
Wenn's widerhallt von Kluft zu Kluft,
Von Berg zu Berge steigt.

Doch, Liebster, dringt zu Ohren dir
Einmal der helle Klang,
Glaub' nicht, es sei das Herze mir
So froh wie mein Gesang.

Das Hirtenfeuer in der römischen Ebene.

Hirt.

Ade, ade, Geliebte!
Und reich' mir deine Hand!
Ich treibe meine Heerde
Hinab ins Niederland.

Die Saaten sind gemähet,
Das Stoppelfeld ist frei;
Laß uns mit blauem Bande
Verknüpfen Lieb' und Treu'.

Ich trag' es auf dem Hute,
Du trägst es auf der Brust;
Und pocht dein Herz dagegen,
Ich fühl's in banger Lust.

Schaust du herab vom Berge
Wol in der dunkeln Nacht,
Tief unten brennt ein Feuer,
Wo dein Geliebter wacht.

Und höher schlägt die Lohe,
Und heller glüht der Schein;
Dann denk', es ist sein Herze,
Das will hier oben sein.

Hirtin.

Ade, ade, Geliebter!
Wie zeig' ich dir mein Herz?
In enger, stiller Kammer
Verschließt es Lust und Schmerz.

Und schau' ich aus dem Fenster
Hinab ins weite Feld,
Du findest keine Thräne,
Die dort hinunter fällt.

Ich seh' ein Feuer brennen
Wol in der dunkeln Nacht;
Gesegnet sei die Stätte,
Wo mein Geliebter wacht!

Und höher schlägt die Lohe,
Und heller glüht der Schein:
Ich wieg' auf seinen Flammen
All meine Sorgen ein.

Laß nicht den Brand erlöschen,
Geliebter, eh' es tagt!
Kann ich den Schlaf nicht finden,
Kürzt mir dein Licht die Nacht.

Dasselbe noch einmal.

Die Abendnebel sinken
Hernieder kalt und schwer,
Und Todesengel schweben
In ihrem Dampf umher.

Gehüllt in meinen Mantel,
Den Spieß ans Herz gedrückt,
Schau' ich empor zum Berge
Und träume mich beglückt.

Er steigt so grün und helle
Hervor aus grauem Duft,
Wie eine Zauberinsel
In wogenblauer Luft.

Der letzte Strahl der Sonne
Ruht sich auf ihm so gern,
Mit seinem ersten Schimmer
Grüßt ihn der Abendstern.

Er trägt ein kleines Hüttchen,
Ich seh's von unten kaum,
Und vor der Hüttenthüre
Blüht ein Citronenbaum.

Darunter sitzt ein Mädchen,
Die Spindel in der Hand,
Und spinnt und sinnt und schauet
Herab ins ebne Land.

Es lodert helles Feuer
Hier unten in der Nacht,
Das ihr die Stätte weise,
Wo ihr Geliebter wacht.

Mein gellend Hifthorn richt' ich
Hoch in die Luft empor,
Die Widerhalle tragen
Den Klang zu ihrem Ohr.

Und ist das Horn verklungen,
Und glimmt das Feuer aus,
Geliebte, geh und pflücke
Mir einen Blumenstrauß,

Und wirf ihn von der Höhe
Mit einem Gruß herab;
Dann tragen schnelle Winde
Ihn auf mein frisches Grab.

Ländliche Lieder.

II.

Der Berghirt.

Wenn auf dem höchsten Fels ich steh',
Ins tiefe Thal herniederseh'
Und singe,

Fern aus dem tiefen dunkeln Thal
Schwingt sich empor der Widerhall
Der Klüfte.

Je weiter meine Stimme dringt,
Je heller sie mir widerklingt
Von unten.

Mein Liebchen wohnt so fern von mir,
Drum sehn' ich mich so heiß nach ihr
Hinüber.

Viel steile Berge vor mir stehn,
Die Flüsse schäumend sich ergehn
Im Thale.

Der Aar sich in die Wolken schwingt,
Die Gemse durch die Klüfte springt
Hinüber.

Die Wolken ruhen auf der Höh',
Und durch die Nebel glänzt der Schnee
Der Gipfel.

Je stolzer mir mein Mädchen thut,
Je höher steigt empor mein Muth
In Liebe.

Ein Glöckchen klingt im stillen Thal,
Die Essen rauchen überall
Im Dorfe.

Ach, Mädchen, Mädchen, nimm mich bald!
Es ist so öd', es ist so kalt
Hier oben.

Liebesaufruf.

Nun ist dein kleines Fensterlein
Wol wieder aufgethaut?
Lieb Dirnel, hab' so manchesmal
Im Winter nach geschaut.

War'n dicke weiße Blumen vor,
Ich konnte dich nicht sehn;
So mußt' ich über Eis und Schnee
Betrübt nach Hause gehn.

Da hab' ich auf dem kalten Weg
An dich recht warm gedacht,
Hab' deinen lieben Namen laut
Genannt bei Tag und Nacht.

Wenn ich so oft gebetet hätt'
Die ganze Winterzeit,
Als dein gedacht in einem Tag,
Ich wäre benedeit.

Ob's Lieben wol was Böses ist?
Die Vöglein thun's uns vor,
Und schwingen doch mit Sang und Klang
Zum Himmel sich empor.

So zieh' ich aus zur Maienzeit
Auf grüne Liebeslust:
Ist's Fensterlein erst aufgethaut,
Wird's warm auch um die Brust.

Ergebung.

Bin gefahren auf dem Wasser,
Hab' kein Ruder eingetaucht;
Hab' das Lieben ausgelernet,
Keinen Lehrer je gebraucht.

Gestern fuhr ich auf dem Wasser,
Heute sitz' ich auf dem Sand;
Gestern hatt' ich noch ein Dirnel,
Heut hat's mir den Korb gesandt.

Und nun ich im Trocknen sitze,
Sing' ich mir ein Lied dazu;
Und als ich mein Dirnel küßte,
Hatt' ich zum Gesang nicht Ruh'.

Daß es ist im Walde schattig,
Seht, das macht der Bäume Laub;
Und daß ich ein Liedchen singe,
Seht, das macht, mein Schatz ist taub.

Willst nicht hören, wirst wol fühlen,
Wenn's zum Aendern ist zu spat.
Kind, wach' auf, wach' auf und horche!
Ueber Nacht kommt guter Rath.

Bin zu dir so oft gegangen
In der Nacht, durch Eis und Schnee,
Hab' vor deiner Thür gesungen,
Wind und Wetter thät nicht weh.

Blieb das Fenster auch verschlossen,
Hat kein Lied mich doch gereut;
Meine Saiten sind gesprungen,
's ist das letzte Liedel heut.

Jägers Lust.

Es lebe, was auf Erden
Stolzirt in grüner Tracht,
Die Wälder und die Felder,
Die Jäger und die Jagd!

Wie lustig ist's im Grünen,
Wenns helle Jagdhorn schallt,
Wenn Hirsch' und Rehe springen,
Wenn's blitzt und dampft und knallt!

Ich hab' mir schwarz gesenget
Das rechte Augenlid;
Was thut's? da mich mein Dirnel
So schwarz auch gerne sieht.

Mein Stutz und meine Dirne,
Sind die mir immer treu,
Was thu' ich weiter fragen
Nach Welt und Klerisei?

Im Walde bin ich König,
Der Wald ist Gottes Haus,
Da weht sein starker Odem
Lebendig ein und aus.

Ein Wildschütz will ich bleiben,
Solang' die Tannen grün;
Mein Mädchen will ich küssen,
Solang' die Lippen glühn.

Komm, Kind, mit mir zu wohnen
Im freien Waldrevier!
Von immergrünen Zweigen
Bau' ich ein Hüttchen dir.

Dann steig' ich nimmer wieder
Ins graue Dorf hinab;
Im Walde will ich leben,
Im Wald grabt mir mein Grab,

Daß nicht des Pfarrers Kühe
Darauf zur Weide gehn;
Das Wild soll drüber springen,
Kein Kreuz im Wege stehn!

Jägers Leid.

Es hat so grün gesäuselt
Am Fenster die ganze Nacht;
Mein Schatz im Tannenwalde,
Hast wol an mich gedacht?

Und wann alle Bäume rauschen
Im weiten Jagdrevier,
Und weht kein Lüftchen am Himmel,
Herzliebste, dann sing' ich von dir!

Und wann alle Zweige sich neigen
Und nicken dir Grüße zu,
Herzliebste, das ist mein Sehnen,
Hat nimmer Rast noch Ruh'!

Ach Welt, ich muß dich fragen,
Warum du bist so weit?
Ach Liebe, ferne Liebe,
Warum nicht heißt du Leid?

Ich möcht' die Büchse laden,
Nicht laden mit Pulver und Schrot,
Ich möcht' in die Lüfte schießen
All meine Liebesnoth.

Und wenn von allen Bäumen
Stürzen die Waldvöglein,
Dann ist der Schuß gefallen —
Wer soll nun Sänger sein?

Liebesgedanken.

Je höher die Glocke,
Je heller der Klang;
Je ferner das Mädchen,
Je lieber der Gang.

Der Frühling will kommen,
O Frühling, meine Freud'!
Nun mach' ich meine Schuhe
Zum Wandern bereit.

Wohlauf durch die Wälder,
Wo die Nachtigall singt!
Wohlauf durch die Berge,
Wo 's Gemsböcklein springt!

Zwei schneeweiße Täubchen,
Die fliegen voraus
Und setzen sich schnäbelnd
Auf der Hirtin ihr Haus.

Ei bist du schon munter
Und bist schon so blank?
Gott grüß' dich, schön's Dirnel!
Ach, der Winter war lang!

Zwei Augen wie Kirschkern',
Die Zähne schneeweiß,
Die Wangen wie Röslein
Betracht' ich mit Fleiß.

Ein Mieder von Scharlach,
Ganz funkelnagelneu,
Und unter dem Mieder
Ein Herzlein so treu.

Und ihr Lippen, ihr Lippen,
Wie preis' ich denn euch?
Sowie ich will sprechen,
So küßt ihr mich gleich.

Ei Winter, ei Winter,
Bist immer noch hier?
So darf ich doch wandern
In Gedanken zu ihr.

Auf Siebenmeilenstiefeln
Geht's flink von der Stell';
Auf Liebesgedanken
Geht's siebenmal so schnell.

Ausforderung.

Eine hohe Hahnenfeder
Steck' ich auf meinen Hut.
Mein Hut hat grüne Farbe,
Mein Herz hat frischen Muth.

Was will die Hahnenfeder?
Sie ruft zum Kampf und Streit,
Sie ruft: „Ich lieb' die Beste
Im Lande weit und breit!“

Und kennst du eine Bess're,
Und ist sie deine Wahl:
Steck' auf eine höh're Feder,
So raufen wir einmal.

Und muß ich unterliegen,
Und lieg' ich in dem Sand:
Ich halt' auf meinem Spruche
Zeitlebens festen Stand.

Und ist dein Dirnel schöner,
So trag's zur Stadt hinein
Zum Markte, zum Verkaufe,
Fürs Dorf ist's halt zu fein.

Und ist dein Dirnel frömmer,
So führ' es gleich nach Rom
Und laß es heilig sprechen,
Zur Lieb' ist's halt zu fromm.

Abschied.

Was soll ich erst kaufen
Eine Feder und Tint'?
Buchstabiren und Schreiben
Geht auch nicht geschwind.
Will selber hinlaufen
Zu der Nannerl ins Haus,
Will's mündlich ihr sagen:
Unsre Liebschaft ist aus!

Unsre Liebschaft ist zerrissen,
Wird nimmermehr ganz;
Und morgen da führ' ich
Ein' andre zum Tanz.

Es springen viel Dirnen
Und singen dazu,
Ach Nannerl, ach Nannerl,
Doch keine wie du!

Unsre Liebschaft ist zerrissen,
Unsre Liebschaft ist aus!
Ich klopfe nicht wieder
An der Nannerl ihr Haus.
Der Häuser gibt's viele
Mit Fenstern darein;
Doch's klinget kein Fenster
Wie deines so fein!

Unsre Liebschaft ist zerrissen —
Leb' wohl denn, mein Kind!
Was ist's, daß so beißend
Aus den Augen mir rinnt?
Es weinen viel Bursche
Und jammern dabei;
Doch, Nannerl, 's kommt keinem
Vom Herzen so treu!

Unsre Liebschaft ist zerrissen,
Mein Herze dazu —
Ach Nannerl, mein Nannerl,
Was meinest denn du?
Und müssen wir scheiden
In jetziger Zeit,
Führ' Gott uns zusammen
In die ewige Freud'!

Erlösung.

Vor meines Mädchens Fenster
Da schwing' ich meinen Hut,
Ich schwing' ihn in die Lüfte
Mit freiem, leichtem Muth.

Sieh, sieh die grüne Flagge,
Die von dem Hut mir weht!
Das Band weht in die Weite,
Mein Weg von dannen geht.

Kind, hast in deinem Käfig
Gequält mich lang' genug;
Ich hab' den Stab zerbrochen,
Hab' wieder freien Flug.

Juchhe, ihr Berg' und Wälder!
Juchhe, nun bin ich frei
Und schlage froh ein Schnippchen
Der harten Liebestreu'!

Nun hüpft und springt, ihr Heerden!
Ins Freie geht's hinaus,
Sollt nicht mehr Stoppeln suchen
Vor meines Mädchens Haus.

Ich treib' euch auf die Weide
Nach frischen Felsenhöhn,
Wo thauig ist der Rasen,
Wo kühle Bächlein gehn.

Rupft im Vorübergehen
Euch noch ein Hälmchen aus,
Indeß mein Abschiedsliedchen
Ich singe vor dem Haus.

Die Umkehr.

Auf die Alpen dort bin ich gestiegen,
Habe weit und breit mich umgesehn;
Heerden sah ich in dem Grase liegen,
Schäferinnen bei den Schäfern stehn.

Aber auf den schönen grünen Auen
Fand ich eine, die ich suchte, nicht,
Und das lange, ferne, starre Schauen
Machte trübe meiner Augen Licht.

In das Thal bin ich zurückgegangen,
In das kleine, tiefe, finstre Thal,
Habe meinen Mantel umgehangen
Und mich hingestreckt mit meiner Qual.

Ja, und wenn die Engel einst mich führen
Aus dem Grabe nach dem Paradies,
Seh' ich erst vor seinen goldnen Thüren
Weit und breit mich um nach ihr gewiß.

Wenn sie meine Augen nicht erblicken,
Kehr' ich um und schaue nicht hinein,
Will ins enge, dunkle Grab mich drücken
Und verschlafen alle Freud' und Pein.

Abrede.

Vor meiner Liebsten Fenster
Da klingen meine Sporn:
„Thu auf, Herzallerliebste!
Laß schwinden deinen Zorn!

„Die Fiedel ruft zum Tanze,
Meine Tänz'rin sollst du sein;
Ich kann nicht von dir lassen,
Es fällt mir gar nicht ein.“ —

„Mein Zorn — der ist verschwunden,
Mein Tanzkleid ist bereit;
Doch wenn's ein Nachbar sähe,
Es brächt' mir Schmach und Leid.„ —

„So geh voraus zur Schenke,
Und steh nicht vorn am Thor;
Tritt in den tiefsten Winkel,
Gewiß, ich hol' dich vor.

„Und schwenk' ich dich im Tanze,
So zieh mir ein Gesicht;
Dann denken alle Leute,
Die tanzte lieber nicht!

„Und red' ich mit den andern,
Das mach' dir keine Pein;
Ich rede mit den andern
Und denk' auf dich allein.

„Und willst du gehn nach Hause,
So warte nicht auf mich;
Geh fort nur auf dem Steige —
Gewiß, ich treffe dich.“

Der Kranz.

Sie war kaum aus dem Kinderkleid,
Das Mieder war ihr noch zu weit,
Da liefen schon am hellen Tag
Ihr alle flinke Bursche nach.
Sie ließ es ohne Zank geschehn,
Hat sich auch manchmal umgesehn.

Die Mutter sprach: „Nimm dich in Acht!
Schon manche Dirne hat's gebracht
Ums grüne Kränzchen in dem Haar,
Daß sie im Dorf die Schönste war.“
Da fiel es erst der Tochter ein:
Sollt' ich denn wol die Schönste sein?

Nach einer Quelle thät sie spähn,
Sie wollte sich darin besehn,
In manche guckte sie hinein,
Doch keine war recht klar und rein;
Da kam ein Jäger frank und frei
Und sagt' es ihr, wie schön sie sei.

Und siehe, schon im andern Jahr
Hat sie den grünen Kranz im Haar,
Hat sie den grünen Mann im Arm,
Hat sie im Hause Reigenschwarm;
Da lacht sie keck der Alten zu:
„Nun, Mutter, sag', was meintest du?“

Die Mutter sprach: „Nimm dich in Acht!“
Und ach, noch in derselben Nacht
Fiel ihr das Kränzchen aus dem Haar;
Da seufzte sie: „Es ist doch wahr!“
Und fragte nie die Mutter mehr,
Wie's mit dem Kranz gemeinet wär'.

Frühlingskranz

aus dem Plauenschen Grunde bei Dresden.

Frühlingseinzug.

Die Fenster auf! die Herzen auf!
Geschwinde, geschwinde!
Der alte Winter will heraus,
Er trippelt ängstlich durch das Haus,
Er windet bang sich in der Brust
Und kramt zusammen seinen Wust.
Geschwinde, geschwinde!

Die Fenster auf! die Herzen auf!
Geschwinde, geschwinde!
Er spürt den Frühling vor dem Thor,
Der will ihn zupfen bei dem Ohr,
Ihn zausen an dem weißen Bart
Nach solcher wilden Buben Art.
Geschwinde, geschwinde!

Die Fenster auf! die Herzen auf!
Geschwinde, geschwinde!
Der Frühling pocht und klopft ja schon —
Horcht, horcht, es ist sein lieber Ton!
Er pocht und klopfet was er kann
Mit kleinen Blumenknospen an.
Geschwinde, geschwinde!

Die Fenster auf! die Herzen auf!
Geschwinde, geschwinde!
Und wenn ihr noch nicht öffnen wollt,
Er hat viel Dienerschaft im Sold,
Die ruft er sich zur Hülfe her
Und pocht und klopfet immer mehr.
Geschwinde, geschwinde!

Die Fenster auf! die Herzen auf!
  Geschwinde, geschwinde!
Es kommt der Junker Morgenwind,
Ein bausebackig rothes Kind,
Und bläst, daß alles klingt und klirrt,
Bis seinem Herrn geöffnet wird.
  Geschwinde, geschwinde!

Die Fenster auf! die Herzen auf!
  Geschwinde, geschwinde!
Es kommt der Ritter Sonnenschein,
Der bricht mit goldnen Lanzen ein,
Der sanfte Schmeichler Blütenhauch
Schleicht durch die engsten Ritzen auch.
  Geschwinde, geschwinde!

Die Fenster auf! die Herzen auf!
  Geschwinde, geschwinde!
Zum Angriff schlägt die Nachtigall,
Und horch', und horch', ein Widerhall,
Ein Widerhall aus meiner Brust!
Herein, herein, du Frühlingslust,
  Geschwinde, geschwinde!

Kinderfrühling.

Wollt euch nicht so schnell belauben,
Wälder, und mir wieder rauben
Diesen lieben Sonnenschein,
Den so lang' ich mußte missen,
Bis die Schleier er zerrissen,
Die den Himmel hüllten ein!

Zwischen knospenvollen Zweigen
Seh' ich auf- und niedersteigen
Kleiner Vögel buntes Heer,
Seh' sie schnäbeln, seh' sie picken,
Und die schwanken Reiser nicken,
Denen ihre Last zu schwer.

Und der klare blaue Himmel
Breitet hinter dem Gewimmel

Sich in stillem Frieden aus;
Wie durch kleine Fenstergitter
Spielt die Sonne mit Gezitter
Durch der Zweige Flechtenhaus.

Halbbegrünet stehn die Hecken,
Und die Nachbarskinder necken
Durch die dürren Lücken sich,
Bis das Mädchen röther glühet
Und zu dichtern Stellen fliehet
Vor dem Knaben jüngferlich.

Frühling, heute noch ein Knabe,
Treibet auf des Winters Grabe
Mit den Kindern seinen Scherz,
Bis der Gott der süßen Triebe
Mit dem Flammenpfeil der Liebe
Ihm durchbohrt das kleine Herz.

Kinderlust.

Nun feget aus den alten Staub
Und macht die Laube blank,
Laßt ja kein schwarzes Winterlaub
Mir liegen auf der Bank!

Die erste weiße Blüte flog
Mir heut ins Angesicht.
Willkommen, Lenz! Ich lebe noch
Und weiß von Leide nicht,

Und schaue hell wie du hinein
In Gottes schöne Welt,
Und möcht' ein kleiner Bube sein
Und kollern durch das Feld.

O seht, da plätschern schon am See
Die lieben Kindelein
Und ziehn die Hemdchen in die Höh'
Und wollen gern hinein.

Wie lockt der warme Sonnenschein,
Der auf dem Spiegel ruht!
Da ist kein Fuß zu weich, zu klein,
Er probt, wie 's Wasser thut.

Er sitz' und seh' dem Spiele zu,
Und spiel' im Herzen auch!
Du lieber Lenz, ein Kind bist du
Und übest Kinderbrauch.

Wie viel du hast, du weißt es kaum
Und schüttest alles aus.
Nehmt, Kinder, nehmt! Es ist kein Traum,
Es kommt aus Gottes Haus.

Und wenn du nun ganz fertig bist,
Hast keine Blume mehr,
Dann gehst du wieder ohne Frist,
Kein Abschied wird dir schwer,

Und rufst dem Bruder Sommer zu:
Bringst du die Früchte her?
Was ich versprach, das halte du!
Ei, ei, dein Korb ist schwer!

Die Brautnacht.

Es hat geflammt die ganze Nacht
Am hohen Himmelsbogen,
Wie eines Feuerspieles Pracht
Hat es die Luft durchflogen.

Und niedersank es tief und schwer
Mit ahnungsvoller Schwüle,
Ein dumpfes Rollen zog daher
Und sprach von ferner Kühle.

Da fielen Tropfen warm und mild
Wie lang' erstickte Thränen;
Die Erde trank, doch ungestillt
Blieb noch ihr heißes Sehnen.

Und sieh, der Morgen steigt empor —
Welch Wunder ist geschehen?
In ihrem vollen Blütenflor
Seh' ich die Erde stehen.

O Wunder, wer hat das vollbracht?
Der Knospen spröde Hülle,
Wer brach sie auf in einer Nacht
Zu solcher Liebesfülle?

O still, o still, und merket doch
Der Blüten scheues Bangen;
Ein rother Schauer zittert noch
Um ihre frischen Wangen.

O still, und fragt den Bräutigam,
Den Lenz, den kühnen Freier,
Der diese Nacht zur Erde kam,
Nach ihrer Hochzeitfeier!

Das Frühlingsmahl.

Wer hat die weißen Tücher
Gebreitet über das Land,
Die weißen, duftenden Tücher
Mit ihrem grünen Rand?

Und hat darüber gezogen
Das hohe blaue Zelt,
Darunter den bunten Teppich
Gelagert über das Feld?

Er ist es selbst gewesen,
Der gute reiche Wirth
Des Himmels und der Erden,
Der nimmer ärmer wird;

Er hat gedeckt die Tische
In seinem weiten Saal,
Und ruft was lebet und webet
Zum großen Frühlingsmahl.

Wie strömt's aus allen Blüten
Herab von Strauch und Baum!
Und jede Blüt' ein Becher
Voll süßer Düfte Schaum!

Hört ihr des Wirthes Stimme?
Heran, was kriecht und fliegt,
Was geht und steht auf Erden,
Was unter den Wogen sich wiegt!

Und du, mein Himmelspilger,
Hier trinke trunken dich,
Und sinke selig nieder
Aufs Knie, und denk' an mich!

Erlösung.

Wie dem Fische wird zu Muth,
Wenn des Flusses Rinde springt
Und des jungen Lebens Glut
Durch des Eises Decke dringt:

Also wie aus Kerkerqual
Fühlet meine Brust sich frei,
Wenn des Frühlings Sonnenstrahl
Reißt der Wolken Zelt entzwei.

Und das Dach ist abgedeckt,
Das mich von dem Himmel schied,
Und das Aug' ist aufgeweckt,
Welches durch den Aether sieht.

Morgenlied.

Wer schlägt so rasch an die Fenster mir
Mit schwanken grünen Zweigen?
Der junge Morgenwind ist hier
Und will sich lustig zeigen.

„Heraus, heraus, du Menschensohn!“ —
So ruft der kecke Geselle —
„Es schwärmt von Frühlingswonnen schon
Vor deiner Kammerschwelle.

„Hörst du die Käfer summen nicht?
Hörst du das Glas nicht klirren,
Wenn sie, betäubt von Duft und Licht,
Hart an die Scheiben schwirren?

„Die Sonnenstrahlen stehlen sich
Behende durch Blätter und Ranken
Und necken auf deinem Lager dich
Mit blendendem Schweben und Schwanken.

„Die Nachtigall ist heiser fast,
Solang' hat sie gesungen,
Und weil du sie gehört nicht hast,
Ist sie vom Baum gesprungen.

„Da schlug ich mit dem leeren Zweig
An deine Fensterscheiben:
Heraus, heraus in das Frühlingsreich!
Er wird nicht lange mehr bleiben."

Der Peripatetiker.

Alles will ich nun verlernen,
Was mich lehrte das Papier;
Schwarze, steife, stumme Lettern,
Sagt, was wollt ihr noch von mir?

In die grüne Wanderschule
Ruft mich ein Philosophus,
Einer, der sich nennt mit Rechten
Ein Peripatetikus;

Denn er zieht mit seiner Lehre
Durch die Länder ein und aus,
Schlägt in Wald und Feld und Garten
Auf sein wunderbares Haus.

Eine große Schar von Schülern
Folgt ihm durch die weite Welt,
Vöglein in den blauen Lüften,
Vöglein in dem grünen Zelt.

Und sie zwitschern unverdrossen
Ihres Meisters Weisheit nach;
Was sie gestern erst erfahren,
Lehren sie an diesem Tag.

Und der Weise aller Weisen
Kollert sich im weichen Gras,
Wiegt sich auf den schwanken Zweigen,
Als ob alles wär' ein Spaß.

Also streut er seine Lettern,
Weiß und roth und gelb und blau,
Ohne Wahl, mit vollen Händen
Ueber Berg' und Thal und Au'.

Les't, o les't die lieben Schriften
Voller Wahrheit, voller Lust,
Brüder, les't und stürzt euch selig
An des Lehrers warme Brust!

Der Mai.

Schwinge, schwinge deine Fahnen,
Holder Mai, auf hellen Bahnen,
Blau gewirkt mit weißen Flocken,
Blumenkränze um den Rand;
Weh' des Waldes Pfade trocken,
Wehe warm das starre Land!

Deine lieben Anverwandten,
Deine kleinen Musikanten,
Spielen fröhlich zu dem Feste
Deiner Siegesherrlichkeit;
Und du bringst für alle Gäste
Selber mit das Feierkleid.

Grüne, weiße, rothe Röcke,
Manche buntgestickte Decke
Für den Wald und für den Garten
Wirkst du wieder aus der Höh',
Läßt auf Häubchen auch nicht warten,
Guckt der Crocus aus dem Schnee.

Schwinge, schwinge deine Fahnen,
Holder Mai, auf hellen Bahnen!
Weh' in alle meine Sinne
Deines frischen Athems Lust,
Und das süße Lied der Minne
Gieß in meine leere Brust!

Die Forelle.

In der hellen Felsenwelle
Schwimmt die muntere Forelle,
Und in wildem Uebermuth
Guckt sie aus der kühlen Flut,
Sucht, gelockt von lichten Scheinen,
Nach den weißen Kieselsteinen,
Die das seichte Bächlein kaum
Ueberspritzt mit Staub und Schaum.

Sieh doch, sieh, wie kann sie hüpfen
Und so unverlegen schlüpfen
Durch den höchsten Klippensteg,
Grad' als wäre das ihr Weg!
Und schon will sie nicht mehr eilen,
Will ein wenig sich verweilen,
Zu erproben wie es thut,
Sich zu sonnen aus der Flut.

Ueber einem blanken Steine
Wälzt sie sich im Sonnenscheine,
Und die Strahlen kitzeln sie
In der Haut, sie weiß nicht wie;
Weiß in wähligem Behagen
Nicht, ob sie es soll ertragen,
Oder vor der fremden Glut
Retten sich in ihre Flut.

Meine muntere Forelle,
Weile noch an dieser Stelle,
Und sei meine Lehrerin:
Lehre mir den leichten Sinn,
Ueber Klippen wegzuhüpfen,
Durch des Lebens Drang zu schlüpfen
Und zu gehn, ob's kühlt, ob's brennt,
Frisch in jedes Element.

Das Brautkleid.

Die Flur hat angezogen
Ein grünes seidenes Kleid,
Die leichten schillernden Falten
Umfliegen sie weit und breit.

Und unter der flatternden Hülle
Schlägt ihre warme Brust,
Die Winde wollen sie kühlen
Und verglühen sich selber in Lust.

Es zucken die Sonnenstrahlen
Herunter mit blitzendem Brand,
Als möchten sie gern ihr versengen
Das neidische grüne Gewand.

Sie ruft: Ihr Strahlen, ihr Winde,
Mein Kleid laßt unversehrt!
Es ward von meinem Liebsten
Zum Brautschmuck mir beschert.

Der Mai, so heißt mein Liebster,
Er gab es zu tragen mir;
Er sprach: du sollst es tragen,
Solang' ich bleibe bei dir;

Und wenn ich von dir scheide,
So werd' es gelb vor Gram,
Dann laß es von den Menschen
Dir ausziehn ohne Scham,

Und leg' als nackte Witwe
Dich nieder in deinem Leid,
Bis daß ich wiederkehre
Und bring' ein neues Kleid.

Die Biene.

Biene, dich könnt' ich beneiden —
Könnte Neid im Frühling wachsen —,
Wenn ich dich versunken sehe
Immer leiser, leiser summend
In dem rosenrothen Kelche
Einer jungen Apfelblüte.
Als die Knospe wollte springen
Und verschämt es noch nicht wagte
In die helle Welt zu schauen,
Jetzo kamst du hergeflogen

Und ersahest dir die Knospe;
Und noch eh' ein Strahl der Sonne
Und ein Flatterhauch des Zephyrs
Ihren Kelch berühren konnte,
Hingest du darin und sogest.
Sauge, sauge! Schwer und müde
Fliegst du heim nach deiner Zelle;
Hast dein Tagewerk vollendet,
Hast gesorgt auch für den Winter.

Pfingsten.

O heilige Frühlingswonne,
Du sinkest nieder
Strahlend und flimmernd
In himmlischen Schauern
Auf alle Berge,
In alle Thäler,
In jede Menschenbrust!
Ja, du bist es,
Geist Gottes,
Du gießest dich aus
Ueber die Welt!
Soll ich auf die sonnige Höhe steigen
Und beten?
Soll ich in dem dunkeln Thale liegen
Und sinnen?
O tritt sanft, mein Fuß,
Daß du den Wurm nicht tretest,
Der unter dir
Sich freuet des sonnigen Lebens!
Und du, hochschlagende Brust,
Halt' an den Athem,
Daß du die Mücke
Nicht in dich ziehest,
Die sich wieget im Strahle
Vor deinem Munde!

Xenion.

An Friedrich Grafen von Kalckreuth.

Meine Muse liebt das Reisen,
Kehret gern bei Freunden ein;
Neue Wirthe, neue Weisen,
Und die neuesten sind dein.

In dem grünen Felsenthale
Hinter dem Forellenbach
Saß sie jüngst an deinem Mahle,
Unter deinem treuen Dach.

Und der Frühling streute nieder
Seine Gaben in das Gras;
Meine Muse suchte Lieder,
Wenn sie Maienblumen las.

Sieh, der Kranz, den sie gewunden
Von den liebsten, die sie fand,
Dankbar ist er angebunden
An des Wirthes Giebelwand.

Muscheln von der Insel Rügen.

Muscheln.

Es braust das Meer, die Wogenhäupter schäumen,
Die Brandung stürmt die Burg des Felsenstrandes,
Und mit dem großen Orlogschiffe treiben
Die Wind' und Fluten ihre wilden Spiele
Wie Kinder mit dem leichten Federballe.
Sieh, meine Muse sitzt am Fischerherde
Und läßt den grausen Sturm vorübertoben,
Ein Pilgermädchen aus dem Mittellande,
Verschüchtert von den neuen Meereswundern.
Die Fischerinnen lachen ihrer Sorgen
Und flechten wohlgemuth an Weidenreusen,
Mit Liedern sich der Arbeit Länge kürzend.

Es sinkt die Flut und ebnet sich zum Spiegel,
Die Winde segeln heim in ihre Klausen,
Und auf dem weichen Bett des Dünensandes
Verspülen sich die klaren blauen Wellen
Wie müde Kämpfer, die nach Ruh' verlangen.
Dann schweift die Mus' umher am nassen Strande
Und sammelt kleine Muscheln sich zu Kränzen.
Um ihre Füße spielen Wassermücken,
Bis eine Woge, länger als die andern,
Den ganzen Schwarm verschlingt und ihre Sohlen
Mit einem leisen, kühlen Kuß berühret.

Die Möve.

Wenn der Seehund schläft am weichen Strande,
Hält bei ihm die treue Möve Hut,
Kreist umher und schauet nach dem Lande,
Schauet wieder in die hohe Flut.

Hört sie's rascheln in des Ufers Bäumen,
Kräht sie hell — das ist ein Jägersmann;
Sieht sie's auf dem fernen Spiegel schäumen —
Das sind Boote; und sie fliegt ihn an.

Und der Schläfer folgt den Losungszeichen
Seiner immerwachen Warnerin;
Eh' Harpun' und Kugel ihn erreichen,
Schlüpft er in das Meer und schwimmt dahin.

Lieber, seh' ich dich vom Strande schiffen
In die hohe, wilde Flut hinein,
Nach den Wirbeln, Bänken, Klippen, Riffen —
Möcht' ich bei dir wie die Möve sein.

Aber ach, wer gibt mir ihre Schwingen?
Nimm mich zu dir in dein kleines Boot!
Mit dir will ich durch die Wogen ringen,
Mit dir theilen aller Stürme Noth.

Sage nicht, ich soll im Hause bleiben;
Bist du fort, so muß mein Herz dir nach;
Willst du's ohne Steuer lassen treiben
Durch der Fluten grauses Ungemach?

Der Feuerstein.

Die Kreid' an Jasmunds Küste
Ist nicht so weich und weiß
Wie deine Haut, o Mädchen,
Du aller Mädchen Preis!

Und deine Wangen glühen,
Wie wenn der Morgenschein
Mit seinen rothen Strahlen
Bemalt den bleichen Stein.

Es lag an Jasmunds Küste
Ein schönes Kreidestück,
Ich nahm's in meinen Nachen
Und ruderte zurück.

Und als ich kam nach Hause
Und sah die Ladung an,
Da dacht' ich dein, o Mädchen,
Und war ein froher Mann.

Ich wollt's beiseitelegen,
Da brach's in meiner Hand;
Ei Gott behüt', o Mädchen!
Hält so die Liebe Stand?

Und in der weißen Schale
Da lag ein Feuerstein,
Ein scharfer, harter, schwarzer, —
Das soll kein Herz doch sein?

Die bösen Zungen sagen
Dir vieles Böse nach,
Drum frag' ich keine Seele,
Was das bedeuten mag.

Und sperr' ich bösen Zungen
Die Ohren und das Haus,
Will ich den Stein auch werfen
Zum Fenster gleich hinaus.

Kiersteine.

Sieh die glatten Kieselbälle
Liegen in dem weichen Sand;
Frage sie, wie oft die Welle
Sie geworfen auf den Strand,
Eh' an Klippen und an Riffen
Ihre Ecken sich zerschliffen.

Könntest du mein Herze sehen,
Wie es jetzt im Busen ruht!
Sieh die Stein', um zu verstehen,
Wie der müde Fried' ihm thut. —
Steine, könnt ihr nicht zerspringen,
Statt euch also glatt zu ringen?

Die Steine und das Herz

Ich steh' am Ufer bei dem Binnensee.
Es thut das Herz mir nach der Lieben weh,
Die drüben sitzt und nicht herüberkann;
Der Vater schloß den Kahn mit Ketten an.

Und runde weiße Steine such' ich mir,
Und küsse sie und werfe sie nach ihr;
Sie fliegen schnurgerad' aus meiner Hand,
Doch keiner fliegt bis an den lieben Strand.

Ihr Steine, seid ihr denn so groß und schwer?
Ich dächte wol, mein Herz das wär' es mehr
Und fliegt doch ungeschleudert hinterdrein
In ihre Hand, in ihren Schos hinein.

Himmel und Meer.

Wie sich im Meere jede Wolke malt,
Wie's alle Sonnenstrahlen widerstrahlt,
Wie es bei jedem leisen Hauche bebt,
Der aus der fernen Höh' herniederschwebt:
So ist mein Herz dein Meer, mein Himmel du!
Wann gönnest du den Wogen endlich Ruh'?

Der Schiffer auf dem Festlande.

Vor meines Vaters Hause,
Nicht ferne von dem Strand,
Da liegt ein alter Nachen,
Bedeckt mit Schilf und Sand.

Und wenn die Boote segeln
Hinaus zum Heringsfang,
Dann kracht der alte Nachen
Und macht die Fischer bang.

War einst der schönste Nachen,
Trug einst den schönsten Mann;
Den Mann verschlang die Woge,
Den Nachen trieb sie an.

Da ließen sie ihn liegen,
Wohin ihn warf die Flut —
Wie läg' ich still im Lande
Mit meinem Schifferblut?

Der Gang von Wittow nach Jasmund.

Verdammte lange, schmale Heide!
Zu beiden Seiten brummt das Meer,
Versteckt in einem Aschenkleide
Senkt sich der Himmel tief und schwer.

Im Wege liegen scharfe Steine
Und schneiden in die Sohlen mir —
Was Wunder, wenn ich seufz' und weine,
So oft ich scheiden muß von hier?

In Wittows weizengrünen Auen
Wohnt meine liebe Mähderin;
Ich muß auf Jasmund Kreide hauen,
Dieweil ein Taugenichts ich bin.

Der Seehund. (Mönkgut.)

Wenn uns ein Seehund die Aale zerbissen,
Wenn er die Netz' uns in Stücke gerissen,
Rotten wir all' uns zusammen zur Jagd —
Seehund, du Räuber, jetzt nimm dich in Acht!

Ach, und wer hat uns die Herzen zerrissen?
Ach, und wer hat uns die Freuden zerbissen?
Ob wir sie kennen? — Wer kennte sie nicht!
Brüder, wann halten mit der wir Gericht?

Seht doch, da kommt sie ja selber gegangen,
Könnten sie halten und könnten sie fangen,
Läuft in die Fall' uns, die Räuberin, hier —
Brüder, was machen wir jetzo mit ihr?

Machen ihr Platz unter Reigen und Nicken,
Schleichen ihr nach mit schüchternen Blicken,
Gucken uns an und sagen geschwind:
's ist doch ein liebes, ein herziges Kind!

Einkleidung. (Mönkgut.)

Sie stand im Kinderröckchen
Noch gestern vor der Thür;
Heut sitzt sie hinterm Fenster
Und stellt ein Mädchen für.

Erst gestern ging ich fischen
Und bot ihr meinen Gruß,
Da kam sie mir entgegen
Und gab mir einen Kuß.

Heut kehr' ich heim vom Fange —
Kaum nickt sie mit dem Kinn,
Als wollte sie mir sagen:
Sieh nur, wie groß ich bin!

Was doch die Kleider machen!
Kaum käm's mir selber an,
Sie heute so zu küssen,
Wie gestern ich gethan.

Das macht die hohe Mütze,
Die lange steife Brust —
Da hat sie eingeschnüret
Die kleine freie Lust.

Sie ist ein Mädchen worden,
Und ich, ich werd' ein Kind
Und gucke mir die Augen
Nach ihrem Fenster blind.

Bräutigamswahl. (Mönkgut.)

Meine Schürze hat Mutter ans Fenster gehangen,
Da sind viele Bursche vorübergegangen;
Sprach Mutter: „Jetzt hole dir einen ins Haus!"
Ich seufzte, ich weinte und sah nicht hinaus.

Er ist ja doch nicht mit vorübergegangen,
Auf den ich gerichtet mein heißes Verlangen.
Wer trägt ihm die Zeitung weit über das Meer
Und holt ihn zur fröhlichen Brautjagd her?

Ich möcht' an den Mast meine Schürze binden,
Ich möchte sie geben den Wogen und Winden;
Und säh' er sie wehen von fern in der Luft,
Er würd' es wol ahnen, wohin sie ihn ruft.

Und soll dem Erwählten mein Tüchlein ich senden,
Ich trag' es zu ihm mit eigenen Händen,
Ich werf' es ins wogende Meer hinab:
Schwimm, Tüchlein, und sag' ihm, wie lieb ich ihn hab'!

Und ist er nicht über den Fluten zu sehen,
So mußt du tiefer hinuntergehen;
Und wo er mag liegen und pflegen der Ruh',
Da breite dich über und deck' ihn mir zu.

Und ruft ihn ein Engel zum Jüngsten Gerichte,
Da fühlt er das Tüchlein auf seinem Gesichte
Und merket in seinem erwachenden Sinn,
Wie treu ich im Tod ihm gewesen bin.

Die Braut. (Mönkgut.)

Eine blaue Schürze hast du mir gegeben.
Mutter, schad' ums Färben! Mutter, schad' ums Weben!
Morgen in der Frühe wird sie bleich erscheinen,
Will zu Nacht so lange Thränen auf sie weinen.

Und wenn meine Thränen es nicht schaffen können,
Wie sie immer strömen, wie sie immer brennen,
Wird mein Liebster kommen und mir Wasser bringen,
Wird sich Meereswasser aus den Locken ringen;

Denn er liegt da unten in des Meeres Grunde.
Und wenn ihm die Wogen rauschen diese Kunde,
Daß ich hier soll freien und ihm treulos werden:
Aus der Tiefe steigt er auf zur bösen Erden.

In die Kirche soll ich — nun, ich will ja kommen,
Will mich fromm gesellen zu den andern Frommen;
Laßt mich am Altare still vorüberziehen,
Denn dort ist mein Plätzchen, wo die Witwen knieen.

Vineta.

Aus des Meeres tiefem, tiefem Grunde
Klingen Abendglocken dumpf und matt,
Uns zu geben wunderbare Kunde
Von der schönen alten Wunderstadt.

In der Fluten Schos hinabgesunken
Blieben unten ihre Trümmer stehn;
Ihre Zinnen lassen goldne Funken
Widerscheinend auf dem Spiegel sehn.

Und der Schiffer, der den Zauberschimmer
Einmal sah im hellen Abendroth,
Nach derselben Stelle schifft er immer,
Ob auch ringsumher die Klippe droht.

Aus des Herzens tiefem, tiefem Grunde
Klingt es mir wie Glocken, dumpf und matt;
Ach, sie geben wunderbare Kunde
Von der Liebe, die geliebt es hat.

Eine schöne Welt ist da versunken,
Ihre Trümmer blieben unten stehn,
Lassen sich als goldne Himmelsfunken
Oft im Spiegel meiner Träume sehn.

Und dann möcht' ich tauchen in die Tiefen
Mich versenken in den Widerschein,
Und mir ist, als ob mich Engel riefen
In die alte Wunderstadt herein.

Das Hünengrab.

Schon wieder hundert Jahre!
Ich darf aus meiner Gruft
Heraus die Blicke senden
Und schöpfen frische Luft.

Die Luft so frisch wie immer,
Das Meer noch dunkelblau,
Die alten weißen Dünen,
Die junge grüne Au'!

Du, Mensch, nur immer kleiner,
Und größer stets dein Haus,
Die Gräber immer enger —
Wo denkst du, Mensch, hinaus?

Die erste Ruhestätte
Für eine Spanne Zeit,
Die bauest auf der Höhe
So prächtig und so weit;

Und läßt dein Grab dir graben
So eng, so kurz, so schmal,
Dort zwischen dumpfen Mauern,
Im tiefversteckten Thal.

Dort mußt du lange wohnen,
Dort ist dein rechtes Haus,
Und darfst aus dem nicht gehen
Auf Berg und Strand hinaus.

Schau' ich aus meinem Grabe,
Ich schaue weit umher
Den hohen blauen Himmel,
Die Küsten und das Meer;

Das Meer, das ich durchschwommen
Mit meinem starken Arm,
Den Strand, wo ich gestanden
In meiner Feinde Schwarm.

Du guckst aus deiner Grube
In Wust und Graus hinein,
In schwarze Föhrenschatten,
Auf deinen Leichenstein.

Der Adler auf Arkona.

Auf Arkonas Berge
Ist ein Adlerhorst,
Wo vom Schlag der Woge
Seine Spitze borst.

Spitze deutschen Landes,
Willst sein Bild du sein?
Riss' und Spalten splittern
Deinen festen Stein.

Adler, setz' dich oben
Auf den Felsenthron,
Deutschen Landes Hüter,
Freier Wolkensohn!

Schau' hinaus nach Morgen,
Schau' nach Mitternacht,
Schaue gegen Abend
Von der hohen Wacht!

Ließ der deutsche Kaiser
Fliegen dich zugleich,
Als er brach in Stücke,
Ach, das deutsche Reich?

Hüte, deutscher Adler,
Deutsches Volk und Land,
Deutsche Sitt' und Zunge,
Deutsche Stirn und Hand!

Lieder aus Franzensbad bei Eger.

Auf der Höhe von Schönberg.

Berge schauen über Berge,
Aus den Tannen steigt der Schnee,
Weiße Wolken ziehn wie Schwäne
Durch des Aethers blauen See.

Und die Felsenwarten strecken
Spitze Thürme himmelan,
Jede Wolke spöttisch fragend,
Ob sie weiter sehen kann.

Sehnsucht, regst du deine Flügel
Um mich her mit starkem Schlag?
Ach, durch meinen Busen zittern
Ihre Schauer leise nach. —

Aber zu dem großen Zuge,
Den der Sturm der Höhe lenkt,
Will mein Herz sich nicht gesellen,
Wenn es seiner Liebe denkt.

Unten in dem Wiesengrunde
Sucht es einen stillen Ort,
Und des Bächleins Wellen tragen
Seine Grüß' und Seufzer fort.

In Schönberg.

Nicht auf die Höhe will ich steigen,
Nicht in die Ferne will ich sehn;
Wie weit sich ihm die Räume zeigen,
Es bleibt mein Herz erschrocken stehn.

Wo Berg' und Nebel blau verschwimmen,
Wie fern von mir, von dir wie fern!
So hoch die müden Augen klimmen,
Sie reichen nicht an meinen Stern.

Mit anderm Maße will ich messen
Der langen Trennung öden Raum;
Die Meilen hat das Herz vergessen
Und ruft nach dir in seinem Traum.

Da sinken alle Berge nieder,
Die weiten Flächen ziehn sich ein;
Du kommst, du gehst, ich kehre wieder,
Und unser Pfad ist still und klein.

Der Egerfluß.

Da fließt er in dem weichen Bette,
Mit Rasenborden eingefaßt,
Als ob er Lust zu schlafen hätte
In jeder grünen Schattenrast.

Des Ufers bunte Bilder liegen
Auf seinem Spiegel unbewegt,
Die Blätter, die herniederfliegen,
Hab' Acht, ob er sie weiter trägt.

So magst du seinen Gang belauschen,
Woher er kommt, wohin er will;
Und hört dein Ohr ein leises Rauschen:
Die Wipfel sind's, der Fluß ist still. —

O wandle durch das steile Leben
Dem tiefen Wiesenbache nach,
Und deines Herzens starkes Streben
Regiere ruhig und gemach.

So wirst du dich mit ihm ergießen
Und voll und eben in das Meer.
Laß nur voran den Brauser schießen —
Vor seiner Mündung ist er leer.

Der Gießbach bei Seeberg.

Alle Felsen will er zerbrechen,
Und er zerbricht und zerschäumet nur sich.
Von Klippe zu Klippe
Springt er mit Brausen,
Spritzend und sprudelnd,
Als hätt' er Meere
So zu vergeuden.

Und unten im Thale,
Wo ist er geblieben?
Im Sande schleicht er
Matt und verschmachtend,
Und die Berge
Stehn und schauen
Stolz und höhnend
Auf ihn nieder.

Oder meinen sie dich,
Erdensöhnchen,
Das wie der Gießbach
Stürmet und stürzet und brauset durch's Leben?

Am Brunnen.

Sie schreiten fremd an mir vorbei,
Ich frage keinen, wer er sei;
Wir wandeln auf und wandeln nieder
Und sehn vielleicht uns nimmer wieder;

Und ziehen dennoch allzumal
Nach einem Ziel in Lust und Qual,
Dem Erdenquell, dem ewig vollen,
Aus dem das Heil wir trinken wollen.

Aus einem Borne schöpfen wir,
Ein Tempel über dir und mir.
Laß Hand in Hand uns hier verbinden:
Am Himmelsquell auf Wiederfinden!

Ebendaselbst.

Ich trink' alle Morgen zehn Becher leer
Mit hundert Leuten und mehr und mehr.
Zehn Tage trinken wir schon vereint,
Und keiner weiß, wie's der andre meint.

Sie trinken und ziehen ein saures Gesicht,
Sie gucken mich an und verändern es nicht.
O Wasser, ist das die Wunderkraft,
Die allen Leiden Genesung schafft?

Ich wollt', in dem Sprudel flösse Wein
Und es schöpfte die schönste der Nymphen ein;
Beim ersten Becher entflöh' der Harm,
Beim zweiten wären wir wohl und warm.

Brunnenmetamorphose.

O Wunder! Wie die kalten Erdenquellen
Von heißer Glut durchdrungen überschwellen!
Ich trinke, Feuer fließt durch meine Glieder,
Und meinen Becher setz' ich staunend nieder.

Ich ahn' es wohl, es sind die Wunderlippen,
Die heut zuerst aus diesem Sprudel nippen;
Sie haben ihm den Erdenstoff genommen
Und ihn mit ihrer Himmelskraft durchglommen!

So will ich trinken und nicht mehr mich härmen,
Ob mich das Wasser kühlen mag, ob wärmen,
Und vorbereitend mich der Quelle nahen,
Aus der die Brunnen jetzt ihr Heil empfahen.

Karlsbad in Franzensbad.

Aus Karlsbad hast du Karlsbad mitgebracht
Und unsre kühlen Quellen heiß gemacht.
Wo wird nun Heil für meine Glut gefunden?
Nach Karlsbad will ich gehn, um zu gesunden.

Da hat der Schmerz den Sprudel abgekühlt,
Seit er nicht mehr die holden Lippen fühlt,
Von deren Kuß er höher brausend schäumte;
Nun schläft er still, als ob von dir er träumte.

Die Buße des Weintrinkers.

Das Wasser hab' ich oft gescholten.
Nun wird es grausam mir vergolten:
Ich muß es trinken nicht allein,
Ich möchte selber Wasser sein,
Im Becher deinen Mund zu fühlen,
Im Bad um deine Brust zu spülen;
Und würd' ich Wasser, — ach, wer weiß,
Dir wär's als Trunk und Bad zu heiß!

Im Bade.

Kaltes über kaltes Wasser gieß' ich in das Bad hinein,
Es verdampft, wie eingesogen von der Wanne heißem Stein;
Und er kann den Brand nicht stillen in der Flut, die ihn umspült,
Seit er einmal ihres Leibes vollen Flammendruck gefühlt.

Ach, in diesem Feuersprudel soll ich baden meine Brust?
Kühlung such' ich in dem Wasser, und es glüht von Liebeslust.
Herz, wo willst du hin dich retten? werde Wasser, werde Stein:
Auch im Stein und Wasser zündet sie der Liebe süße Pein.

Die neue Quelle.

Von Quell zu Quell so zieh' ich hin und her,
Und finde hier und dort mein Heil nicht mehr;
Du bist die Nymphe, die in Purpurschalen
Den Wundertrank bewahrt für meine Qualen.

O laß ihn bald aus deinem Herzen springen
Und voll zu seiner süßen Mündung dringen!
Den Becher werf' ich weg; mit meinen Lippen
Will ich des Sprudels erste Perle nippen.

Auf einem Zettel in der Badeflasche.

Hier liege, glückliches Papier,
Bis die Geliebte blickt nach dir
Und rollt dich auf, und liest und lacht,
Und denkt: Wer hat mir das gemacht?

Sie hebt dich auf, sie steckt dich ein;
Sie wirft dich weg, es könnte sein;
Dann lieg am Boden still und stumm,
Und rühr' dich nicht und sieh dich um;

Und sieh was ich nicht denken kann
Mit unverwandten Blicken an;
Sie fühlt bei dir sich nicht belauscht —
Die Hülle sinkt, das Wasser rauscht.

O fliege, glückliches Papier,
O fliege dann zurück zu mir!
Was ich gedacht, dir ward's vertraut;
Vertraue mir, was du geschaut.

An die Ungünstigen.

Auf dem frischgefüllten Glase
Siehst du Silberperlen stehn.
Trink! die leere Wasserblase
Wird am Munde dir zergehn.

Also spielen Liebesträume
Perlend in des Dichters Brust;
Seine Leiden sind nur Schäume,
Und sein Lied ist seine Lust.

Vaterländisches.

Dem älterlichen Brautpaare am Vorabende seiner Silbernen Hochzeit,

den 21. Mai 1821.

Zu des Silberfestes Feier,
Zu der Kränze Silberschein
Sollte wol in Silbertönen
Auch ein Lied gesungen sein,
Silberhell wie Eure Freude,
Silberhell wie unsre Lust,
Silberrein wie treue Liebe
Klingend aus der warmen Brust.

Doch des eignen Bundes Feier
Macht die vollen Herzen bang';
Was wir Euch zu sagen haben,
Klingt wie unser Festgesang.
Eure Liebe, Eure Treue,
Eurer Eintracht schönes Bild
Strahlt uns vor auf unserm Pfade
Als ein Leitstern, klar und mild.

Was Ihr heut im Silberlichte
Der Erinnrung überschaut —
Ferne nur im Maß der Zeiten,
Euern Herzen nah und traut —,
In der Hoffnung Zauberspiegel
Glänzt es rosenroth zurück,
Steigend aus der Zukunft Tiefen
Neu empor als unser Glück.

Unser Glück und auch das Eure —
Liebe bricht die Macht der Zeit,
Knüpft zur Ewigkeit zusammen
Zukunft und Vergangenheit.
Nicht der karge, flücht'ge Tropfen,
Den man Gegenwart benennt,
Ist der freien, reichen Liebe
Heimatliches Element;

Vor ihr, hinter ihr sind Meere,
Unermeßlich tief und weit,
Wo Erinnerung und Hoffnung
Aufbewahrt den Raub der Zeit.
Alles, was wir treu empfunden,
Alles, was wir treu erstrebt,
Finden wir in diesen Fluten
Wieder, jung und neubelebt.

Laßt als Vater denn und Mutter,
Laßt als bräutlich junges Paar
Euch begrüßen und bekränzen
Mit dem Silberkranz das Haar!
Unverwelklich wie die Treue
Leuchtet er mit mildem Schein,
Möcht' Euch Bild vergangner Tage,
Bild Euch auch der Zukunft sein.

Und wol mancher möchte fragen,
Der nicht weiß, was hier geschicht,
Wenn im Flor der jungen Liebe
Unser Paar er prangen sieht:
Warum habt ihr nicht mit Myrten
Dieser Braut das Haar geschmückt?
Und wie ist in ihren Finger
Schon so tief der Ring gedrückt?

Könnten wir ins Herz Euch schauen,
Würd' uns wol das Räthsel klar,
Und wir sähn es silbern leuchten,
Silbern wie aus Euerm Haar;
Ueber dem gediegnen Silber
Spielt der leichte Silberschaum,
Der mit bunten Blumenbildern
Kränzt der ersten Liebe Traum.

Herrliches Metall der Liebe,
Ohne Rost und ohne Riß!
Kann die Zeit noch alchemiren,
Macht sie es zu Gold gewiß.
Edleres ist nicht zu finden,
Wertheres der Wunderkunst;
Mögen Sonn' und Sterne schenken
Zu dem Werke ihre Gunst!

Morgengruß aus Luisium.

Im Mai 1826.

Nicht mit goldnen Ehrenketten in den Käfig enger Gunst
Hat mein Fürst mich eingeschlossen und verzogen meine Kunst;
In des Landes schönstem Garten gab er mir ein grünes Haus,
Und ich singe meine Lieder frei in freie Luft hinaus.
Nachtigall im Neste drüben, die du flötest Tag und Nacht,
Lobst du deines Gottes Güte, der den Baum dir hat gemacht:
Also lob' ich meinen Fürsten, und er wird den Klang verstehn.
Wann der Hirsch im tiefen Forste seinem Schützentritte lauscht
Und mit hochgesträubten Borsten durch das Schilf der Eber rauscht,
Ja, dann schall' ihm frisch entgegen Morgengruß aus voller Brust,
Und er fühle meine Liebe in dem Klange meiner Lust.
Solch ein Lied ist seiner würdig. Lied und Lieb' ist froh und frei.
Heil dir, Fürst, zu deinem Lobe brauchst du keinen Papagai.

Der Rosenstrauch.

Es steht ein junger Rosenstrauch
In einem kleinen Garten.
Die Engel kommen in der Nacht,
Des Strauches treu zu warten;
Sie waschen ihn mit Himmelsthau,
Sie putzen seine Blätter,
Sie weihen mit geheimer Kraft
Ihn gegen Wind und Wetter.

„Wer hat euch Gärtner hergesandt?" —
„Ein Kindlein, das wir lieben,
Hat einst das Sträuchlein hier gepflanzt,
Ist dort ihm treu geblieben;

Das Kindlein hat der Herr gepflückt,
Das Sträuchlein ließ er stehen;
Drum sendet uns das liebe Kind,
Nach seinem Strauch zu sehen.

„Als eine Rose blüht es jetzt
In Gottes großem Kranze
Und gäb' uns gern das schönste Licht
Von seinem Himmelsglanze,
Damit wir diese Rosen hier
So überirdisch malten,
Daß in der Mutter feuchtem Blick
Sein Bild sie widerstrahlten."

Zur Einweihung eines Brüdertempels.

In des neuen Tempels Hallen
Tritt feiernd ein der Brüder Schar.
So laßt das erste Lied erschallen
Dem Gott, der sein wird, ist und war;
Der alte Bau war ihm geweiht,
So segn' er auch den neuen heut!

Ihn bannet keine heil'ge Stätte;
Er waltet durch die weite Welt,
Es fehlt sein Arm in keiner Kette,
Die Liebe knüpft und Liebe hält:
Er ist auch hier in unsrer Schar
Der Gott, der sein wird, ist und war;

Der Gott der Liebe, dessen Tempel
Der Mensch in seinem Busen trägt,
Der Meister, der der Liebe Stempel
Dem Weltenbau hat eingeprägt,
Er, der mit Schönheit, Weisheit, Kraft
Geschaffen hat und ewig schafft.

O großer Bauherr, lehr' uns richten
Auch unsern Bau nach deinem Geist!
Dann wird die Macht ihn nicht vernichten,
Die Babels Mauern niederreißt.
Was Hände bauen, stürzt die Zeit;
Wir bauen für die Ewigkeit.

Wir bauen nicht auf Erdengrunde
Ein Werk aus Mörtel, Sand und Stein;
In unsers eignen Busens Runde
Soll unsers Tempels Stätte sein:
Wir bauen in uns fort und fort
Der Menschheit Bau mit That und Wort.

Und soll der Bau in uns gedeihen,
So lasset uns nicht müßig gehn:
Wir müssen all' uns Einem weihen,
Soll allen dieses Ein' erstehn!
Die Eintracht der vereinten Kraft,
Sie ist es, die das Werk erschafft.

So haltet treu und fest, ihr Glieder
Der Kette, so die Welt umkreist!
Ein Wort versammelt alle Brüder,
Und alle Herzen regt Ein Geist,
Der Geist der Schönheit, Weisheit, Kraft,
Der schaffen wird und schuf und schafft.

Wohlauf, ihr rüstigen Genossen,
Auf, daß der Tempel steig' empor!
Und ist der große Bau geschlossen,
So öffnen wir das heil'ge Thor,
Und alle Menschen treten ein,
Und alle sollen Brüder sein!

Bei Ueberreichung eines silbernen Bechers an einen Jubellehrer.

Wir bringen dir zur Jubelfeier
Den ersten vollen Becher dar.
Heil dir, du Guter, du Getreuer,
Im ehrenreichen Silberhaar!
So trink und laß den Trank dir sagen
Und unsrer Gläser hellen Klang,
Wie rein und warm die Herzen schlagen
Ringsum für dich in Lied und Dank!

Schau' um dich in der Tafelrunde:
Erkennst du deine Schule nicht?
Die Väter, die aus deinem Munde
Geschöpft der jungen Weisheit Licht,

Sie, deren Kinder du empfangen
In deiner treuen Lehre Hut,
Wer fragt sie wol, welch ein Verlangen
Sie vor den Lehrer wieder lud?

Aus ihren Augen strahlt es allen,
Was sie vereint, was sie bewegt;
Laß dir das Opfer wohlgefallen,
Das jeder dir entgegenträgt!
Und wie man an dem Erntefeste
Dem Säer reicht das volle Glas,
So weihen dir die Jubelgäste
Im Silberkelch das goldne Naß.

Du bist dem Säer zu vergleichen,
Der funfzig Jahre lang gesät'
Auf vielen Aeckern, harten, weichen,
Mit Lust und Plage, früh und spät.
Und langsam reifen diese Saaten,
Der Säer schmeckt die Früchte nicht;
Es fragt die Welt nach lauten Thaten,
Und stille schafft des Lehrers Pflicht.

Sein Erntetag ist nicht hienieden,
Gott sammelt ihm die Aehren ein;
Die Arbeit, die ihm hier beschieden,
Wird dort das Maß des Lohnes sein.
Und gehst du diesem Ziel entgegen,
Geh langsam auf dem schönsten Pfad
Und ahn' im kleinen Erdensegen
Die Himmelsernte deiner Saat.

Abendgesang zu demselben Jubelfeste.

Der Tag entweicht, das Fest verklingt,
Die Liebe glüht und wacht,
Und in der dunkeln Stille singt
Sie dir noch Gute Nacht.

Du hast sie wohl verdient, die Ruh';
Wer hat so treu geschafft
Mit unverdrossnem Muth wie du,
Mit unerschöpfter Kraft?

Auf seinem Lorber schläft der Held:
Wo ist dein Ehrenkranz?
Du sahst ihn heut um dich gestellt
In jungem Lenzesglanz.

Dein Ehrenkranz, das ist die Schar
Der Schüler rundumher;
Der welkt nicht wie ein Kranz im Haar,
Wird nie von Blüten leer.

Die Blüten wachsen fort und fort
In jeder Jahreszeit
Und tragen Frucht von Ort zu Ort
Bis in die Ewigkeit.

Heil, den ein Kranz wie dieser schmückt,
Heil, treuer Lehrer, dir!
Und trage lange noch beglückt
Die schöne Ehrenzier!

Prolog,

gesprochen bei der Eröffnung des Gesellschaftstheaters im herzoglichen Schlosse zu Dessau, den 1. Januar 1827.

Wenn aller Anfang schwer ist, wie es heißt
Im alten Sprichwort — und kein Sprichwort lügt —,
So ist der Anfang unsers Spieles heute
Fürwahr vor jedem schweren Anfang schwer;
Denn mit dem Anfang eines neuen Jahres,
Dem vielverheißenden, dem jeder gern
Das Schönste aus dem ganzen reichen Kranze
Der Zukunft reißen möchte, als ein Pfand,
Daß Tag auf Tag ihm so gewogen bleibe —
Mit solchem großen Anfang fangen wir
Ein kleines Spiel auf diesen Bretern an.

Ein kleines Spiel — und doch in Einem groß:
Verklärt im Lichte deiner hellen Gnade,
Huldreiches Fürstenpaar, du, dessen Wink
In diesen hohen Hallen uns versammelt
Und jeden zu Thalia's Liebling weiht,
Dem es gelingt, im Bilderspiel der Bühne

Das Leben, das dem Höchsten auch und Besten
Nicht immer seine heitre Stirne zeigt,
Mit leichtem Scherze bunt zu überweben.

Darum, ob Zeit und Ort uns schüchtern macht,
Wenn wir ermessen unsrer Kräfte Ziel,
Das kurz gesteckte und doch kaum erreichte,
So ziehen, zu beflügeln unser Werk,
Wir Trost und Muth aus jener Gnade Strahlen,
Die, wie die Sonn' in ihrer Majestät,
Das Veilchen auch, das bang verhüllte Blümchen,
Aufbrechen heißt und duften mit den andern.

Wir bringen Neues mit dem neuen Jahr,
Und Gutes, Fröhliches, Beglückendes,
Wie es die heitre Muse wechselnd beut;
Denn jene mit dem Dolch, dem blutbefleckten,
Ward nicht auf diese Breter eingeladen.
Sie spiele draußen auf der großen Bühne
Der Welt ihr endlos großes Trauerspiel;
Wir bringen jedem, was er wünscht und hofft,
Und machen alles durch das Ende gut.
Der Liebe Hände werden hier vereint;
Der Freundschaft Opfer krönen wir mit Segen;
Die Ehe führen wir durch Wind und Wetter,
Die Grill' und Laun' am Horizont erregt,
Zum hellen Ziel, das Kind und Enkel kränzen.
Die ängstigenden Räthsel lösen wir;
Wir klären auf des Irrthums Nebelbild,
Zerstören die Gefahren, welche drohen,
Beschwichtigen die blinde Leidenschaft,
Belohnen jedes schweigende Verdienst,
Und wo's zu strafen gibt, da strafen wir
Mit leichter Hand den Sünder wie den Narren.
O daß das neue Jahr so Frohes doch,
Wie hinter diesem Vorhang sich bereitet,
Für euch in seiner Zukunft Schos bewahrte,
Das Edelste, das Höchste und das Reinste,
Die Gipfelblüte jedes Erdenglücks
Für dich, geliebtes Fürstenpaar, und sie,
Die um dich schlingt mit heilig engen Ringen
Des Blutes Kette, die Jahrhunderte
Wie Hand in Hand, wie Herz an Herz verbindet!
Dann einer jeden auch der schönen Frauen,

Der weisen Herren jedem, die zu schauen
Versammelt sind — von allem, was sie schaun,
Das Leben selbst erfreue sie mit dem,
Was in des Lebens Spiegel sie ergötzt!
Wir wissen nach Verdienst nicht auszutheilen;
Ein jeder nehme, wie's ihm ist gegönnt.

Die freie Elbe.

Trinklied für Anhaltiner.

Heil, Heil dir, Heil zum Gruß,
Du freier deutscher Fluß!
Nun ströme stolz und froh daher,
Kein Sklavenband umschlingt dich mehr.
Alle Zölle sind zerbrochen,
Alle Mauthen sind durchstochen,
Mit des Frühlings erstem Wehen
Strömst du von den Riesenhöhen
Frei hinab ins freie Meer —
Wer so frei, wie du doch wär'!

Heil, Heil dem freien Wein,
Den du uns führst herein
Von deines Meeres Stapelstrand
In unser liebes Vaterland!
Keines fremden Herrschers Lippen
Dürfen mir den Wein benippen,
Keine Zöllner ihn belecken,
Soll er meinem Gaumen schmecken.
Heil — er glänzt so hell und rein —
Heil dir! Heil dir, freier Wein!

Mit Dank sei auch gedacht
Des Fürsten, der's vollbracht,
Daß frei der Elbe Strom uns fließt
Und frei für uns die Rebe sprießt!
Laßt uns unsre Becher heben,
Voll vom Saft der besten Reben,
Auf das Wohl von unserm Fürsten!
Ewig, ewig müsse dürsten,
Wer darauf Bescheid nicht gibt,
Wer nicht seinen Fürsten liebt!

Rausch' hin, du freier Fluß!
Rausch' hin, mein freier Gruß!
Zur Freiheit ist die Erd' erwacht,
Und hell und blau der Himmel lacht.
Wogen, braust in freier Wonne —
Nur verschonet unsre Tonne!
Eure Freiheit bleib' in Ehren;
Doch dies müssen wir verwehren,
Daß ihr mischt in unsern Wein
Euer freies Wasser ein!

An Friedrich Schneider.

Nach der Melodie: Lasset die Freud' uns im Flug erhaschen.

Heißet den Meister der Töne willkommen
Hier in dem Port!
Rauschende Fluten hat er durchschwommen,
Rauschende Fluten sie rissen uns fort;
Aber er lenkt' uns durch Klippen und Wogen
Hin zu dem seligen Friedensbogen.

Wie auch die Flut unsers Lebens sich thürme
Rings um die Brust,
Arche der Töne, durch Wirbel und Stürme
Schwebst du darüber in himmlischer Lust!
Unter dir finsteres Wühlen und Toben;
Aber dein Steuerer schauet nach oben.

Heißet den Steuerer fröhlich willkommen
Hier bei dem Wein!
Pflanzte nicht Reben der Vater der Frommen
In die gerettete Erde hinein?
Noah, gib Wein uns dem Meister zu Ehren,
Der dich gefeiert in mächtigen Chören!

Lasset die schäumenden Becher erklingen
Unter Gesang!
Rüstiges Leben und heiteres Ringen,
Stilles Genügen und rauschender Dank
Sollen auf langen, grünenden Wegen
Kränzen den Meister mit himmlischem Segen!

An Alexander Baron von Simolin.

An der Seine lauten Wogen
Suchen meine Lieder dich,
Und den Liedern nachgezogen
Fühlt des Sängers Seele sich.

Einmal hab' ich dich gefunden,
Einmal hab' ich dich erkannt,
Und nun bleiben wir verbunden,
Bruder, über Zeit und Land.

Keine Trennung kann uns scheiden;
Unser Herz ist unsre Welt,
Wo in Freuden wie in Leiden
Einer an dem andern hält.

O wie kurz ist unsre Reise,
Lieder, an des Freundes Brust!
Und es tönt aus eurer Weise
Ihm wie eigne Qual und Lust.

Und ihr tragt auf euern Klängen
Wieder mir den Freund zurück,
Und erblühend aus Gesängen
Steht verjüngt das alte Glück.

Sieh, zu einem Hochaltare
Weihet sich mein kleiner Herd,
Wo das Schöne, Gute, Wahre
Unser stilles Opfer ehrt.

Mag er vor der Pforte toben,
Draußen, der gemeine Chor:
Ueber seinen Staub erhoben
Trägt ein Gott uns leicht empor.

Vermischtes.

Weihnachten.

Unser Gott ist Kind geworden!
Auf, ihr Kindlein allerorten,
Tretet an die Wiege fein!
All ihr Alten dieser Erden
Müsset neu zu Kinder werden,
Soll das Kind euch freundlich sein!

Leget ab die Eisenstöcke,
Leget ab die goldnen Röcke,
Wollt ihr zu dem Kindlein gehn;
Leget ab die weisen Falten,
Die um eure Stirnen walten,
Wird das Kind euch gerne sehn.

Lasset Zorn und Hader fahren,
Feind mit Feind sich freundlich paaren —
Ausgestrichen alle Schuld!
Wird ja Gott zu einem Kinde,
Will vergeben alle Sünde,
Recht in süßer Kindeshuld.

Legt auch ab das Glanzgeschmeide,
Kleidet euch mit weißem Kleide,
Wie's den Kindern wohlgefällt;
Dazu woll'n wir Blumen pflücken,
Unser Haupt damit zu schmücken,
Kleine Blumen aus dem Feld.

Mutter, laß dein Kind uns sehen!
Auch drei Kön'ge draußen stehen,
Kommen her aus fernem Land.
Heb' die Decke von der Wiege,
Daß es offen vor uns liege,
Das vielholde Liebespfand!

Heimkehr.

Thu auf die Pforte deine,
Du Liebster, den ich meine,
Ein Sünder klopfet an.
Laß mich nicht lange stehen,
Bin müd' vom weiten Gehen,
Daß ich nicht weiter kann!

Wie brennen mir im Herzen
Die heißen Reueschmerzen!
Geuß deinen Balsam ein!
Die Sünden dieser Erden
Zu Liebesflammen werden
Schier in den Armen dein.

Wol hatt' ich dein vergessen,
Wol hatt' ich gar vermessen
Gelebt nach eignem Rath;
Da hab' ich bald verspüret,
Wohin am Ende führet
Des Menschenwahnes Pfad.

Ermüdet von den Freuden,
Zerschlagen von den Leiden,
Der Busen leer und voll,
Im fernen fremden Lande
Mein Schiff zerschellt am Strande,
Da deine Stimme scholl:

„Erheb' dich, arme Seele!
Was auch dich alles quäle,
Mir ist es wohl bewußt;
Ich will dir gerne geben,
Was du umsonst vom Leben
Geheischt in eitler Lust.

„Wer dort will Rosen pflücken,
Der muß ins Herz sich drücken
Der spitzen Dornen viel;
Aus meiner Dornenkrone
Da blüht dem Erdensohne
Das süße Lebensziel.“

So laß zur Pforte deine,
Du Liebster, den ich meine,
Den armen Sünder ein!

Selbstbeschauung.

Haben ausgetobt die Stürme,
Sind verhallt die Donner,
Sind verglüht die Blitze,
Siehe, da hebet aus Nebeln und Wolken
Klar der Mond sein großes Auge
Und beschauet im Spiegel des Meeres
Sich und den Himmel.

Seele des Menschen, du gleichest dem Monde.
Aus den tobenden Stürmen der Brust,
Aus der irdischen Freuden und Leiden
Donnernden, blitzenden Ungewittern,
Aus des Wahnes Nebelschleiern,
Aus der Sünde Wolkennacht
Hebst du verklärt und geläutert
Dein ewiges Auge
Und beschauest im Spiegel des Himmels
Dich und die Erde.

Der Glockenguß zu Breslau.

War einst ein Glockengießer
Zu Breslau in der Stadt,
Ein ehrenwerther Meister,
Gewandt in Rath und That.

Er hatte schon gegossen
Viel Glocken, gelb und weiß,
Für Kirchen und Kapellen,
Zu Gottes Lob und Preis.

Und seine Glocken klangen
So voll, so hell, so rein;
Er goß auch Lieb' und Glauben
Mit in die Form hinein.

Doch aller Glocken Krone,
Die er gegossen hat,
Das ist die Sünderglocke
Zu Breslau in der Stadt;

Im Magdalenenthurme
Da hängt das Meisterstück,
Rief schon manch starres Herze
Zu seinem Gott zurück.

Wie hat der gute Meister
So treu das Werk bedacht!
Wie hat er seine Hände
Gerührt bei Tag und Nacht!

Und als die Stunde kommen,
Daß alles fertig war,
Die Form ist eingemauert,
Die Speise gut und gar,

Da ruft er seinen Buben
Zur Feuerwacht herein:
„Ich lass' auf kurze Weile
Beim Kessel dich allein,

„Will mich mit einem Trunke
Noch stärken zu dem Guß,
Das gibt der zähen Speise
Erst einen vollen Fluß;

„Doch hüte dich und rühre
Den Hahn mir nimmer an,
Sonst wär' es um dein Leben,
Fürwitziger, gethan!"

Der Bube steht am Kessel,
Schaut in die Glut hinein;
Das wogt und wallt und wirbelt,
Und will entfesselt sein,

Und zischt ihm in die Ohren,
Und zuckt ihm durch den Sinn,
Und zieht an allen Fingern
Ihn nach dem Hahne hin.

Er fühlt ihn in den Händen,
Er hat ihn umgedreht;
Da wird ihm angst und bange,
Er weiß nicht was er thät.

Und läuft hinaus zum Meister,
Die Schuld ihm zu gestehn,
Will seine Knie umfassen
Und ihn um Gnade flehn.

Doch wie der nur vernommen
Des Knaben erstes Wort,
Da reißt die kluge Rechte
Der jähe Zorn ihm fort.

Er stößt sein scharfes Messer
Dem Buben in die Brust.
Dann stürzt er nach dem Kessel,
Sein selber nicht bewußt;

Vielleicht, daß er noch retten,
Den Strom noch hemmen kann —
Doch sieh, der Guß ist fertig,
Es fehlt kein Tropfen dran.

Da eilt er, abzuräumen,
Und sieht, und will's nicht sehn,
Ganz ohne Fleck und Makel
Die Glocke vor sich stehn.

Der Knabe liegt am Boden,
Er schaut sein Werk nicht mehr:
Ach, Meister, wilder Meister,
Du stießest gar zu sehr!

Er stellt sich dem Gerichte,
Er klagt sich selber an.
Es thut den Richtern wehe
Wol um den wackern Mann;

Doch kann ihn keiner retten,
Und Blut will wieder Blut.
Er hört sein Todesurthel
Mit ungebeugtem Muth.

Und als der Tag gekommen,
Daß man ihn führt hinaus,
Da wird ihm angeboten
Der letzte Gnadenschmaus.

„Ich dank' euch“, spricht der Meister,
„Ihr Herren lieb und werth;
Doch eine andre Gnade
Mein Herz von euch begehrt:

„Laßt mich nur einmal hören
Der neuen Glocke Klang!
Ich hab' sie ja bereitet,
Möcht' wissen, ob's gelang.“

Die Bitte ward gewähret,
Sie schien den Herrn gering;
Die Glocke ward geläutet,
Als er zum Tode ging.

Der Meister hört sie klingen,
So voll, so hell, so rein!
Die Augen gehn ihm über,
Es muß vor Freude sein.

Und seine Blicke leuchten,
Als wären sie verklärt;
Er hatt' in ihrem Klange
Wol mehr als Klang gehört.

Hat auch geneigt den Nacken
Zum Streich voll Zuversicht;
Und was der Tod versprochen,
Das bricht das Leben nicht.

Das ist der Glocken Krone,
Die er gegossen hat,
Die Magdalenenglocke
Zu Breslau in der Stadt.

Die ward zur Sünderglocke
Seit jenem Tag geweiht.
Weiß nicht, ob's anders worden
In dieser neuen Zeit.

Die Sage vom Frankenberger See bei Aachen.

I.

Zu Aachen in der Kaiserburg
Da sitzt der Frankenheld;
Die Kron' er trägt auf seinem Haupt,
Sein Lieb im Arm er hält.

Er legt die Kron' ihr in den Schoos,
Er gürtet ab sein Schwert:
„Mein liebes Lieb, du bist mir mehr
Als Macht und Reichthum werth!"

Das Fräulein spricht: „Ich glaubt' es wohl,
Gäbt Ihr mir deß ein Pfand;
Am liebsten aber wäre mir
Der Ring von Eurer Hand."

Flugs steckt der Karl den Ring ihr an,
Von Steinen schwarz und roth:
„Dein geb' ich mich, du liebes Lieb,
Im Leben und im Tod!"

II.

Zu Aachen in der Kaiserburg
Da weint der Frankenheld:
Die allerliebste Buhle sein
Ist gangen aus der Welt.

Er setzet seine goldne Kron'
Ihr auf das starre Haupt:
„Begrabt mir auch die Krone gleich!
Mein Reich ist ja geraubt."

Da naht ein schwarzer Männerzug
Mit Fackeln und Gesang;
Sie wollen mit dem Fräulein gehn
Den allerletzten Gang.

Und wie der Karl die Schar erblickt,
Da rafft er sich empor
Und stellt sich mit gezucktem Schwert
Der Todtenbahre vor.

Die Linke schlägt er um den Leib
Des kalten Magedein,
Und ruft hinaus in wildem Zorn:
„Wer will der Erste sein?“

Und herzt und küßt das bleiche Bild,
Als wär's noch rosenroth:
„Dein geb' ich mich, du liebes Lieb,
Im Leben und im Tod!

„Doch mein schwarzrothes Ringelein
Ist nicht an deiner Hand!
Es wird doch nicht verloren sein,
Das heil'ge Liebespfand?“

III.

Zu Köllen in dem Dome
Da kniet ein Gottesmann:
„Herr, lös' uns unsern Kaiser
Aus seinem Liebesbann!“

Der Bischof hat gebetet,
Da ist sein Sinn erhellt;
Und flugs wird eine Reise
Zur Kaiserburg bestellt.

Dort sitzt der Karl noch immer
Am Sarg der lieben Maid
Und nährt von ihren Lippen
Sein süßes Herzeleid.

Da tritt zur Todtenhalle
Der fromme Bischof ein:
„Mein Herr, du sollst geheilet
Von deiner Liebe sein.

„Hast einst der Maid gegeben
Ein Ringlein schwarz und roth;
Dran hält sie dich gebunden
Im Leben und im Tod.

„Und als sie kam zu sterben,
Wol in der letzten Stund',
Da hat sie still verborgen
Den Ring in ihrem Mund.

„Und soll dir Ruhe werden
Im Leben und im Tod,
Muß jetzt ich von ihr nehmen
Das Ringlein schwarz und roth.

Und will es gleich versenken
Hier in dem tiefsten See,
Daß dir von seinem Zauber
Kein Unheil mehr gescheh'!"

Schnell ist das Wort gesprochen,
Schnell ist die That vollbracht.
Da winkt der alte Kaiser:
„Begrabt mir nun die Magd!"

IV.

Bei Aachen an der Kaiserstadt
Da liegt ein grüner See.
Wer ist es, den ich früh und spat
Dort einsam wandeln seh'?

Deß geb' ich dir die Kunde gern:
Das ist der Frankenheld,
Der hat am See ein Schloß erbaut
Und sich zum Haus bestellt.

Und nun ist an dem grünen See
Sein allerliebster Gang;
Oft schaut er da mit nassem Blick
Hinein wol tagelang.

Auch soll in seinem Testament
Also geschrieben sein:
„Versenket in den grünen See
Dereinst die Hülle mein!"

Doch von dem Grund zu solchem Thun
Ist mir nur dies bekannt:
Den Kaiser bannt an diesen See
Ein mächtig Liebespfand.

Altitalienisches Volkslied.

O Tod, du mitleidloser,
Was that ich dir zu Leide?
Du raubtest mir mein Mädchen,
Sie, alle meine Freude!
Bei Nacht und auch bei Tage,
Beim rothen Morgenscheine,
Noch nie hab' ich ein Mädchen
Gesehn von solchem Preise
Wie meine Katharina,
Sie, alle meine Freude!
Sie hielt mir meinen Bügel,
Wollt' ich zu Rosse steigen,
Sie schnallte mir die Sporen,
Sie that das Schwert mir reichen,
Sie setzte mir den Helm auf.
Ich sprach von Lieb' und Leiden:
„Leb' wohl, mein holdes Mädchen!
Nach Avignon ich reite,
Von Avignon nach Franken,
Mir Ehren zu erstreiten;
Und wenn ich Lanzen breche,
Ist's nur für deine Liebe;
Und wenn ich fall' im Kampfe,
Fall' ich zu deinem Preise.
Dann sprechen alle Frauen:
Da liegt er, den wir meinen.
Dann sprechen alle Mädchen:
Für uns fiel er im Streite.
Dann sprechen alle Witwen:
Wie ehren wir die Leiche?
Wo soll'n wir ihn begraben?
Im Dom zu Sanct-Marceien.
Womit soll'n wir ihn decken?
Mit Rosen und mit Veilchen."

Die Schärpe.

Es war eine Königstochter,
Blauäugig, lilienschlank,
Die spann eine silberne Schärpe
Viel Sommermonde lang.

Sie saß auf hohem Stuhle
Vor ihres Schlosses Thür,
Im hellen Mondenscheine,
Und webte für und für.

Da zogen viele Ritter
Alltäglich aus und ein,
Und jeder dacht' im Herzen:
Weß wird die Schärpe sein?

Sie sah nicht auf vom Werke,
Hielt keiner Frage Stand;
Sie stickte ihren Namen
Schwarz in das weiße Band.

Da kam ein Sturm geflogen
Hoch von den Bergen her
Und riß vom leichten Rahmen
Die Schärpe fort ins Meer.

Die Magd saß unbetroffen,
Als müßt' es also sein,
Stand auf von ihrem Sessel
Und ging zur Kammer ein.

Sie zog aus ihrer Lade
Ein schwarzes Trauerkleid —
Wer trug um eine Schärpe
Wol je so schweres Leid?

Drei Tage und drei Nächte
Sie saß in dunkler Tracht;
Da tönt das Horn des Wächters
Wol in der dritten Nacht.

Ein Bote hält am Thore,
Trägt ferne Kunde her:
„Gescheitert schwimmt die Flotte
Des Königs auf dem Meer.

„Und an das Ufer warfen
Die Wogen mit der Flut
Viel edle Heldenleichen,
Viel reiches Heldengut.“

Es stand die Königstochter
An ihrem Fensterlein:
„Sag', Bote, was flattert am Arme
So hell dir im Mondenschein?“ —

„Es ist eine silberne Schärpe,
Die bring' ich her vom Strand,
Da wand ich einem Ritter
Sie aus der starken Hand.“ —

„Deß thätst du dich nicht rühmen,
Wenn der am Leben wär';
Geh, trag ihm deine Beute
Zurück zum blauen Meer.

„Und wenn ihr ihn begrabet,
Legt auch die Schärpe bei,
Und neben seinem Lager
Laßt eine Stelle frei.“

Der Todtgesagte.

Ich sehe ein Mägdlein vorübergehn.
Die Augen hab' ich schon einmal gesehn!
Da klingt ihre Stimme mir hell ins Ohr.
Die Stimme kommt so bekannt mir vor!
„Gott grüße Euch, mein feines Kind,
Sagt an, wer Eure Aeltern sind.“ —
„Ich bin nicht mehr ein feines Kind,
Meine Aeltern schon lange gestorben sind.“ —
„So seid Ihr dann eine feine Magd;
Feine Magd, mir Euern Namen sagt.“ —
„Ich hab' keinen Namen, ich hab' einen Mann,
Doch nimmer und nimmer ihn lieben kann.“ —
„Feine Frau, Ihr thut mir im Herzen leid;
Warum habt Ihr den garstigen Mann gefreit?“ —

„Mein Schatz ist zogen ins Feld hinaus
Und hat sich gepflückt einen blutigen Strauß.“ —
„Wer war Eu'r Schatz, der wackre Held?
Ich kannte viel Männer im blutigen Feld.“ —
„Er schaute zu Euerm Fenster heraus.
Ich wohnte da drüben im rothen Haus.“ —
„Vorüber, vorüber, du ärmste der Fraun!
Ich kann dir nicht länger ins Auge schaun.
O wär' ich doch nimmer gezogen hinaus!
O hätt' ich gepflückt einen blutigen Strauß!
Und du, was verbargst du dein liebendes Herz?
Nun haben wir beide den bittern Schmerz.“

Die dürre Linde.

„Bis unter den grünen Lindenbaum,
Herzliebste, geh mit mir!
Und wenn er junge Blätter treibt,
Kehr' ich zurück zu dir.“

Sie reichten beide Hände sich,
Sie reichten sich den Mund;
Er weinte sich die Augen roth,
Sie weint' ihr Herze wund.

Und er schritt in den Wald hinein,
Sie schlich von Baum zu Baum
Und lehnte sich an jeden Stamm
Und dacht', es wär' ein Traum.

Da braust der Sturm, da saust der Wind,
Da fallen die Blätter ab,
Und unter der grünen Linde lag's
Hoch wie ein neues Grab.

Der Wintersturm zerweht es nicht,
Es kommen die Wasser und gehn,
Und unter der Linde das hohe Grab,
Das müssen sie lassen stehn.

Und junge Blätter treibt der Wald.
Und grünt die Linde nicht? —
Das Mägdlein in den Garten geht
Und Maienblumen bricht:

„Dort von dem grünen Lindenbaum
Da fielen die Blätter ab,
Dort unter dem dürren Lindenbaum
Da liegt ein hohes Grab.

„Komm, Schwester, hilf mir Blumen streun!
Ich weiß, wem's Grab gehört;
Die edle Treue darinnen liegt,
Ist schöner Blumen werth.

„Und wenn mein Herz im Lenze bricht,
Legt mich in dieses Grab;
Dann treibt die Linde frisches Laub,
Das wehen die Winde nicht ab."

Die Königin und der Schäferknabe.

Sie saß auf ihrem hohen Throne,
Den Scepter in der weißen Hand,
Auf ihrem Haupt die güldne Krone,
Die Königin von Morgenland.

Der Schäferjunge kam gegangen
Mit seiner Heerde wohlgemuth;
Er sah, und sah den Thron nicht prangen,
Er sahe nicht des Goldes Glut;

Er sah zwei himmelblaue Sterne
Und eine lilienweiße Hand.
Die Heerde trieb er in die Ferne
Aus seinem schönen Vaterland.

Die Königin schickt ihre Frauen
Nach dem verirrten Schäfer aus;
Sie suchen über Berg' und Auen
Und finden manchen welken Strauß.

Und an des Abendmeeres Strande
Da weidet seiner Lämmer Schar;
Der treue Hund liegt in dem Sande
Und spielt mit einem blonden Haar.

Erste Liebe.

Die Liebe zog vorüber,
Der Knabe saß am Quell.
Wie leuchten die blauen Blumen
Am Ufer so wunderhell!

Die Liebe zog vorüber,
Dem Knaben ward so still.
Er fragt nicht, was ihm fehle;
Er weiß nicht, was er will.

Die Liebe zog vorüber,
Ein Blümlein ihr entfiel.
Er schlug die Augen nieder
Und sah ins Wellenspiel.

Die Liebe zog vorüber,
Dem Knaben war's ein Traum.
Ihr Kleid rauscht über die Wiese
Mit flimmerndem, duftigem Saum.

Die Liebe zog vorüber,
Da schlug er die Augen auf.
Nun ist sie über dem Wasser,
Schwebt hoch in die Berge hinauf.

„Und ziehst du wieder vorüber,
O Liebe, am rieselnden Quell,
So will ich dir blicken ins Auge,
Will fassen dich Flüchtige schnell.“

Des Kindes Traum.

Die Lampe glimmt in stiller Nacht.
Das Kindlein schläft, die Mutter wacht,
Und durch das Fenster bebt der Schein
Der Mondensichel bleich herein.

Das Kindlein träumt, die Mutter sinnt,
Das Fenster klirrt von jedem Wind,
Die Lampe flackert hin und her,
Das wache Herz schlägt bang und schwer.

Die Mutter weint, das Kindlein lacht,
Es spielt mit Engeln diese Nacht,
Die werfen aus des Himmels Au'
Ihm Rosen zu voll Sternenthau.

Die Mutter küßt das liebe Kind,
Das schlägt die Augen auf geschwind
Und lächelt fort so wundersüß,
Als spielt' es noch im Paradies.

Ein Engel nimmt es in den Arm
Und legt es an die Brust so warm,
Sein Wangenroth die Rosenau',
In seinem Blick der Sternenthau.

Der Einsame.

Durch die dunkelgrünen Zweige,
Durch den düfteschweren Himmel
Silberweißer Blütensterne
Schaun mit großen Flammenblicken
Die Orangen nach der Sonne,
Die in rosenrothem Lichte
Widerscheint aus glühen Wogen,
Bange Scheidegrüße winkend.

In den Oleanderlauben,
Um die weißen Marmorbilder
Muntrer Nymphen und Tritonen,
Die aus Hörnern und Syringen
Kühle Silberschäume sprudeln,
Lagern sich zum Abendspiele
Mit der Zither, mit dem Balle,
Mit den ritterlichen Dienern
Zierlich die geschmückten Frauen,
Und die schlanken Pagen fliegen,
Und die Funkenwürmchen flattern
Durch die Reihen, durch die Myrten.

Und der Wandrer geht vorüber
An den Lauben, an den Spielen.
Nach den fernen blauen Höhen
Muß er schauen, muß er ziehen,

Wo aus nächtigen Cypressen
Heimlich ein vertrauter Schimmer
Auf den Fremdling niederstrahlet.
„Treue bleiche Mondensichel,
Suchst du mich, willst du mich rufen?
Schüchtern wie die junge Liebe
Hüllst du dich in rothe Wolken
Vor des Festes heitern Blicken;
Aber Augen naß und selig
Starren auf zu deinem Lichte,
Suchend nach zwei andern Augen,
Die wie sie sich drinnen spiegeln.“

Der Liebe Morgenröthe.

Seh' ich deine Wangen glühen
Rosenroth vor meinen Blicken,
Scheint es mir wie Morgenröthe,
Morgenröthe deiner Liebe,
Die den Tag mir will verkünden.
Schlage nieder deine Blicke,
Daß die Sonne nicht vertreibe
Allzu schnell der Dämmrung Flimmer;
Muß sie ohne Abendröthen
Doch in ihre Nacht versinken!

Thränen und Rosen.

Ein Knäblein ging spazieren
Wol um die Abendstund'
In einem Rosengarten,
Da blühten Blümlein bunt.

Er ging wol auf und nieder
Vor eines Gärtners Haus,
Da lag ein Mägdlein schöne
Zum Fensterlein heraus.

Ein Röslein thät er brechen,
Warf's in das Fensterlein:
„Thust schlafen oder wachen,
Herzallerliebste mein?“ —

„Ich habe nicht geschlafen,
Ich habe nicht gewacht,
Ich habe nur geträumet,
An dich hab' ich gedacht.“ —

„Du hast ja auch geweinet,
Dein' Aeuglein sind so naß;
Eine Thrän' fiel aus dem Fenster,
Da wuchs eine Ros' im Gras.“ —

„Und ist eine Ros' gewachsen,
So wuchs sie nur für dich;
Und wenn ich hab' geweinet,
So weint' ich nur um mich.“

Was zog er aus der Tasche?
Ein seidnes Tüchelein:
„Nimm hin, Herzallerliebste,
Wisch ab dein' Aeugelein!

„Und bin ich in der Fremde,
Weit, weit von deinem Haus,
So weine deine Thränen
Zum Fenster nicht hinaus;

„So weine sie bedächtig
All in das Tuch hinein,
Damit kein böser Bube
Zertritt die Röselein!“

Fastnachtslied

von den goldenen Zöpfen.

Mägdlein mit den goldnen Zöpfen,
Mägdlein mit dem goldnen Haar!
Oder ist es wol von Seide,
Oder ist's von beiden gar?
Nenn' ich's goldgediegne Seide?
Nenn' ich's seidenfeines Gold?
Und welch zartes Elfenhändchen
Hat die Flechten dir gerollt?

Mägdlein mit den goldnen Zöpfen —
Und an jedem hängt ein Herz:
Hier ein junges, da ein altes,
Hier mit Lust, und da mit Schmerz.
Und das meine, ach das meine —
Ist kein einzig Zöpfchen leer?
Mägdlein mit den goldnen Zöpfen,
Dichterherzen sind nicht schwer!

Und die goldnen Zöpfe fliegen
Um den Nacken, um den Leib,
Und das Fliegen und das Schmiegen
Ist der Herzen Zeitvertreib.
Einer hat sich fast verirret
Um die Schulter ganz allein —
Mägdlein, streich' ihn nicht zurücke,
Freiheit steht dem Haar so fein!

Mägdlein mit den goldnen Zöpfen,
Mägdlein mit dem goldnen Haar:
Herz an Herz ein stilles Plätzchen,
Eins ist eins, und zwei ein Paar!
Löse deine goldnen Flechten,
Alle Herzen fallen aus;
Und nur eines, und nur meines,
Mägdlein, trägst du mit nach Haus!

Des Finken Gruß.

Im Fliederstrauch ein Finke saß
 Und sang;
Er sang wol dies und sang wol das,
 Was klang:

„Nun werft den Winter aus der Thür
 Weit, weit!
Der liebe Mai ist wieder hier,
 Ihr Leut'!

„Er hat ein grünes Röckchen an
 Von Gras,
Hat bunte, blanke Knöpfe dran
 Von Glas.

„Ein großes Auge hat der Fant,
Ist blau;
Paßt auf, ob nicht durch Thür und Wand
Er schau'!

„Sein Odem tränkt so frisch und rein
Die Luft,
Sein Haar muß ganz gepudert sein
Mit Duft.

„Er weiß mit Jungfern umzugehn
Gar fein,
Die Burschen ihn auch gerne sehn
Im Hain.

„Den Kindern bringt er Spielwerk mit;
Woher?
Aus Nürnberg von dem Blumenschmied,
Daher!

„Und was soll für die Philister sein?
Ja was?
Die fangen sich Mücken und Fliegen ein
Zum Spaß."

Des Finken Abschied.

Es saß ein Fink auf grünem Zweig,
Der war so frisch und blätterreich,
Und sang wol dies und jenes;
Durch Lenz und Sommer und Herbst er sang,
Hätt' da gesungen sein Leben lang,
Wär' nicht der Winter kommen.

Der Winter kam mit Saus und Braus:
„Ihr Müßiggänger, zum Reich heraus,
Ihr Flattrer und Sänger und Horcher!
Herab vom Baum, du grünes Blatt!
Zum Bauen und zum Brennen hat
Der Herr das Holz erschaffen."

Da geht im Hain das Schütteln los,
Und flugs steht alles blank und bloß
Bis auf den Zweig des Finken.
Jetzt, naseweises Böglein, flieh!
Mit solcher Staatsökonomie
Da ist nicht viel zu spaßen.

Und 's Böglein flog und sang: „Ade!"
Da warf der Winter Reif und Schnee
Ihm hinterdrein und traf's nicht.
Der Finke lacht' aus voller Kehl':
„Bewahre Gott jede Christenseel'
Vor diesem Landesvater!"

Und als ich mal nach Welschland zog,
Manch Böglein mit dem Wandrer flog,
Da war auch jenes drunter;
Und wär's gewest eine Nachtigall,
So hätt' mein Lied einen bessern Schall,
Ich hab's ihm nachgesungen.

Der Birkenhain bei Enderman.

Der Frühlingshauch, der Morgenschein
Ruft zum Gesang die Vögelein;
Und wenn es singt auf jedem Zweig,
Wird jede Brust so liebeweich.
Jetzt, Liebchen, laß uns werden klug
Und denken an der Stunden Flug
Und jeden Tag der Liebe weihn
Bei Enderman im Birkenhain!

Bald kommt der Winter von dem Jahr,
Bald, ach! der Liebeswinter gar;
Auch deiner Jugend Blüte fällt,
Wie alle Blumen auf der Welt:
Dann geht die Lust zum Scherzen aus,
Die Flügelsänger ziehn nach Haus,
Dann wird's zu spät zur Liebe sein;
Ade, du schöner Birkenhain!

Sieh rundumher, durch Berg und Thal
Die Heerden ziehn mit Glockenschall;
Da hüpft und springt mit munterm Sinn
Das Lämmlein um die Mutter hin,
Die emf'ge Biene summt und schwirrt,
Laß, Liebchen, uns auch stimmen ein
Bei Endermay im Birkenhain!

Horch, Liebchen, wie der Wasserfall
Zur Liebe ruft mit lautem Schall,
Die Woge spielt im Silberschein
Und blanke Fischlein springen drein,
Die Sonne prangt im Herrscherglanz,
Umkreist von der Planeten Tanz;
Laß uns mit ihnen lustig sein
Bei Endermay im Birkenhain!

Sehnsucht nach Italien.

Wenn ich seh' ein Vöglein fliegen,
Wenn ich seh' ein Schifflein fahren,
Wird die Brust mir selig weit.
Herz, mein Herz, bleib stille liegen,
Wollen unsre Segel sparen
Zu der jungen Maienzeit!

Wenn sie aus der dumpfen Halle
Die Orangenbäume tragen
An das warme Sonnenlicht,
Will mit Duft und Glanz und Schalle
Unsre Lieb' uns wieder fragen:
Kommt ihr diesen Sommer nicht?

Herrin, die ich sinnig meine,
Sieh, ich führ' auf meinem Hute
Immergrün Cypressenreis!
Herrin, die ich fern beweine,
Sieh, ich heg' in meinem Muthe
Sehnsucht, unerlöschlich heiß!

Wieder Sehen, wieder Meiden —
Heißt das Los, um das ich weine,
Selige Hesperia;
Und du stehst bei Lust und Leiden
In dem ewig hellen Scheine
Deiner Blütensterne da!

Als ein Pilger will ich ziehen
Mit der blanken Muschelschale
Durch der Alpen Eis und Schnee,
Will zur Erde niederknieen,
Wo die erste Blum' im Thale
Fragt nach meinem süßen Weh.

Oeffnet mir die Waldkapelle,
Daß ich Stab und Muschel weihe
An dem heiligen Altar;
Die Cypresse an der Schwelle
Kennt mich noch an einem Reise,
Das ich trag' in meinem Haar.

Die Insel.

Es schwankt ein Kahn am Ufer hin,
Mein Herz wiegt träumend sich darin;
Und weht ein Morgenwind daher,
So seufzt es: Daß ich drüben wär' —
Drüben auf der Insel!

Ach, festgebunden an den Strand,
Vergessen gern wir unsern Stand;
Und schwanken wir im Wellenspiel,
So denken wir, es geh' zum Ziel —
Nach der Insel drüben.

Und wenn die Fluten sich gelegt,
Und wenn kein Hauch die Segel regt,
Dann horch' ich auf so angst und bang,
Dann tönt herüber Glockenklang —
Von der Insel drüben.

Dann sink' ich nieder auf die Knie
Und bet' und denk', jetzt betet sie;
Schwingt sich mein Herz zu Gott empor,
Mein' ich, wir sängen beid' im Chor —
Drüben auf der Insel.

Abend.

Die Trommeln wirbeln, die Pfeifen klingen,
Sie woll'n die Soldaten zu Bette bringen;
Wir aber, wir Burschen, in langen Reih'n
Ziehn durch die Straßen aus und ein.
Ei, Abend, wie bist du so schön!
Die Nebel rauchen auf den Höh'n,
Die Sternlein von dem Himmel blitzen,
Die Mägdlein vor den Thüren sitzen.
Und mancher stiehlt sich aus dem Zug,
Denkt, zwei und zwei ist auch genug.

Ich grüße dich, mein Abendstern,
Mein holdes Mägdlein in der Fern'!
Mir ist's, wenn ich gen Himmel seh',
Als ob mein Auge droben steh'.
Du schaust wol eben auch hinein
Und denkst an mich; das wird es sein. —
Ade, ihr Freunde! Gute Nacht!
Mein Liebchen winkt, ich folg' ihm sacht.

Liebchen überall.

Ich hab' ein Liebchen an dem Rhein,
Ein Liebchen an der Spree,
Ein drittes in dem Schweizerland,
Ein viertes auf der See.

Und wo ich geh' und wo ich steh',
In Schloß und Stadt und Feld,
Da find' ich auch ein Liebchen gleich,
Das schönste von der Welt.

Und wollt ihr wissen meine Kunst,
Ihr lieben Wandersleut'?
Heran, heran, und hört mir zu,
Ihr lernt's in kurzer Zeit!

Ich trag' allweg im Herzen mein
Mein Liebchen durch die Welt;
Da find' ich eins, da hab' ich eins
In Schloß und Stadt und Feld.

Willkommen, Liebchen an dem Rhein!
Wie weit ist's bis zur See?
Ade, mein Lieb im Schweizerland!
Das Scheiden thut nicht weh.

Abendlied.

Eia, was ist doch der Abend so schön,
Wenn von dem Himmel die Sternlein blitzen,
Wenn vor den Thüren die Mägdlein sitzen
Und wir Bursche vorübergehn!

Eia, was ist doch der Abend so kühl,
Wenn in die Brunnen die Eimer sich tauchen,
Wenn auf den Bächlein die Nebel rauchen,
Blümlein sich bergen ins grünende Pfühl!

Eia, was ist doch der Abend so still!
Liebchen, am Fensterlein steh' ich zu lauschen,
Hör' ich ein Schreiten, ein Flüstern, ein Rauschen,
Hör' ich, was Liebes nur hören ich will.

Eia popeia, mein Kindchen, Gut' Nacht!
Hör' ich kein Schreiten, kein Rauschen, kein Flüstern,
Hör' ich nur leise dein Lämpchen noch knistern —
Knistre, du Lämpchen, bis Liebchen erwacht!

Eia, ihr Träume, und wecket sie nicht!
Rings um das Flämmchen die Mücken schwirren,
Und meine bangen Gedanken irren
Scheu um ein seliges schlummerndes Licht.

Die Jäger.

Hussah, Hussah, zur Jagd!
Wir suchen im grünen Horste,
Wir jagen im freien Forste
Das stolze, lustige Wild;
Wir fliegen durch frische Lüfte,
Wir trinken des Waldes Düfte,
Und das Herz im Busen, es schwillt.

Hussah, Hussah, zur Jagd!
Wir jagen doch alle auf Erden,
Und alle wir Jäger, wir werden
Gejagt in die Gruben hinein;
Es jagen die Jungen, die Alten,
Sie jagen nach Nebelgestalten
Und fangen sich Sorgen und Pein.

Hussah, Hussah, zur Jagd!
Es jaget der Knabe nach Liebe,
Er jaget mit seligem Triebe;
Und fängt er das lustige Wild,
So sieht er, er hat sich betrogen,
Es hat seine Augen belogen
Von ferne das gaukelnde Bild.

Hussah, Hussah, zur Jagd!
Die Männer, sie jagen nach Ehren,
Sie jagen mit scharfen Gewehren,
Sie zielen und treffen den Stern;
Doch über ihm leuchten noch immer
Viel Sterne mit hellerem Schimmer —
Wer hätte den hellsten nicht gern?

Hussah, Hussah, zur Jagd!
Der Alte, er jaget auf Schätze,
Und ob ihm zerreißen die Netze,
Sie sind ihm doch immer zu leer.
Und hinter ihm kommen gezogen
Viel Jäger mit Spießen und Bogen,
Der Erben schnellfüßiges Heer.

Hussah, Hussah, zur Jagd!
Doch schneller und klüger als alle,
Mit heulendem Hörnerschalle,

Jagt einer die Jäger der Welt.
Er schießt nach Greisen und Kindern,
Er schießt nach den Frommen und Sündern,
Der knöchernde, klappernde Held.

Hussah, Hussah, zur Jagd!
Wir haben den Hirsch gefangen,
Wir letzen unser Verlangen
In seinem schäumenden Schweiß.
Die Jäger alle, die jagen,
Sie alle, sie alle wir fragen,
Wer edlere Beute wol weiß.

Hussah, Hussah, zur Jagd!
Sie hat uns mitnichten betrogen,
Ist nicht in die Lüfte zerflogen,
Wir haben sie sicher gefaßt;
Wir führen sie jubelnd nach Hause,
Wir freuen uns ihrer im Schmause
Und laden Dianen zu Gast.

Wir wissen uns zu finden.

Parodirende Glosse.

Lerche als Thema.

Sollst nicht murren, sollst nicht schelten,
Wenn die Sommerzeit vergeht;
Denn es ist das Los der Welten:
Alles kommt und alles geht.

Junge Frau.

Hör' ich's da nicht zwölfe schlagen?
Und er ist noch nicht zu Haus.
Ach, schon in den Flittertagen
Ist's mit seinem Lieben aus!
Hat er Pfeifen nur und Karten,
Mag zu Haus die Gattin warten,
Was bekümmert ihn ihr Schmerz?
Doch er soll es mir entgelten! —
Still, er kommt, o still, mein Herz,
Sollst nicht murren, sollst nicht schelten.

Rosenwürmchen.

Kam der Sommer hergezogen,
Rosenblütchen war dabei;
Bin ich hinterdrein geflogen,
Wußte nicht, ob's schicklich sei.
„Rosenblütchen, woll' mir geben
Nur ein Blättchen, drauf zu leben!"
Sprach es: „Klein ist dein Bewerben,
Doch gar schnell mein Duft verweht."
Sprach ich: „Mit dir will ich sterben,
Wenn die Sommerzeit vergeht."

Philosophische Trösterin.

Schwester, trockne deine Zähren!
Hin ist hin, und todt ist todt.
Nichts bei uns kann ewig währen,
Heute bleich, was gestern roth.
Eins auch wolle noch bedenken:
Unglück kann zum Glück sich lenken,
Einen Bessern kannst du frein.
Reiche Witwen sterben selten.
Darum, Schwester, gib dich drein;
Denn es ist das Los der Welten.

Leipziger Gastwirth.

Ja, wenn's immer Messe wäre
Und die Mess' auch immer gut,
Gäb' ich mein Hotel, auf Ehre,
Nicht um einen Rathsherrnhut.
Doch, schon kleiner wird die Schüssel,
Und ich seh' die vielen Schlüssel
Wieder hängen an den Wänden.
Drum, wer seine Kunst versteht,
Denke, wenn er's hat in Händen:
Alles kommt und alles geht.

Sehnsucht und Erfüllung.

Parodirende Glosse.

Thema von Tieck.

Süße Ahnungsschauer gleiten
Ueber Fluß und Flur dahin,
Mondenstrahlen hold bereiten
Lager liebetrunknem Sinn.

Der Prächtige.

Sinkt hinab die güldne Sonne,
Steigen auf zwei Monde blau:
Blümlein, ist es Liebeswonne,
Daß ihr weint so hellen Thau?
Ja, ihr theilet mein Verlangen,
Ja, von Lust und Leid umfangen
Bebt die mailiche Natur;
Durch des Himmels dunkle Weiten,
Ueber Berg und See und Flur
Süße Ahnungsschauer gleiten.

Der Natürliche.

Schätzchen, allerliebstes Schätzchen,
Ach, wenn ich ein Böglein wär',
Wär' ich jetzt schon auf dem Plätzchen —
Wollt' nicht flattern hin und her —,
Wo, wie wir es abgekartet,
Einer auf den andern wartet;
Doch weil das kann nicht geschehen,
Denk', wenn ich der letzte bin,
Daß ich muß zu Fuße gehen
Ueber Fluß und Flur dahin.

Der Ideale.

Um vom Stoffe nicht befangen
Zu beginnen mein' Gedicht,
Stell' ich also mein Verlangen
Fabelhaft mir vor Gesicht:
Diese Tanne dient zum Thurme,
Wo, bewacht von Siegfried's Wurme,

Seufzt die süße Dame mein;
Und bevor es geht zum Streiten,
Will ich erst aus Sonnenschein
Mondenstrahlen hold bereiten.

Der Materielle.

O verdammte Weibertücken!
O unsel'ges Rendezvous!
Eine Rose wollt' ich pflücken,
Heimlich winkte sie mir zu,
Und auf ihrer Gartenmauer
Stand ich schon in banger Lauer:
Da erfaßt' es mich beim Kragen,
Warf mich in die Disteln hin.
Pflegt man also aufzuschlagen
Lager liebetrunknem Sinn?

Kuß und Lied.

Jüngst grüßte mich ein rother Mund;
Ein Liedchen saß auf meinen Lippen,
Und aus dem Liedchen ward ein Kuß.

Jetzt ist mein Mädchen fern von mir;
Zum Kusse will mein Mund sich schwellen,
Und aus dem Kusse wird ein Lied.

Fliegt nun, ihr lieben Verse, hin;
Und drückt sie euch an ihre Lippen,
So werdet wieder, was ihr wart!

Liebe und Lied.

Als der Frühling aus der Höhe
Flog in unsre Thäler nieder,
Ließ er ein paar Blumen fallen
Aus dem vollen Kranz der Stirne;
Und ich sucht' und fand die Blumen,
Wo der Quelle rasches Silber
Stille stand in Lust und Staunen.

„Quelle, sage mir, ich bitte,
Wie die beiden Blumen heißen,
Die an deinem Ufer liegen.“
Und ein Mägdlein sprang vorüber,
Und ein Vöglein hört' ich singen.
Und die Quelle sprach: „Die eine
Von den Blumen heißt die Liebe,
Und das Lied heißt jene andre;
Nimm sie auf und laß mich ziehen.“

Scham und Neid.

Warum guckt ihr kleinen Röschen
Dunkelroth aus euern Knospen?
Weil ihr seht der Lüfte Kosen
Mit den blassen ältern Schwestern
Und euch schämt vor solchem Treiben
Unter Gottes freiem Himmel?
Warum seid ihr gelb geworden,
Ihr, die ältesten im Garten?
Ist es wol des Neides Farbe,
Weil die Lüftchen, eure Buhler,
Schon an euch vorüberflattern
Und die dummen Kleinen suchen?

Amor ein Fiedler.

Amor lernt die Fiedel spielen
Bei dem Gott der Musikanten,
Und zu diesem Pfingstgelage
Will er vor dem Thor der Schenke
Unter grünem Maienschatten
Sich bei uns zum ersten male
Unentgeltlich hören lassen.
„Kommt, ihr Bursche! Kommt, ihr Mädchen!
Kommt und tanzt nach seiner Fiedel!“
Und sie tanzen und sie springen,
Und die Füße mit den Herzen
Heben sich in gleichem Takte
Nach dem Striche seines Bogens.

„Schneller, schneller, kleiner Fiedler!"
Und er fiedelt nach Verlangen,
Daß die Kränze, Sträuße, Flechten,
Bänder, Schürzen, Röcke fliegen
Und die Tänzer enger fassen
Ihre leichten Tänzerinnen.
Ei, und dennoch sind so viele
Ausgeglitten, fehlgetreten,
Gar gestolpert und gefallen
Auf dem glatten Rasenplane!
Aber, dank dem weichen Grase,
Weh gethan hat sich nicht eine.

Erotische Tändeleien.

Der Zephyr.

Auf einer Rose ward ich jung,
Ein Rosenblatt war meine Wiege,
Ein Rosenblatt wird einst mein Grab.

Ich schlafe, wann der Winter tobt,
Und mit dem Lenze werd' ich munter
Und nähre mich von Duft und Kuß.

Du armer, stolzer Herr der Welt,
Du keuchst einher mit deiner Krone,
Und dienstbar trockn' ich deinen Schweiß!

Amor ein Gelehrter.

Amor ist der Schul' entlaufen,
Dem Donatus und der Ruthe.
Laßt ihn laufen, laßt ihn tollen;
Denn er wird euch doch nichts lernen,
Als was seine Mutter ihm
Schon zum Taufgeschenk gegeben,
Als sie A m o r ihn benannte.
Liebe heißt er, Liebe treibt er,
Liebe lernt er, Liebe lehrt er,
Und er ist mit dieser Weisheit
Also übervoll geladen,
Daß er allen Schriftgelehrten
Kann was auf zu rathen geben;
Und sie werden sich darüber
Ihre Köpfe baß zerbrechen.

Liebeskrone.

Laß in deine heil'gen Tiefen, Meer der Liebe, mich versinken!
Perlen seh' ich aus dem Grunde und Korallenzweige blinken,
Und an einer weißen Klippe hängt ein alter goldner Becher,
Jener, den zum Tode leerte Thule's königlicher Zecher.
Darin will ich Perlen lesen und Korallenknospen pflücken,
Um als treuer Liebe Krone auf das Haupt sie dir zu drücken.

Entknospung.

Was flüstert ihr, Zephyre,
Mit diesen Rosenknospen?
Ihr flüstert, und sie reißen
Entzwei die grünen Schleier
Und schauen euch entgegen
Mit rosenrothen Wangen.
Ob ihr von Liebe flüstert?
Ich flüstre, singe, spiele
Von Liebe meiner Schönen
Schon viele, viele Tage;
Sie aber will die Hülle
Der harten, spröden Knospe,
Die ihres Herzens Rose
Vor meinem Blick umschließet,
Noch immer nicht zerreißen!

Entpanzerung.

Wie der Sonne Strahl im Lenze gleich der goldnen Heldenlanze
Eines Flusses Panzer sprengt und die Wogen wärmt mit Glanze:
Also sprengt dein Augenstrahl meines Herzens starre Rinde,
Daß es wogt in Flut und Glut, leichtes Spiel der Liebeswinde.

Die Champagnerflasche.

Als um die Champagnerflasche ihre Händchen sie geschlungen,
Ist der Geist, der festgebannte, zischend in die Luft gesprungen.
Sag', mein Herz, wohin du sprängest in dem Rauschen deiner Lust,
Wenn sie so die Arme schlänge um den Kerker deiner Brust?

Einer aus vielen.

O küsse mich nicht mit hundert Küssen,
Ich bitte dich;
Mach' einen Kuß aus hundert Küssen:
So küsse mich!

Wetterveränderung.

Als heute du tratest in dieses Haus,
Da warf ich hinweg mein Winterkleid;
Und als du gingest wieder hinaus,
Da flohen die Wolken weit und breit:
So machtest du Frühling draußen und drinnen —
Und wirst mir doch deiner Wunder nicht innen!

Der Spiegel.

In der kleinsten Wasserperle, die das Blatt der Rose trägt,
Spiegelt sich der weite Himmel mit dem Kelche, der sie hegt:
Also strahlt aus deines Auges thränenhellem Perlensee
Deines Herzens Rosentiefe und des blauen Himmels Höh'.

Der Schenke und die Liebe.

Versetz' ich mein Kleid um süßen Wein, so schleich' ich bei Nacht aus des Schenken Haus;
Mein Herz versetzt' ich um einen Kuß, und die Liebe wirft mich vor Mittag hinaus.

Der Schatten.

Wahrlich, eine Sonne bist du, und ich gleiche wol dem Schatten:
Schatten muß der Sonne folgen, Sonne will sich ihm nicht gatten,
Und wenn sie hinuntersinket, in des Meeres Bett zu gehen,
Bleibt der arme Schatten einsam auf der finstern Erde stehen.

Berenice.

Ein erotischer Spaziergang.

Berenice.

Einer Berenice Locken seh' ich dort am Himmel prangen
Als ein Sternbild, hocherhoben über irdisches Verlangen;
Aber du laß deine Locken mir ein Sternbild sein auf Erden,
Bis sie sich in meinen Liedern einst mit mir verklären werden!

Der neue Dädalus.

In dem goldnen Labyrinthe deiner Locken eingefangen,
Hab' ich meine müde Freiheit in den Schlingen aufgehangen;
Denn wie sollt' ich es versuchen, aus den holden Irrgewinden,
Die sich um mein Herz geringelt, wieder mich herauszufinden?
Könnt' ich auch aus Wachs mir Flügel wie der Dädalus bereiten,
Ach, ich würde sie doch beide nur nach deiner Sonne breiten,
Bis die Federn mir zerschmölzen an der Glut der nahen Strahlen,
Und ich sänk' aus meinem Himmel in das schwarze Meer der Qualen!

Locken und Gedanken.

Wie meines Herzens selige Gedanken
Sich um dein Bild in banger Wonne ranken,
So seh' ich, wie mit ihren goldnen Ringen
Die Locken Stirn und Nacken dir umschlingen:
Du schüttelst mit dem Kopf, und schüchtern fliegen
Zurück die Locken, die am schönsten liegen.

Ueberall und nirgends.

Um dein Bild mir abzuwehren,
Bin ich auf das Feld gegangen;
Ach, da sah ich goldne Aehren
Auf den Pfad herüberhangen,
Ach, da sah ich goldne Ranken
Sich um weiße Stämme schlingen:
Ach, da flogen die Gedanken
Heim zu deinen Lockenringen!

Goldprobe.

Wie das stolze Gold auf Erden nun in seinem Preise fällt,
Seit mit ihm die neue Probe Amor's Richterauge hält!
Wirf es weg als falsche Münze, sei es wichtig oder leicht,
Wenn es nicht in Farb' und Glanze ihren Lockenringen gleicht!

Gold auf Gold.

Was will der goldne Reif in deinem Haar?
O sieh, er möchte sich so gern verstecken
Und sich mit deinem Golde überdecken,
Denn seines ist nicht halb so licht, so klar.
Mit feinem Gold wird grobes überzogen:
So zieh dein Haar um diesen armen Bogen!

Amor ein Seiler.

Amor ist ein Seiler worden,
Drehet Seile, Schnür' und Ketten
Aus den sammetweichen Fäden
Deiner goldnen Lockenkrone;
Und so groß sind seine Künste,
Daß er aus den kleinen, feinen,
Dünnen, zarten Ringelhärchen
Diamantenfeste Bande

Für die armen Herzen windet.
Und in Hunderten zusammen
Schnürt er sie mit einem Seile,
Hängt sie dann vor Schlafengehen
An den Riegel deiner Kammer,
An des Ladens Schraubenspitze,
Und die frömmsten jeden Sonntag
An das Kreuz auf deinem Busen.

Der Haarkräusler.

Ein Grübchen deiner Wangen
Ersah sich einst zum Lager
Der kleine Gott der Liebe;
Daß er heraus nicht fiele,
So schlang er um den Nacken,
Die Schultern und den Köcher
Sich deines Haares Bande:
Davon sind sie bis heute
Geringelt noch geblieben.

Das einzige Mittel.

Willst du, meine Augen sollen nicht nach deinen Locken sehen,
Mußt du selber sie zusammen mir mit ihrem Haare nähen.

Goldperlen.

Trübe Regentropfen fielen draußen in dein Lockenhaar;
Schüttle sie mir in die Hände: Perlen sind es goldenklar.

Die Nachtigall.

Die Nachtigall selbst schreiet in der Schlinge,
Und ich in deiner Locken Schlinge singe:
So laß mich frommen Vogel ruhig hängen,
Ich werde ja kein Härchen dir zersprengen.

Der Stoff ihres Haares.

Sag', woraus ihr Wunderhaar gesponnen?
Aus dem reinsten Morgengold der Sonnen;
Und damit der Glanz des Himmels tauge
Für der Erdenkinder blödes Auge,
Hat beim Spinnen es getaucht die Liebe
In die Thränen ihrer süßen Triebe.

Die Stärke ihres Haares.

Wie die Fädchen deiner Locken sind so weich, so dünn, so fein:
Und sie ziehen in den Himmel doch mein schweres Herz hinein!

Nachgefühl.

Wie das Meer noch braust am Morgen, wenn zu Nacht ein Sturm geweht,
Wie ihr lange nach dem Regen noch die Blume zittern seht:
Also wogt es ganze Tage mir im Herzen tief und hoch,
Wenn mir deine Lock' im Traume streifend um den Busen flog.

Das Versteck der Liebesgötter.

Kleine Liebesgötter sitzen
Dir in jedem Lockenringe,
Und aus diesem Hinterhalte
Schießen sie nach mir mit Pfeilen.
Pfeile sind die goldnen Strahlen,
Die aus deinen Haaren leuchten,
Und sie legen sie zum Zielen
Auf die Bogen deiner Augen.

Der Mond.

„Mond, du kannst durchs offne Fenster in die kleine Kammer sehen,
Wo sie flicht die goldnen Locken, und du bleibst in Wolken stehen?“
„Engel sind zu mir gekommen; und daß keiner mög' entdecken,
Wo sie hin die Blicke richten, müssen Wolken sie verstecken.“

Gefahr der Erlösung.

Rosen, ihrem Haar entrissen, wollen nicht mehr blühen;
Funkenwürmchen, ihm entflogen, können nicht mehr glühen:
Und mein armes Herz, du solltest dich zu lösen wagen?
Nur nach ihrer Locken Wallen kannst du hier noch schlagen.

Die bewegte Luft.

Ist's ein Wunder, daß die Luft nie bei uns kann ruhig werden,
Daß die Winde nimmermehr auf sich schwingen von der Erden?
Wißt, solange diese Locken ihnen sind vergönnt zum Spiel,
Finden sie bei Nacht und Tage nimmer ihres Wehens Ziel.

Rosen und Rosenöl.

Alle Morgen weht der Wind Rosenblätter von den Zweigen,
Und sie schwimmen auf dem See, sich als Lettern dir zu zeigen.
Sag', verstehst du ihre Schrift? — Laßt uns unsre Rosen pflücken
Und daraus das Balsamöl reiner Liebeswonne drücken:
In der Wacht der strengen Dornen, sieh, wie lange blühen wir?
Tauch' in Rosenöl die Locke, und sie duftet ewig dir!

Die Verlobung.

Wenn ein goldner Ring am Finger ewig kann die Liebe binden,
Goldne Locken, warum wollt ihr tausend um das Herz mir winden?
Mädchen, mit so vielen Ringen hast du dich verlobt an mich:
Laß es dich nicht mehr verdrießen, nenn' ich nun die Meine dich.

Amor's Schere.

Amor schleicht mit einer Schere
Um dein Lockenhaupt verstohlen.
Nimm in Acht dich vor dem Gotte,
Denn er will das Haar dir scheren,
Weil er sieht, daß alle Herzen
Nur in deinen Locken hängen;
Will er für ein andres Plätzchen
Auch einmal ein Herzchen haben,
Muß er es aus deinen Locken
Erst mit List und Mühe lösen.

Perlen.

Wenn in seinen tiefen Gründen aufgewühlt sich trübt das Meer,
Wirft es helle weiße Perlen über seinen Strand umher;
Wenn die Liebe wühlt im Herzen und die Augen trübe macht,
Fallen diese heitern Lieder aus dem Mund mir unbedacht.

Devisen zu Bonbons.

Amor in der Vigne.

Jüngst fand in einer Vigne
Ich Amorn mit den andern,
Die zu den losen Streichen
Ihm nimmer fehlen dürfen.
Die Kinder spielten Schaukel,
Auf Weinguirlanden sitzend,
Die hoch von Baum zu Baume
Der Winzer pflegt zu ziehen;
Flugs riß die beste Schaukel,
Und Amor lag am Boden,
Umsonst nach Hülfe schreiend,
Denn die Gespielen flohen
Und riefen: „Diebe! Diebe!“
Aus vollem Halse lachend.
Ich hob den armen Kleinen
Vom Boden auf, befühlte
Die umgeknickten Federn
Und stäubt' ihm ab die Locken;
Da rafft' er sich zusammen,
Und ohne mir zu danken,
Ging's fort, husch in die Lüfte!
Noch stand ich fast betroffen
Und sah ihm nach, dem Schalke,
Da rief ein süßes Stimmchen
Gar drohend mir entgegen:
„Seid Ihr der Dieb der Trauben?“
Es war das Winzermädchen,
Und hinter ihr ganz leise
Hört' ich den Kleinen flüstern:
„Halt fest den losen Buben!“
Und sie hat's gut verstanden.

Der Wildfang.

Wie eine Gemse springt sie hin,
Entgegen frisch dem Winde;
Roth, feuerroth brennt Wang' und Kinn
Dem lieben, wilden Kinde.

Ihr langes Haar vom Nacken fliegt,
Die Bäume könnten's fassen;
Doch jeder Zweig sich schüchtern schmiegt,
Sie ruhig ziehn zu lassen.

Die losen Disteln wagen's kaum,
Die Rüstige zu necken
Und nach des leichten Kleides Saum
Die Stacheln auszustrecken.

Amor, was soll's, daß wir im Thal
Uns auf die Lauer legen?
Sie ruht nicht — wagen wir's einmal
Und treten ihr entgegen!

Der Elfentraum.

In Nachtviolenkelchen eingeschlossen
Verschliefen einen heißen Tag die Elfen.
Nun öffnen sie die schlummertrunknen Augen
Und blinzeln, weil zu nah die Funkenwürmchen
Um ihre Lager schwärmen. „Gut geschlafen?"
Frägt Ariel sein Liebchen Ariella.
„Ach nein, mein Herz, ich hatte bange Träume.
Ich sahe dich, du warst in einen Tropfen
Eiskalten Thau, der tiefversteckt im Kelche
Der Nachtviole lag, hineingefallen.
Ich schrie und rief zu Hülfe, was von Elfen
Im ganzen Kelche war; sie kamen alle,
So weit sie meine Stimme nur vernahmen,
Bis von den allerhöchsten Blätterspitzen —
Ach ja, die Noth lehrt schreien, mein Geliebter!
Und flugs hing eins sich an des andern Flügel,
Wie Glieder einer Kette sich verbindend,
Und unsre Kette ward so lang, mein Herzchen,

So lang, wie ich gesehn noch keine andre,
Selbst nicht bei unsers Königs Hochzeitfeier
Im großen Reigen, welchen alle Gäste
Mittanzen mußten auf dem Lilienplane.
Ich war das unterste der Glieder, wurde
Hinabgelassen in den tiefen Tropfen
Und sahe dich: du lagst und zappeltest
Und strecktest sehnlich deine lieben Arme
Zu mir empor; ich aber sehnt' und dehnte
Mich aus mit allen Kräften — ach, vergebens!
Die Kette war zu kurz, und alle Elfen
Schrien hinter mir: «Sie reißt, sie reißt, die Kette!»
Da wacht' ich auf und lag in deinen Armen
Und mußte dich mit meinen Küssen wecken,
Zu sehn, ob du auch wirklich unversehrt bist."

Märzschnee.

Schnee im Märzen,
Schmerz im Herzen,
Er zergeht am Sonnenstrahl —
Mag die blaue Luft ihn schicken,
Mag er auch aus blauen Blicken
Fallen in die Brust herein.
Schnee im Märzen,
Schmerz im Herzen,
Er zergeht am Sonnenstrahl.

Liebe.

Aus Schaum ist sie entsprungen,
Mit Schaum will sie uns nähren,
Wie Schaum muß sie zerfließen.

So laßt uns denn die Schäume,
Eh' sie zu Wasser werden,
In vollen Zügen schlürfen!

Ihr preist ja den Champagner
Je flüchtiger er schäumet:
Was wollt ihr von der Liebe?

Rosenknospe und Thautropfen.

So oft ich einen Tropfen Thau
Seh' an der Rosenknospe hangen,
Erkenn' ich meiner Liebe Bild:

Die Rosenknospe bist du selbst,
Die, kalt und starr, vor jedem Strahle
Der Sonne noch das Herz verschließt;

Ich aber bin der Tropfen Thau,
Der, weil dein Herz ihm ist verschlossen,
Sich in der Sonne Brand verzehrt.

Frühling der Liebe.

Draußen tobt der böse Winter,
Und die Blumen, die er knickte,
Malt er höhnisch an die Fenster
Mir in bleichen, starren Bildern.
Winter, stürme nur und brause!
Machst mich doch nicht mehr erzittern;
Denn aus meines Herzens Grunde
Lass' ich einen Frühling sprießen,
Den der Schnee nicht kann bedecken,
Den das Eis nicht macht gefrieren:
Einen Frühling, dessen Sonne
Ist das Auge meiner Liebsten,
Dessen Luft und Duft ihr Odem,
Dessen Rosen ihre Lippen —
Und ich schweb' als junge Lerche
Drüberhin mit meinen Liedern.

Ein Rosenblättchen zwischen zwei Lippen.

Ein junges Rosenblättchen,
Der Knospe kaum entwunden,
Will gar sich unterfangen,
Mit deines Mundes Röthe
Sich prahlend zu vergleichen.

Da kommen die Zephyre
Und blasen es herunter
Und tragen es gerade
Auf deine Purpurlippen,
Wo es in Schimpf und Schande
Sich büßend muß verzehren.

Amor's Feder.

Jüngst sah ich einen Knaben
Mit rosenrothen Flügeln
An einem Rohre schnitzen.
Dacht' ich: 's ist eine Feder,
Und bat darum den Kleinen.
Er warf sie mir entgegen
Grad' auf die Brust und lachte.
Was hat er denn zu lachen?
Fragt' ich mich selbst und setzte
Mich nieder, um zu schreiben
An meine gute Mutter.
Doch ach, die arge Feder!
Ich kann kein andres Wörtchen
Damit als Liebe schreiben,
Und immer wenn ich schreibe,
Denk' ich an schmucke Mädchen.

Amor in einer Rosenknospe.

Frau Venus wollte neulich
Ihr loses Söhnchen schlagen;
Da ist er ihr entlaufen
Und hat sich still gekauert
In eine Rosenknospe.
„Kommt", ruft er, „kommt, ihr Mädchen,
Und pflückt euch eine Rose!"
Und eine, selbst ein Röschen,
Brach sich die Blum' und steckte
Sie an den kleinen Busen.
Das ist ihr schlecht bekommen!

Denn Amor, ohne Bogen
Und Pfeile, rupft ein Dörnchen
Sich von dem Rosenstiele
Und sticht damit die Arme,
Daß sie es viele Sommer
Noch wird im Busen fühlen.

Amor's Fangeball.

Amor wollte Fangebällchen
Neulich mit den Nymphen spielen.
Diese ließen Knabenherzen,
Die in Träumen sie gestohlen,
Durch die Lüft' als Bälle fliegen.
Amor hatte nichts zu werfen;
Alsobald sandt' er die Blicke
Durch die weiten Himmelsräume,
Und das erste, was er sahe,
War der Weltkreis, welcher ruhte
In des Götterkönigs Rechten.
Amor zielt' und traf die Kugel
Grade durch die beiden Pole,
Daß sie flugs vom hohen Aether
Niederfiel zu seinen Füßen.
Jetzt, ihr Nymphen, kann er spielen!

Amor ein Schmetterlingsfänger.

Ich fange Schmetterlinge
Zu meinem Zeitvertreibe.
Wo aber soll ich alle
Die bunten Thierchen lassen?
Ich werfe gleich die Pfeile
Heraus aus meinem Köcher
Und lasse sie indessen
Im hohen Grase liegen.
Und wenn die Schnitterinnen
Mit bloßen Füßen kommen

Heut Abend von der Wiese,
So sollen sie sich ritzen;
Denn meine Pfeile dürfen
Mir nimmer müßig liegen.

Amor ein Schneider.

Amor ist ein Schneider worden,
Näht die ersten runden Mieder
Für die jungen Erdentöchter,
Näht hinein viel kleine Seufzer,
Viele leise, blöde Wünsche,
Bange Neugier, scheue Lüstchen
Und viel Süßes, Namenloses.
Manche Nadel bleibt zerbrochen
Zwischen Zeug und Futter sitzen,
Die nachher den Busen stachelt
Und das Herz lebendig kitzelt.
Auch manch Tröpfchen seines Blutes
Läßt der Gott aus Nadelwunden
In das weiche Linnen fallen.
Hütet euch vor solcher Waare;
Denn die rothen Tropfen brennen
Unaufhaltsam, unerlöschlich
Sich durch Adern, Fleisch und Nerven
Bis ins tiefste Herzensgrübchen!

Amor ein Bettler.

Verbannet aus dem Himmel
Um seine losen Streiche,
Muß Amor hier auf Erden
Verstohlen betteln gehen.
Er klopft an alle Herzen
Und bettelt um ein Stübchen;
Er schaut in jedes Auge
Und bettelt um ein Flämmchen;
Er geht an alle Lippen
Und bettelt um ein Küßchen.
Ach, wenn von allen Mädchen

Ihm eine, die ich meine,
Die milden Gaben gäbe,
So würd' er seinen Himmel
Auf Erden wiederfinden!

Amor ein Sprachlehrer.

Amor ist ein Sprachverderber,
Wortverdreher, Lautverwirrer,
Der beim großen Thurm zu Babel
Schon die Händ' im Spiele hatte.
Wenn ich weine, raunt er leise
Mir ins Ohr etwas von Wonne;
Wenn ich schmachte, läßt er dennoch
Reden mich von Seligkeiten.
In dem lauten Schwarm der Feste
Muß ich, diesem Lehrer folgend,
Sagen, daß ich einsam stehe;
Und im einsam stillen Haine
Darf ich mich allein nicht nennen.
Bittersüß und lieblichherbe,
Grausam mild und labend schmerzlich —
Solche Reden hat er viele,
Stehn in seinem Wörterbuche,
Das die größten Sprachgelehrten
Mir nicht auszudeuten wagen,
Und mit dem ich alle Tage
Mehr mein bischen Deutsch verlerne.

Die Schlummernde.

Mein Mädchen war entschlummert
In einer Rosenlaube;
Da sandt' ihr gleich Cupido
Ein Heer von Liebesgöttern:
Der schlug die goldnen Flügel,
Die Wangen ihr zu kühlen;
Der band sich Myrtensträuße,
Die Mücken wegzujagen;
Und andre winkten drohend

Den Vögeln in den Lüften,
Die sie erwecken wollten
Mit fröhlichen Gesängen.
O nektarsüßer Schlummer,
Wie hingest du voll Liebe
So wohlgefällig lächelnd
An ihren Augenwimpern!
Und Amoretten blickten
Mit großen Flammenaugen
Aus ihren blonden Locken
Und ließen Pfeil' auf Pfeile
Wie spielend um sich fliegen;
Und doch, ihr kleinen Schützen,
Auch spielend mit dem Bogen
Habt ihr mein Herz getroffen!

Anmerkungen.

S. 95: „Die Möve." — Die interessante Erscheinung aus der Thierwelt, welche diesem Liede zum Grunde liegt, kann man am besten in den Abendstunden von dem waldigen Vorgebirge Granitzort oder Kiköver (d. h. Kucküber, nicht Kikufer, wie einige es falsch übersetzen) auf der Ostküste Rügens, zwischen dem Putbussischen und Mönkgut beobachten.

S. 96: „Der Feuerstein." — In den berühmten Kalkfelsen der östlichen Halbinsel Rügens, Jasmund, von Saßnitz bis Stubbenkammer, finden sich sehr häufig größere und kleinere schwarze Feuersteine mit Kreide kandirt, die sich wie Zuckerguß um den festen Kern gelegt hat.

S. 97: „Eiersteine." — Runde oder eiförmige Steine, wie sie vorzüglich unten am Strande der Kreidefelsen von Stubbenkammer von den Reisenden gesucht werden, um sie als Briefbeschwerer zu gebrauchen.

S. 98: „Die Steine und das Herz." — Binnenwasser und Binnensee nennt man das zwischen die Halbinseln und Vorsprünge Rügens einströmende Meerwasser, oft sehr schmal und seicht bis zum Durchwaten.

S. 98: „Der Schiffer auf dem Festlande." — Die Ausfahrt zum Heringsfang ist ein festlicher Tag für die Fischerdörfer.

S. 99: „Der Gang von Wittow nach Jasmund." — Wittow, die nördliche Halbinsel Rügens, eine fruchtbare Ebene und besonders weizenreich, erhebt sich nur in ihrem nordöstlichen Vorgebirge Arkona. Mit Jasmund hängt sie zusammen durch die schmale Heide, einen langen unfruchtbaren Sandstrich, der nicht breiter ist, als daß man nicht an mehrern Stellen das Meer zu beiden Seiten des Wegs sehen und hören könnte. Dieses hat den ganzen Strich mit Steinen übersäet, die es bei Stürmen auswirft.

S. 99: „Der Seehund." — Mönkgut, die südöstliche Halbinsel Rügens, merkwürdig durch ihre Bewohner, die sich durch äußere Bildung, Mundart, Sitte und Tracht von den Rügianern auf das bestimmteste unterscheiden und sich auch nie mit diesen durch Heirathen und Verschwägerungen vermischen. Wahrscheinlich bezeichnet der Name Mönkgut: Gut der Mönche, der ehemaligen Besitzer dieser Halbinsel, nämlich der Mönche von Kloster Eldena bei Greifswald, welche ihren Grund und Boden mit deutschen Ansiedlern bevölkerten. Daher der alte Zwiespalt der slawischen Rügianer und der deutschen Mönkguter. Alle Mönkguter sind Fischer, Schiffer und besonders tüchtige Lootsen. Wenn ein Seehund (Sahlhund) in ihre Netze bricht und die gefangenen Fische verzehrt, so rotten sich alle männliche Bewohner des Dorfs zusammen, und ehe sie zum Angriffe abrudern, tanzen sie am Strande im Kreise umher und singen dazu:

Hahl mi den Sahlhund ut'n Stromme to Lanne;
Hi hett mi all de Fisch upfräten,
Hett mi't ganze Nett terräten;
Hahl mi den Sahlhund ut'n Stromme to Lanne.

S. 100: „Einkleidung." — Die Nationaltracht der Mönkguterinnen, größtentheils von schwarzem Stoffe und ehrbarer Steifheit, wird ihnen an einem bestimmten Tage feierlich angezogen. Daher das Auffallende in dem schnellen Uebergange des Kindes zur Jungfrau.

S. 100: „Bräutigamswahl." — Die Erbtöchter auf Mönkgut wählen, oder wählten wenigstens vor Jahren sich ihren Bräutigam selbst. Zu diesem Behufe ward eine Schürze aus dem Fenster des Hauses der Heirathslustigen herausgehängt. Auf dieses Zeichen zogen die jungen Bursche des Dorfs oder der ganzen Halbinsel vorüber, und die Erbtochter ersah sich einen derselben zu ihrem Eheherrn. Diesem schickte sie in der folgenden Nacht ein seidenes Tuch zum Pfande ihrer Wahl; die Annahme desselben war sein Jawort.

S. 101: „Die Braut." — Die Bräute werden als solche durch eine blaue Schürze bezeichnet. Die Witwen sitzen in der Kirche auf eigenen kleinen Schemeln niedergeduckt. Mehr über dieses merkwürdige Völkchen vgl. in J. J. Grümbke's „Darstellung von Rügen" (Berlin 1819), II, 10 fg. und 66 fg.

S. 102: „Vineta." — Die Volkssage von der alten prächtigen Stadt Vineta, die zwischen Pommern und Rügen in das Meer gesunken sein soll, ist um so poetischer, je weniger das Dasein derselben geschichtlich zu erweisen ist. Die Schiffer hören die Glocken derselben aus dem Grunde des Meeres heraufklingen, und das Widerscheinen ihrer Zinnen auf dem Wasserspiegel nennen sie das Wațeln, eine nordische Fata Morgana.

S. 102: „Das Hünengrab.“ — Die Hünengräber auf Rügen liegen fast alle auf den schönsten, höchsten, weit umschauenden Plätzen. Daher vielleicht die Sage, daß jene Gräber sich alle hundert Jahre einmal öffnen, um ihre Inhaber in die freie Welt hinausschauen zu lassen.

S. 103: „Der Adler auf Arkona.“ — Arkona, Wittows Vorgebirge, die nördlichste Spitze des deutschen Vaterlandes.

S. 113: „Morgengruß aus Luisium.“ — Luisium heißt ein herzoglicher Garten bei Dessau, in welchem der Dichter im Sommer 1826 der Gnade seines Fürsten eine schöne Wohnung verdankte.

S. 113: „Der Rosenstrauch.“ — In Luisium steht ein Rosenstrauch, welchen die frühvollendete Prinzessin Auguste, Tochter des Herzogs Leopold Friedrich und der Herzogin Friederike, geb. Prinzessin von Preußen, kurz vor ihrem Tode gepflanzt hat.

S. 115: „Bei Ueberreichung eines silbernen Bechers an einen Jubellehrer.“ — Der Jubilar, an welchen dieses und das folgende Gedicht gerichtet sind, war ein verdienter Lehrer an der herzoglichen Hauptschule zu Dessau, Namens Bornemann.

S. 120: „An Friedrich Schneider.“ — Johann Christian Friedrich Schneider, geb. 1786, gest. 1853 als Hofkapellmeister in Dessau, Componist zahlreicher geistlicher Musikwerke, unter denen das Oratorium „Das Weltgericht“ am bekanntesten geworden. Das ihm gewidmete Gedicht wurde nach der ersten Aufführung seines Oratoriums: „Die Sündflut“, am 2. November 1824 von einem Kreise seiner Freunde gesungen.

Druck von F. A. Brockhaus in Leipzig.

Bibliothek

der

Deutschen Nationalliteratur

des

achtzehnten und neunzehnten Jahrhunderts.

Gedichte

von

Wilhelm Müller.

Mit Einleitung und Anmerkungen

herausgegeben

von

Max Müller.

In zwei Theilen.

Zweiter Theil.

Leipzig:

F. A. Brockhaus.

1868.

9468
24/11/90

Inhalt des zweiten Theils.

Gedichte.

Zweiter Theil.

Die Monate.

Florenz, im September 1818.

An Ludwig Sigismund Ruhl.

Ich zog mit dir aus Romas heil'gen Mauern,
Den Rücken jenen Fluren zugewendet,
Wo sich der Himmel nimmer müde spendet
Mit seines Füllhorns frischen Blumenschauern.

Da faßte plötzlich dich ein heißes Trauern,
Das über ihren Strom dir nachgesendet
Die Stadt, der du, ich weiß nicht was, verpfändet;
Ich hörte deine Seufzer mit Bedauern.

Germania, mach' auf dich ohne Weilen,
Geschmückt mit aller deiner Reize Waffen,
Den hart gefeiten Flüchtling zu begrüßen;

Heiß' der zwölf Monde Schar voraus dir eilen,
Und was ein jeder Bestes kann erschaffen,
Leg' er als Angebind' ihm gern zu Füßen!

Januar.

Ich bringe dir in weißen, kalten Händen
Ein warmes Haus, erhellt von tausend Kerzen,
Bewohnt von bunten Spielen, Tänzen, Scherzen,
Von Amoretten auch, die Pfeile senden.

Sie flattern auf und ab an allen Enden;
Die Jungfrau schaut besorgt nach ihrem Herzen,
Die andre schon nach einem, der den Schmerzen
Der Wunde möchte süßen Balsam spenden.

Als hülfreich hab' ich immer dich erfunden,
Vor allem, wo es gilt den schwachen Schönen:
Drum, denk' ich, wird sie nicht bis morgen klagen;

Bald sind verrauscht des Festes heiße Stunden,
Schon hör' ich Hufschlag vor dem Thore dröhnen —
Reich' ihr den Arm und führe sie zum Wagen!

Februar.

Erkennst du mich in meinem bunten Kleide,
Mit meiner Pritsche, meinem Schellenhut,
Mit meinem unermüdlich krausen Muth
Voll Scherz und Rank und Witz und Schadenfreude?

Doch zapft man hier, zu meinem großen Leide,
Mir jährlich ab ein Becken wildes Blut;
Humanitas meint es mit mir nicht gut
Und schwärzt mich an mit unhumanem Neide.

Ich darf nicht mehr frei durch die Straße wandern,
In enge Säle schließen sie mich ein
Und wollen gar, ich soll vernünftig sein.

Wie thut mir's weh um dich vor allen andern!
Ich möchte gern dich römisch-lustig sehn,
Und müßt' ich selbst dabei zu Grunde gehn.

März.

Mit einem Strauß von Blumen, die mit Schneee
Die kleinen weißen Kelche gern bedecken,
Möcht' ich wie sie mich deinem Blick verstecken,
Weil ich allein so ärmlich vor dir stehe.

Wohin ich auch nach bessern Gaben spähe,
Nur Keim und Knospe find' ich aller Ecken;
Wol möcht' ich Laub und Blüte dir erwecken,
Doch fürcht' ich sehr, mein Hauch thät' ihnen wehe.

So nimm denn, was ich bringe, als zum Pfande
Der schönen Zeit, die ich nur darf verkünden,
Daher sie mich den Mond der Hoffnung nennen;

Und wann der Wonnemond regiert im Lande,
Wirst du Erfüllung auf den Fluren finden
Und ungelöscht soll dir kein Wunsch verbrennen.

April.

Leichtsinnig, launig, neckisch, ausgelassen,
Wandl' ich in jeder Stunde Leib und Sinn;
Kaum weiß ich selbst, wie ich beschaffen bin:
Wie sollen mich die fremden Leute fassen?

Hier werf' ich einen Schneeball durch die Gassen,
Dort schweb' ich blau in jungen Düften hin;
Bald streich' ich sanft der Schönen weiches Kinn,
Bald sagen sie, ich wäre grob im Spaßen.

Gern wollt' ich dir noch vieles von mir sagen,
Doch drückt mich des Sonettes enges Band,
Das mir die Muse um den Mund geschlagen.

Sie sprach: Ich kenne dich als ungezogen;
Und jener Herr hat in dem welschen Land
Der besten Sitt' als Cavalier gepflogen.

Mai.

Ich möchte schweigend, Lieber, dich umfangen,
Gehüllt in süße, bange Dämmerungen;
Es wird so viel zu meinem Preis gesungen,
Daß mir die Lust am Liede fast vergangen.

Wärst du so heiß von seligem Verlangen
Wie eine Lilie, deren weiße Zungen
Den langen Tag nach kühlem Trost gerungen,
Bis daß sie müd' und matt zur Erde hangen:

Komm her zu mir, ich gebe dir zu trinken,
So viel du magst, mein treuer deutscher Zecher,
Aus meinem bodenlosen Liebesbecher!

Siehst du die hellen Thauestropfen blinken
Dort an den Lilien in der Morgensonne?
Wie mäßig schaltet ihr mit meiner Wonne!

Juni.

Ich trag' ein Kleid von weichen Rosenherzen,
Ich schlaf' in einem Bett von Rosenduft,
Bis mich der rosenrothe Morgen ruft,
Ein Stündlein in den Knospen zu verscherzen.

Der Mittag liebt ein herzlicheres Herzen,
Dringt heiß bis in des Kelches tiefste Kluft;
Da fliegt manch Rosenblättchen durch die Luft
Und seufzt von bittrer Lust und süßen Schmerzen.

Der Abend kommt, den Blumen Trost zu geben,
Die matt und blaß in seinem Thau sich baden,
Bis allen ihren Zorn sie ausgekühlt.

Behagt dir, Freund, dies rothe Rosenleben,
So sei von mir auf morgen eingeladen;
Denn alle Tage wird solch Spiel gespielt.

Juli.

Auf kühlen Bergen, an des Meeres Strande,
Ist dir ein heitrer Gartensitz bereitet,
Nicht allzu eng', auch nicht zu weit verbreitet;
Man liebt sich einzuschränken auf dem Lande.

Ein junger Quell im Bett von weichem Sande
Ist zierlich durch die Gänge hingeleitet,
Bis er betrogen in ein Becken gleitet,
Das ihm versteckt der Blumenhain am Rande.

Da muß er, eingezwängt in schlanker Säule,
Aufsteigen aus dem runden Marmormunde
Und auf der Höhe sich in Schaum zerstäuben.

Das Moosbett winkt zu mittäglicher Weile;
Es schlummert alles, nur im klaren Grunde
Seh' ich die goldnen Fischlein Spiele treiben.

August.

Wann durch das Feld die blanken Sensen klingen,
Wann sich die hohen goldnen Halme neigen,
Wann um den Aehrenkranz in wilden Reigen
Die Schnitter mit den Schnitterinnen springen:

Dann will ein jeder um die Stirne schlingen
Ein buntes Band und sich als Mäher zeigen;
Wer ist so arm, daß er sich nicht zu eigen
Ein Saatenfeld und Samen könnt' erringen?

Die Hoffnung pflügt für alle das Gefilde,
Und flinke Wünsche streun mit vollen Händen
Die Körner in den weichen Schos der Erden.

Dir ist das Jahr mit den zwölf Monden milde,
Drum will ich dir die schärfste Sichel spenden,
Die nimmer stumpf soll in der Ernte werden.

September.

Ich grüße dich mit hellem Waldhornklange.
Hirschfänger, Büchse, Netz und grünes Kleid,
Ein Roß, zu jedem kecken Sprung bereit,
Verehr' ich dir und wünsche Glück zum Fange.

Frisch auf! Um das Revier sei mir nicht bange;
Ich habe Eichenwälder tief und breit,
Mit Bahnen rings durchhauen für die Waid,
Und Hirsch' und Rehe, wie ich sie verlange.

Den Hut geschmückt mit einem grünen Reise,
Die Hände purpurroth von edlem Schweiße,
Die Wagen krachend unter ihrer Last:

So ziehe heim mit deinen Jagdgesellen, —
Wenn du nicht erst ein Wort noch zu bestellen
Hier bei der schönen Försterstochter hast.

October.

Vom alten Rhein siehst du daher mich schweben
Auf einem kühlen klaren Mondenstrahl,
Mit einem vollen schäumenden Pokal,
Die heiße Stirn umweht von frischen Reben.

Es wogt ein unergründlich tiefes Leben
In meiner Beere güldenem Krystall;
Willst du's entfesseln, laß in hellem Schall
Zwei Bruderbecher aneinanderbeben:

Und unterthänig diesem Zauberklange
Schwingt flugs ein unzählbares Elfenchor
Aus Silberperlen sprudelnd sich empor;

Den Rand umhüpfen sie in buntem Drange
Mit Spieß und Degen, Saitenspiel und Kranz,
Bockshorn und Eulenohr und Drachenschwanz.

November.

Zu rechter Zeit hab' ich dir's angesehen,
Daß du, auf Tanz und Jagd und Becherklingen,
Verlangen fühlst nach würdigeren Dingen,
Womit ich gleich dir kann zu Diensten stehen.

Durch Leipzigs volle Laden ging ich spähen,
Was uns die deutschen Pressen Neues bringen;
Die Bogen, die noch auf den Seilen hingen,
Sie mußten ungetrocknet mit mir gehen.

Sparöfen kauft' ich auch, und Sorgenstühle,
Kaffee, und Knaster von der besten Sorte,
Und lange runde Bernsteinpfeifenspitzen.

Entreiß dich, Freund, dem eiteln Weltgewühle;
Ich führe zu der Weisheit heil'gen Pforte
Die Jünger, ohne sehr sie zu erhitzen.

December.

Mit Peitschenknall und lautem Schellenklange
Meld' ich mich dir, und schüttle weiße Flocken
Durch alle Straßen hin aus meinen Locken;
Dich, hoff' ich, macht das Ungethüm nicht bange.

Es schnaubt der Renner an des Schlittens Stange,
Das blanke Halsband schütteln deine Doggen,
Die Dame hüllt in warme Flaumensocken
Den zarten Fuß und denkt: Er bleibt so lange!

Was zauderst du? Sitz auf, mein Freund, geschwinde!
Und sei mir auf der Fahrt nicht zu verwegen,
Muß ich im Namen deiner Schönen bitten;

Den süßen warmen Odem wehn die Winde
Und manche weiche Locke dir entgegen:
Halt kurz das Roß und sieh auf deinen Schlitten!

Epigramme aus Rom.

1818.

1. Früher Lenz in der Campagna di Roma.

Wahrlich, hier muß ich den Lenz als kecken Gesellen begrüßen,
Wie er sein lustiges Zelt in der Campagna bewohnt,
Das er aus Düften sich bauet, das leichte Zephyre bewachen,
Und zu Gaste darin Amor, das zärtliche Kind.
Und auf den Bergen umher da lauert der tückische Winter
Noch in dem Panzer von Eis, jeglichem Kampfe bereit;
Mit ihm die wüthenden Heere der Stürme, die Hagelgeschütze;
Klein ist der Weg nur herab, Boreas' Fittich so schnell.
Amor, du liehest gewiß dein Augenbindchen dem Wirthe,
Daß er die Feinde nicht merkt, bis er am Ohre sie fühlt.

2. Freies Leben.

Rasch aus der Stube die Kleinen! Was sollen sie heut in der Wiege?
Dumpfig und finster ist die, draußen ist's heiter und warm.
Lieget im Rasen, ihr Lieben! Welch schwellendes, duftiges Bette!
Schatten die Fülle für euch bietet das Myrtengebüsch. —
Wie ihr die Kinder gewöhnt, so treiben's die Großen. „Behüte
Mich vor der Stube, o Herr!" ist ein romanisch Gebet.

3. Himmel und Erde.

Sieh, wie der Himmel so nahe mit klarer und wonniger Bläue
Ueber den Pinien ruht, möchte noch tiefer herab;
Aber die Erde sie streckt ihm entgegen die Arme voll Sehnsucht,
Und nach dem Himmel mit Lust ringt sich die keimende Welt.
Schmächtige Rebe, wohin? Schon erfaßt sie den Gipfel der Ulme;
Daß sie nicht höher noch kann, senket sie traurig das Haupt.

---

4. Lebensfülle.

Hinter den hangenden Ranken des Epheus, unter der Grotte
Lauert die Nymphe; sie neckt gerne den Wanderer hier,
Ihn mit der marmornen Schale begrüßend, und lustige Sprudel
Gießt sie ihm über die Stirn, will er sich netzen den Mund. —
Also sprudelt das Leben in Rom. Ihr mäßigen Weisen
Nippet nur immer daran, aber es wäscht euch den Kopf!

---

5. August.

Ueber die Dächer erhebt sich die Sonne und spiegelt im Fenster
Unserer Nachbarin sich. — Schließe die Laden, mein Kind;
Denn es beherrschet den Himmel der grimmige Löwe, der sendet
Giftige Pfeile herab, zückend durch Fenster und Thor! —
Aber bald wachsen die Schatten, umfächelt von kühlenden Lüften,
Sieh, und der stolze Tyrann stürzt in die Fluten des Meers.
Rasch nun öffnet die Schöne den Laden, und hell aus dem Vorhang
Schaut sie herüber und nickt Glücklichen Abend! mir zu. —
Glücklichen Morgen! so grüß' ich zurück. Dein Auge beherrsche,
Tag mir gewährend und Nacht, mild mich im harten August!

---

6. Amor ein Cicerone.

Briten die sah ich in Rom, auch Deutsche, die auf den Ruinen
Taschen und Tücher sich vollsteckten mit Ziegeln und Kalk.
Schwerstein nennen sie das, und es dient zur Zierde dem Schreibtisch,
Wenn es geformt und polirt ruht auf dem leichten Papier. —

Lasset die Steine den Steinen; sie werden den classischen Trägern
Herzen und Köpfe daheim drücken so krumm und so dumm.
Athm' ich nur classisches Leben, so schweb' ich am Arme Cupido's
Ueber die Trümmer und er ist Cicerone bei mir.

7. Die heilige Stadt.

Kinder bemerkt' ich in Rom in Petri prächtigem Dome
Hinter den Kerzen sich herschleichen in emsiger Lust
Und von dem Boden das Wachs, das heruntergetröpfelte, schaben
Draußen verkauften sie es, nannten es heiliges Wachs. —
Kannst du mir deuten dies Bild, dann kennst du die heilige Roma
Innen und außen fürwahr; reise nach Hause, mein Freund!

8. Der kolossale Tibris.

Eures vergötterten Stromes Koloß wo ist er geblieben,
Romulus' Volk? — In Paris ließ ihn Canova zurück. —
Aber was bracht' er zum Tausche dafür von dem Strande der Seine? —
Feinen polirten Geschmack, und Complimente dazu.

9. Zueignung.

Blumen, hesperische, pflückt' ich für dich; die send' ich getrocknet
Zwischen dem schwellenden Moos, liebliche Freundin, zu dir.
Sind sie dir lieber im Strauße, so binde sie sinnig zusammen
Und die Devisen dazu, die ich als Hülle gebraucht.

Lieder aus dem Meerbusen von Salerno.

Meeresstille.

Wirf Rosenblätter in die Flut,
Sie ist so spiegelglatt:
Ich fische sie mit meinem Hut
Und küsse jedes Blatt.

Und streust du Blätter auf das Meer,
Und schaust du selbst hinein:
Dann schwimmen zwischen ihnen her
Vier volle Röselein.

Die Wangen und die Lippen dein,
Sie mein' ich alle vier.
Ach, schwämmen diese Röselein
Doch auch heran zu mir!

Die Meere.

Alle Winde schlafen
Auf dem Spiegel der Flut;
Kühle Schatten des Abends
Decken die Müden zu.

Luna hängt sich Schleier
Ueber ihr Gesicht,
Schwebt in dämmernden Träumen
Ueber die Wasser hin.

Alles, alles stille
Auf dem weiten Meer. —
Nur mein Herz will nimmer
Mit zur Ruhe gehn;

In der Liebe Fluten
Treibt es her und hin,
Wo die Stürme nicht ruhen,
Bis der Nachen sinkt!

Das flotte Herz.

Wann's im Schilfe säuselt,
Wann die Flut sich kräuselt,
Wird mir flott das Herz,
Möcht' aus der Brust mir fliegen,
Möcht' auf den Wogen sich wiegen,
Unter sich tauchen in Lust und in Schmerz.

Fischerin, du kleine,
Schiffe nicht alleine
In das große Meer!
Hinter dir hergezogen
Kommt schon mein Herz durch die Wogen:
Fischerin, sind deine Netze noch leer?

Nimm's in deinen Nachen,
's wird nicht schwer ihn machen,
's ist ja nichts darin
Als nur du selber alleine,
Leichte, lustige Kleine,
Du mit dem windigen, flatternden Sinn!

Das Bad.

Sie ist ins Meer gegangen —
Wie wird so roth das Meer!
Wird's roth von ihren Wangen?
Wird's roth vom Himmel her?

Wie glühen meine Wangen!
Ist's Glut vom Himmel her?
Ist's Glut, die mein Verlangen?
Entsog dem tiefen Meer?

Im Schilfe hör' ich's rauschen.
Ist es der Abendwind?
Ich möchte gehn und lauschen,
Und bebe wie ein Kind.

Ich möcht' vom höchsten Baume
Mich stürzen in die Flut;
Ich möchte zu weichem Schaume
Verspülen meine Glut:

Und du, o Meer, kannst liegen
So ruhig und so kalt,
Und darfst dich schlingen und schmiegen
Um sie mit Allgewalt!

Die Schiffer.

Von allen stolzen Flaggen,
Die auf dem Meere wehn,
Will ich nicht mehr als eine,
Die kleine weiße, sehn.

Die Flagge sei der Schleier
Von meiner Liebsten Haupt;
Den schlingt sie um das Steuer,
Wann sie mich nahe glaubt.

Dann stech' ich durch die Wogen
Dem kleinen Boote nach;
Die Fluten spritzen und schäumen
Von meinem Ruderschlag.

Und sieh, es flieht der Nachen
Vor dem Korsaren nicht;
Sie rudert ihm entgegen
Mit lachendem Gesicht.

Ich hebe meine Beute
In meinen Kahn geschwind:
Nun schaukl' uns fort die Woge,
Nun wieg' uns ein der Wind!

An meinen Kahn gebunden
Zieht ihrer hinterdrein;
Und finden wir noch zwei Lieben,
Die nehmen wir hinein

Und schiffen nach der Insel —
Sie ist der Reise werth —,
Wo man von Lust und Liebe
Sein Lebenlang sich nährt.

Schifferreigen.

Erster Schiffer.

Es kommt ein Fink geflogen
Des Morgens über Meer,
Der bringt mir Grüß' und Lieder
Von meinem Liebchen her.

Wenn ich ein Vogel wäre,
Stellt' ich das Schiffen ein;
Und wenn ich wär' kein Schiffer,
Ein Schwimmer müßt' ich sein.

Zweiter Schiffer.

Ich lass' mein Schifflein treiben
Hinauf, hinab die Flut;
Ob Wind und Woge schlafen,
Das Schiff sich nimmer ruht.

Gib mir mein Ruder wieder
Und laß das Spielen sein,
O Diebin, oder nimm mich
In deinen Nachen ein!

Dritter Schiffer.

Es kommt ein Schwan gezogen
Des Abends auf der Flut.
Ich will am Strande liegen,
Es träumt sich da so gut.

Es schwimmen auf den Wogen
Viel Schiffe groß und klein:
Ich kann nicht mit euch fahren,
Mein Nachen sank mir ein!

Schifferin.

Ich bin zur Welt gekommen
In Wogen und in Wind,
Und Wind und Wogen wiegten
Mich als ein kleines Kind.

Dann bin ich Jungfrau worden,
Bekam ein Herz geschwind,
Und Herz und Jungfrau waren
Wie lauter Wog' und Wind,

Bald klar und still zu schauen,
Bald wieder wild und kraus:
So lock' ich manchen Nachen
Auf Klipp' und Sand hinaus.

Ihr Schiffer, laßt das Singen!
Es geht in Wog' und Wind;
Ihr solltet doch wol wissen,
Was das für Dinge sind!

Doppelte Gefahr.

Ich armer Fischerbube,
Wo soll ich schiffen hin?
Es ist so klein mein Nachen,
So schüchtern auch mein Sinn.

Im hohen Meere draußen
Da sind die Wogen groß,
Da läßt aus Ost und Westen
Der Himmel die Stürme los.

Da jagen die Korsaren
Nach jungem Christenblut,
Da singen die Sirenen
Und locken hinab in die Flut.

Am Ufer sitzt ein Mädchen,
Die hat ein Augenpaar,
Das droht mit Feuerflammen
Mir tödliche Gefahr.

Sie strickt an einem Netze,
Da springt ein Fisch hinein;
In ihres Haares Flechten
Soll ich gefangen sein.

„Du liebliche Sirene,
Sirene von dem Strand,
Laß deine Stimme tönen
Hell über Meer und Land!

„Tief unten in den Fluten
Da ist ein goldnes Haus,
Da ruhn versunkene Schiffer
In weichen Armen aus.

„Auf diesem Liebesmeere
Wo wird die Ruhstatt sein?
Entweder an deinem Herzen,
Ach, oder im Grabe mein?"

Die glückliche Fischerin.

Sie stand im Boot und fischte —
Ich sah's vom Ufer her:
Ins Netz die Fischlein sprangen,
Als ob's zum Tanze wär',
Wollt' keins im Meere bleiben,
Das Netz war viel zu klein;
Sie ließ es sich gefallen
Und dacht', es muß so sein.

Sie stieg aus ihrem Boote;
Am Strande blieb sie stehn.
Da schwoll das Meer und wogte,
Als möcht' es mit ihr gehn,
Und Muscheln und Korallen
Trieb es ihr hinterdrein;
Sie hob sie auf vom Boden
Und dacht', es muß so sein.

Ich armer Hirtenbube,
Was frommt mein Werben mir
Mit Blumen und mit Bändern?
Die Welt gehöret ihr.
Ihr schlagen alle Herzen,
Und wären sie von Stein;
Sie nimmt's wie Wogenrauschen
Und denkt, es muß so sein.

Könnt' ich ihr selber bringen
Der Sterne Silberlicht,
Des Himmels Abendbläue,
Was Neues wär' es nicht;
Sie hielt' es vor die Augen
Und spräch': „Es ist ja mein",
Vergäße mir zu danken
Und dächt', es muß so sein.

Was frommt dein blödes Klingen,
Mein kleines Saitenspiel?
Ist auch ihr Fenster offen,
Sie hört dich doch nicht viel
Vor Hörnern oder Pfeifen,
Vor Flöten und Schalmein;
Sie tanzt dazu den Reigen
Und denkt, es muß so sein.

Die Muscheln.

Die letzten Meereswellen
Verschäumen um den Strand,
Und bunte Muscheln streuen
Sie auf den bleichen Sand.

Ein kleines Fischermädchen,
Zum Küssen groß genug,
Kam flink daher gegangen,
Ein Netz am Arm sie trug.

Und von den weißen Füßen
Band ihre Sohlen sie
Und gürtete das Röckchen
Sich auf bis an das Knie.

So fing sie an zu waten
Hinein in Schaum und Sand
Und suchte bunte Muscheln
Sich auf dem nassen Strand.

Sie warf sie in ihr Netzchen,
Bis daß es überquoll,
Dann nahm sie auf ihr Röckchen
Und las den Schos sich voll.

Gleich ward das Meer lebendig,
Als hätt' es Fleisch und Blut;
Je mehr sie hub das Röckchen,
Je höher stieg die Flut.

Da fing sie an zu schreien
Und ließ die Zipfel los,
Und alle Muscheln fielen
Aus ihrem vollen Schos.

Ich trug sie aus den Wellen
Heraus in flinkem Lauf;
Ich fischt' ihr aus dem Wasser
Die Muscheln wieder auf

Und wollte dann sie werfen
In ihres Röckchens Schos;
Sie aber hielt das Netzchen
Mir hin und thät sich groß.

„Was soll ich mit dem Netze?
's geht keine mehr hinein.
Ich bin ja keine Welle —
Du sollst nicht wieder schrein.“

Sonnenschein.

Wenn auf der spiegelklaren Flut
Der goldne Strahl der Sonne ruht,
Springt 's Fischlein selig in die Luft
Und schnappt nach rothem Abendduft,
Und es kräuseln sich plätschernd die Wogen.

Wenn ich dein helles Auge seh',
Wird 's Herz mir in der Brust so weh
Und möcht' mit einem Sprung heraus
Aus seinem stillen, dunkeln Haus,
Sich zu sonnen in deinen Strahlen.

Dein liebes Antlitz merkt es nicht,
Es scheint, so wie der Sonne Licht,
Ob es auf Wogenspiegeln ruht,
Ob unter ihm sich hebt die Flut,
Ob Herzen und Fischlein springen.

Nachtstück.

Es fällt ein Stern vom Himmel,
Ich fing' ihn auf so gern!
„Wohin bist du gefallen,
Du wunderschöner Stern?" —

„Ins Meer bin ich gefallen,
Tief in die schwarze Flut;
Das Leuchten muß ich lassen,
Und in mir brennt die Glut." —

Dianen seh' ich wandeln
Wol über das tiefe Meer.
„Was schleichst du, keusche Göttin,
So traurig hin und her?" —

„Mein Stern ist mir gefallen
Tief in die schwarze Flut;
Heraus möcht' ich ihn ziehen:
Wer sagt mir, wo er ruht?

„Ihr Sternlein, helft mir suchen,
Steigt nieder auf das Meer,
Mit euern Silberlampen
Schwebt leuchtend um mich her!“

Hör' ich die Wogen rauschen,
Mir ist's, als ob es ruft —
Will es empor zum Himmel?
Soll ich hinab zur Gruft?

So trieben's Mond und Sterne
Die liebe, lange Nacht;
Und weil ich nicht kann tauchen,
Hab' ich ein Lied gemacht.

Ständchen in Ritornellen

aus Albano.

Violen und Rosen.

Ich ging ins Feld und wollte Blumen holen,
Da sah ich stehn ein Kind in den Violen
Mit Lippen wie zwei junge Rosenknospen.

Nun waren die Violen gleich verschwunden,
Ich konnte meine Augen nimmer wenden
Von jenen Rosenknospen ihres Mundes.

Und als die Mutter frug: „Wo sind die Blumen,
Daß wir sie morgen mit zu Markte nehmen?“
Sprach ich: „Die Knospen sind noch nicht gesprungen.“

Der Garten des Herzens.

In meines Herzens Mitte blüht ein Gärtchen,
Verschlossen ist es durch ein enges Pförtchen,
Zu dem den Schlüssel führt mein liebes Mädchen.

Es ist April. — Komm, wolle dich nicht schämen
Und pflücke dir heraus die liebsten Blumen;
Sie drängen sich entgegen deinen Händen.

Je mehr du pflückst, je mehr sie wieder sprossen;
Doch willst du unberührt sie blühen lassen,
So werden sie vor ihrer Zeit vertrocknen.

Der Thränenbrief.

Mein Mädchen hat ein Briefchen mir geschrieben
Wol mit der schwarzen Feder eines Raben,
Und hat mit Zwiebelschalen es versiegelt.

Und wie ich nun das Siegel aufgebrochen,
Da fühlt' ich in den Augen solch ein Stechen,
Daß mir die Thränen auf die Wangen flossen.

Ich trocknete die Augen, um zu lesen;
Doch ist das Trocknen ganz umsonst gewesen —
Denn ach, sie schreibt: „Wir müssen Abschied nehmen.“

Blumensprache.

Vor ihrem Fenster stehn viel Nelkentöpfe,
Und will sie, daß zu ihr hinein ich schlüpfe,
Wirft sie herab zwei purpurrothe Knöspchen.

Die purpurrothen Knöspchen wollen sagen:
„Zwei purpurrothe Lippen sind dein eigen,
Komm, komm, und küsse sie zu tausend malen!“

Ich komme schon, will ihnen Küsse geben,
Mehr als die vollsten Nelken Blätter haben,
Und mehr als Neiderblicke mich umspähen.

Die heiße Zeit.

Ach, ach, nun sind vertrocknet alle Quellen!
Wo soll mein Lämmchen seinen Durst denn stillen,
Wenn ihm am Gaum die heißen Gräser brennen?

Ach, ach, nun sitzt mein Mädchen in der Kammer!
Ich schweif' ums Haus und sehe sie doch nimmer,
Und meine Liebe muß vor Durst verschmachten.

Du böse heiße Zeit — was soll das werden!
Kein frisches Hälmchen mehr auf weiter Erden!
Kein Kuß, kein Gruß, kein Blick von meinem Mädchen!

Der Betrogene.

Dein Vater hat verkauft mir Fischernetze,
Doch seine Netze sind zu nichts mir nütze
Und immer leer zieh' ich sie aus den Wellen.

Du hast gewiß das Garn dazu gesponnen;
Das werd' ich nun an meinem Herzen innen
Und fühl' es wohl, wie arg ich bin betrogen.

Die Netze wollen nichts als Herzen fangen,
Und meins fühlt sich so wohlig in den Schlingen,
Daß ich es gar nicht wieder los kann machen.

Der Hyacinthenstrauß.

Geliebtes Mädchen, geh und setz' ins Wasser
Den Hyacinthenstrauß, je eh'r, je besser;
Sonst wird er in der heißen Luft verschmachten.

Wie wagte wol mit meines Herzens Gluten
Augustus jemals um den Preis zu streiten,
Wär' auch Scirocco noch mit ihm verbunden!

Du aber baust mir keine kühle Laube,
In der ausruhen könnte meine Liebe
Beim sanften Mondenschimmer deiner Augen.

Verschiedenes Schicksal der Sänger.

Als ich im Walde neulich bin gegangen,
Hört' ich ein Nachtigallenmännchen singen;
Es rief nach seinem Weibchen voll Verlangen.

Und husch, da kam das Weibchen gleich geflogen
Durch Busch und Dorn und schrie, als wollt' es sagen:
Hier bin ich ja, mein lieber, lieber Vogel! —

Ich Armer singe nun vor deinem Hause
Schon Monde lang der Sehnsucht Klageweise;
Du aber kicherst hinterm Fensterglase.

Der erste Schnee.

Heut Nacht ist auf den Bergen Schnee gefallen,
Drum hat mein Mädchen auch nicht öffnen wollen
Ihr Kammerfenster, als ich unten klatschte.

Kein Stuhl ist vor den Thüren mehr zu finden;
Ich horch' und lausch', und hinter dicken Wänden
Hör' ich ein Schnurren wie von ihrer Spindel.

Nun trägt sie schon ein Tuch auf ihren Ohren.
Ich singe wol; doch sie wird mich nicht hören,
Und Fasten sind dem Lieben anbefohlen.

Eine Nachtigall macht keinen Frühling.

Ich hab' mir eine Nachtigall gezogen,
Die ließ ich heut' an ihre Scheiben fliegen.
Damit sie dächte, Lenz sei vor dem Thore.

Das Vöglein that so wie ich's ihm bestellte,
Sie öffnete das Fenster, wie ich wollte,
Und sah sich um verwundert nach dem Lenze.

Und als sie mich erblickte auf der Gasse,
Da lachte sie und sprach: „Mein Lieber, wisse,
Ein Nachtigallchen kann nicht Frühling machen.“

Die Motte.

Wie eine Motte flattert um die Flamme,
So schwebt auf leisen Schwingen meine Stimme
Um das erhellte Fenster deiner Kammer.

Wird sie die Schwingen sich am Licht verbrennen?
Ich wag' es drauf! Das Wagen hilft gewinnen.
Ich wag' ein Ständchen unter deinem Fenster.

Und wenn du schmälst und rufst wol gar die Mutter,
So reiß' ich alle Saiten von der Zither
Und beiß' ein Stückchen ab von meiner Zunge.

Die Wangengrübchen.

O schelte mich nicht mehr, mein holdes Liebchen,
Wenn ich dir sage, deiner Wangen Grübchen
Sind wie zwei rothe Rosen mir erschienen.

Siehst du die Bienen nicht sie oft umflattern,
Als ob sie Honigseim in ihnen wittern?
Meinst du, daß die sie nicht für Rosen halten?

Und wenn ich selber eine Biene wäre,
So ließ' ich allen Blumen ihre Ehre
Und saugt' aus diesen Rosen nur mein Leben.

Der Gefangene.

An dem Citronenbaum vor deinem Hause
Da hab' ich aufgehängt zu deinem Preise
Mein freies Herz, und lass' es mich nicht dauern.

Siehst du es nicht? Und hast doch selbst die Banden
Geflochten, die so eng es rings umwinden
Und fest es in den grünen Zweigen halten!

Die Vöglein fliegen darauf zu und staunen,
Wie sich solch loser Vogel mag gewöhnen,
So still und steif im Grünen auszudauern.

Der Jungfrau erstes Misgeschick.

Jüngst sang und sprang ich müßig durch die Stube,
Da sprach die Mutter: „Töchterchen, beileibe
Thu das nicht mehr! Bist aus den Kinderschuhen.

„Die Freier gucken schon durch unsre Thüren;
Da muß das kluge Mägdlein hübsch in Ehren
Am Herde stehn und ihre Spindel rühren.“

Ach, und da kommt mein Liebster just gegangen!
Ich will nach meiner Spindel hastig springen,
Und lasse sie gerad' ins Feuer fallen.

Rosensamen.

Ich ging vorüber heut an deinem Fenster
Und zankte mit dem dichten grünen Ginster,
Der dich vor meinen Blicken ganz versteckte.

Da sah ich, wie aus dem Gesträuch geschwinde
Heraus sich streckten deine weißen Hände
Und Wasser niedertroff von ihren Fingern.

Wie gern hätt' ich ein Tröpfchen aufgefangen!
Doch alle hat die Erde gleich verschlungen,
Und morgen werden Rosen aus ihr wachsen.

Das Mädchen und der Rosenstock.

Ei, Mütterchen, warum gibst du denn nimmer
Dein schönes Kind heraus aus deiner Kammer?
Es spinnt doch lange schon am Hochzeitlinnen.

Ein Mädchen ist ja auch kein Rosenstöckchen,
Das man so lange stellt ins Fenstereckchen,
Bis aufgebrochen sind die letzten Knöspchen.

Gelt, möchtest wol hier hinter deinen Scheiben
Das schöne Stubenblümchen immer haben,
Damit dein Fenster hübsch in Ehren bleibe?

Italienische Ständchen in Ritornellen.

1.

Von allen Tagen in der ganzen Woche
Ist keiner, der mich halb so glücklich mache
Als der, so zwischen Samstag fällt und Montag.

Der ruft zur Messe wol die armen Sünder;
Mir gibt er blanke Kleider, bunte Bänder,
Und führt mich so nach meiner Liebsten Thüre.

Die fromme Mutter betet für die Tochter.
Bet' auch für mich! Geschäker und Gelächter,
Wol auch ein Kuß, das ist's, was wir verbrochen.

2.

Viel Mädchen gibt es, die im Meer sich waschen;
Viel Boote gibt es, die Korallen fischen:
Das Meer ist groß und nimmer fehlt ihm Wasser.

Mein Mädchen ist die weißeste von allen,
Darum hab' ich die röthesten Korallen
Für sie gesucht und ihr geschenkt zum Bande.

Nun will der Neid sich schier das Herz zernagen —
Ihr Mädchen, sagt, ist es des Rothen wegen?
Ihr Bursche, sagt, ist's um die weiße Farbe?

3.

Sieh, sieh, wie scheint der Mond so wunderhelle!
Wie ist die Nacht rings um mich her so stille!
Nichts hör' ich als das Klopfen meines Herzens.

Das ist recht eine Nacht für warme Liebe!
Das ist recht eine Nacht zum Mädchenraube!
So möcht' ich fort mit meinem Liebchen ziehen!

Und wer ein Mädchen raubt, der ist kein Räuber,
Nein, heißt ihn einen wackern Buhler lieber!
Was meinst denn du dazu, mein holdes Bräutchen?

4.

Mein Freund ward einst gefangen von Korsaren,
Die also scharf und hart mit ihm verfuhren,
Daß vor der Zeit sich bleichten seine Haare.

Oft hat er mir erzählt von seinen Ketten,
Und so erschrecklich war, was er gelitten,
Daß ich ihm kaum noch Glauben konnte schenken.

O weh, nun hat ein Mädchen mich gefangen
Und spielt in ihrer Liebesnetze Schlingen
Mir ärger mit als ein Korsar — mir Armen!

5.

Ob du schön bist, oder häßlich,
Macht mich froh nicht, noch verdrießlich;
Denn du bist zu stolz und wählig.

Hinterm Fenster blüht ein Blümchen,
Hinterm Blümchen steht ein Dämchen;
Wer vorbeigeht, muß sich bücken.

Laßt mich nur das Blümchen pflücken
Und es der ans Mieder stecken,
Dann will ich sie helfen rühmen.

6.

Mutter, gib mir deine Tochter,
Oder halt' ihr hundert Wächter —
Und sie wird dir doch gestohlen!

Laß bewachen Thor und Thüren,
Ihre Hände, Lippen, Ohren —
Doch wer wird die Augen hüten?

Wenn man wehrt den Sonnenstrahlen,
Durch die Wolken sich zu stehlen —
Liebchen, dann ist Zeit zu zagen.

7.

Jüngst küßte mich ein Bürschchen ungebeten;
Ich wischte mir den Mund und will ihm rathen,
Daß er nicht wieder mir zu nahe trete.

Und wenn ich meinen kleinen Liebsten sehe,
So wisch' ich auch den Mund und tret' ihm nahe;
Er aber, ach! er mag's noch nicht verstehen.

Heut frug er, was mich in den Mund gestochen?
Ich aber mußt' aus vollem Halse lachen
Und faßt' ihn mir und küßt' ihn, was ich konnte.

8.

So oft die hellen Vesperglocken läuten
Und unsrer lieben Sonne matte Gluten
Ihr rosenrothes Bette sich bereiten,

Dann steigt ein Licht empor in meinem Busen,
Und warm und helle wird mein ganzes Wesen;
Mein Herz erwacht, wann alles geht zur Ruhe.

Denn andrer Glocken Töne hört es schallen:
Der Laute Schlag, Gesang, des Pfeifchens Gellen,
Der Angeln Knarren, leiser Tritte Hallen.

9.

Frühmorgens, wenn ich auf die Arbeit ziehe
Und an dem Hause still vorübergehe,
In dem *sie* schläft, die mir den Schlaf vertrieben:

Dann seufz' ich oft und denk' an ihren Schlummer,
Und dieses Sinnen übernimmt mich immer
So stark, daß ich da stehn kann ganze Stunden,

Bis mir die Sonne in die Augen leuchtet
Und sich mein Haupt gestärkt gen Himmel richtet,
Als hätt' ich eine Nacht bei *ihr* verträumet.

Tafellieder für Liedertafeln.

König Wein.

Der König, dem ich diene
Als treuer, tapfrer Held,
Er ist der größte König
In Gottes weiter Welt.

Die Fahne, der ich folge,
Sie ist ein grüner Zweig,
Der weht vor allen Schenken
In meines Königs Reich.

Ich trage seine Farbe
In meinem Angesicht;
Auf Kragen und Rabatten
Sieht unser König nicht.

Hochroth ist seine Farbe,
Glänzt wie ein Edelstein;
Die Farbe unsrer Feinde
Hat matten, bleichen Schein.

Ihr General- und König
Wird Durst auf deutsch genannt,
Zieht sengend und verbrennend
Durch unsers Königs Land.

„Bibamus, eh bibamus!"
Ist unser Feldgesang;
Und unsre Schlachttrompete
Ist voller Gläser Klang.

Auch fehlen nicht die Trommeln,
Auch donnert mancher Schuß:
Wir schlagen auf die Tische,
Wir stampfen mit dem Fuß.

Wir haben scharf geladen,
Wir führen gut Gewehr:
Kanonen sind die Flaschen,
Von edeln Safte schwer.

Wohlauf, wohlauf zum Siege!
Die Nase und der Bart
Sind besser als im Helme
In einem Glas bewahrt.

Und wirft ein Hieb mich nieder
In diesem wilden Strauß,
Ich schlafe jede Wunde
In wenig Stunden aus.

Heil dir, mein großer König,
Heil dir und deinem Thron,
Und allen treuen Brüdern
In deinem edeln Fron!

Schlechte Zeiten, guter Wein.

Ueber schlechte Zeiten
Klag' ich nimmermehr,
Wird von gutem Weine
Nur mein Faß nicht leer.

Willst die Zeitung lesen,
Bruder, geh zu Bier;
Zu dem Saft der Reben
Schmeckt kein Löschpapier.

Ob auf dieser Erden
Auch von Tag zu Tag
Matter, kälter, schwächer
Alles werden mag:

Doch der Wein im Fasse
Trotzt der Macht der Zeit,
Fühlet nichts vom Alter
Als die Würdigkeit.

Was das Jahr dem Menschen
Allgemach entrafft,
Das, das gibt's dem Weine:
Glut und Muth und Kraft.

Wollen's wieder holen
Aus dem Faß hervor,
Was im Flug der Jahre
Jeglicher verlor!

Und wer mit dem Leben
Lebt in Leid und Streit,
Trink' aus altem Fasse
Alte gute Zeit!

Warnung vor dem Wasser.

Guckt nicht in Wasserquellen,
Ihr lustigen Gesellen,
Guckt lieber in den Wein!
Das Wasser ist betrüglich,
Die Quellen sind anzüglich:
Guckt lieber in den Wein!

Narciß, der hat's erfahren
In seinen schönsten Jahren;
Er sah nicht in dem Wein,
Nein, in dem Quell der Wildniß
Sein allerliebstes Bildniß:
Guckt lieber in den Wein!

Trink' ich aus vollem Glase,
Da spiegelt meine Nase
Sich lang und roth im Wein;
Sie ist nicht zum Verlieben,
Sie ist nicht zum Betrüben:
Drum guck' ich in den Wein.

Schon mancher ist versunken.
Noch keiner ist ertrunken
In einem Becher Wein;
Die sich darin betrachten,
Sie können nicht verschmachten:
Drum guck' ich in den Wein.

Ihr lustigen Gesellen,
Guckt nicht in Wasserquellen,
Guckt lieber in den Wein!
Doch über euer Gucken
Vergeßt auch nicht zu schlucken:
Trinkt aus, trinkt aus den Wein!

Selbstgenügsamkeit des Zechers.

Wenn ich trinke guten Wein,
Fällt es mir mitnichten ein,
Ueber dieser Erde Schranken
Aufzuschwingen die Gedanken
Und zu schaun in blaue Fernen
Nach des ew'gen Ruhmes Sternen;
Wenn ich trinke guten Wein,
Will ich nicht im Himmel sein.

Wißt ihr von dem Phaëthon,
Phöbus' naseweisem Sohn,
Der auf seines Vaters Wagen
Wollte durch den Himmel jagen?
Jupiter mit seinem Blitze
Schmettert' ihn vom Kutschersitze
Häuptlings in den Po hinab,
Und das Wasser ward sein Grab.

Anders ging es nicht dem Kind,
Das aus Kretas Labyrinth
Wollt' auf seinen eiteln Schwingen
Grad' empor zur Sonne dringen.
Bald zerschmolz das Wachsgefieder,
Und der Vogel stürzte nieder;
In des Meeres bittrer Flut
Büßt' er seinen tollen Muth.

Phaëthon und Icarus,
Du im Meer, und du im Fluß,
Hättet ihr hübsch Wein getrunken,
Nimmer wäret ihr gesunken
Von dem hohen Himmelsbogen
In die tiefen Wasserwogen:
Die da trinken guten Wein,
Wollen nicht im Himmel sein.

Wenn ich trinke guten Wein,
Fällt mir oft eu'r Schicksal ein,
Und ich blick' als frommer Zecher
Nieder in den engen Becher,
Nicht empor nach Ehrensternen,
Nicht hinaus in blaue Fernen:
Wenn ich trinke guten Wein,
Mein' ich, was ich will, zu sein.

Wein der Lebensbalsam.

An dem Strand des Grünen Nils,
In dem Reich des Krokodils,
Ließen Männer einst und Weiber
Salben ihre todten Leiber
Mit des Balsams edelm Duft
Für die enge, finstre Gruft.

Ach, was hilft es ihnen doch,
Stehen ihre Leiber noch
Hart und steif in Felsenkammern?
Muß uns nicht der Balsam jammern,
Den man ohne Nutz und Noth
Hat versalbet an den Tod?

Ich hab' einen andern Sinn:
Weil ich noch lebendig bin,
Will ich meinem Leibe geben
Balsam von der Frucht der Reben,
Der ihn auf der Oberwelt
Frisch und stark und fest erhält.

Schenket mir vom besten Wein
In den größten Becher ein!
Balsam, wolle du bewahren
Auch noch unter weißen Haaren
Unsre Stirnen glatt und blank,
Unsre Herzen froh und frank!

Doppeltes Vaterland.

An der Elbe Strand
Liegt mein Vaterland,
Lieb's von ganzer Seele;
Aber meine Kehle
Ist zu Haus am Rhein,
Dürstet nur nach Wein.

Wem es Freude schafft,
Trinke Brüderschaft
Mit den kalten Fröschen;
Meinen Durst zu löschen
Hol' ich mir vom Rhein
Lebenswarmen Wein.

Spricht ein kluger Mund,
Wein sei nicht gesund,
Ei, so trink' er keinen;
Doch mir will es scheinen:
Der den Geist erfreut,
Thut dem Leib kein Leid.

Mancher Medicus
Trank sich aus dem Fluß
Flüsse in die Glieder;
Wein und frohe Lieder —
Heißt mein Recipe
Wider jedes Weh.

Und muß es einst sein,
Sterb' ich doch an Wein
Lieber als an Pillen;
Vor dem letzten Willen
Leer' ich erst mein Faß
Bis aufs letzte Glas.

Die schönsten Töne.

Von allen Tönen in der Welt
Ist keiner, der mir baß gefällt,
Als voller Gläser Klingen,
Wenn einen Spruch, wie 's Herz ihn meint,
Entgegenbringt der Freund dem Freund,
Daß hoch die Tropfen springen.

Auch hör' ich gern des Hammers Schlag,
Der aus den Tonnen allgemach
Den Spund weiß aufzutreiben;
Und wenn der liebe klare Wein
Rinnt plätschernd in die Flaschen ein,
Der Klang ist zum Betäuben.

Hoch springt mir gleich mein Herz empor,
Hör' ich der Winzer Jubelchor
Von einem Berge schallen,
Verkündend gute Erntezeit,
Verheißend Heil und Seligkeit
Uns treuen Zechern allen.

Wer's also meint, der stoße an!
Und wer nicht mit mir singen kann,
Sein Glas das wird doch klingen;
Und wer den Becherklang nicht liebt,
Und wer sich ohne Schmerz betrübt,
Dem soll'n die Käuze singen.

Geselligkeit.

Ich bin nicht gern allein
Mit meinem Glase Wein.
Mag allein der Geizhals fasten
Neben dem gefüllten Kasten,
Mag der Dieb an dunkler Mauer
Einsam schleichen auf der Lauer:
Ich bin nicht gern allein
Mit meinem Glase Wein.

Ich bin nicht gern allein
Mit meinem Glase Wein.

Mag allein der tiefe Weise
Brüten, bis er wird zum Greise,
So zu leben und zu lieben,
Wie's die Schule vorgeschrieben:
Ich bin nicht gern allein
Mit meinem Glase Wein.

Ich bin nicht gern allein
Mit meinem Glase Wein.
Mag der Mönch in seiner Zelle
Einsam ringen mit der Hölle,
Die mit süßem Bratenrauche
Nachstellt seinem feisten Bauche:
Ich bin nicht gern allein
Mit meinem Glase Wein.

Ich bin nicht gern allein
Mit meinem Glase Wein.
Knäblein, klag' im Mondenscheine
Einsam dem verschwiegnen Haine
Was die Holde, die dir's lehrte,
Gern mit eignen Ohren hörte:
Ich bin nicht gern allein
Mit meinem Glase Wein.

Ich bin nicht gern allein
Mit meinem Glase Wein.
Wenn verdorben ist mein Magen,
Will ich nach dem Tranke fragen,
Den man muß aus kleinen Flaschen
Ganz allein mit Löffeln naschen:
Ich bin nicht gern allein
Mit meinem Glase Wein.

Ich bin nicht gern allein
Mit meinem Glase Wein.
Muß ich einst allein auch sterben,
Lass' ich doch nicht viel zu erben,
Will mein Leben lang den Becher
Schwingen in dem Kreis der Zecher:
Ich bin nicht gern allein
Mit meinem Glase Wein.

Stundenglas und Weinglas.

Der Alte, der die Stunden mißt,
Hat Sand in seinem Glase;
Daher er auch so grämlich ist
Vom Zeh bis in die Nase.
Hätt' er im Glase unsern Wein,
Was würden das für Zeiten sein!

Da würde sie den trägen Schritt
Gar bald verlernen müssen,
Die gute Zeit; sie müßte mit
Auf Händen und auf Füßen,
Sie müßte mit uns Zug auf Zug,
Hinauf, hinab in leichtem Flug.

Nun aber rinnt sie stäubchenweis
Durch ihre Nadelöhre,
Und ängstlich guckt der finstre Greis,
Daß nichts den Paß ihr störe;
Und wenn das Glas ist ausgeleert,
So wird es wieder umgekehrt.

Hätt' er im Glase unsern Wein,
Ich glaub', es könnt' geschehen,
Daß dann viel flinker aus und ein
Die Stunden thäten gehen;
Das Glas wär' schneller ausgeleert
Und öfter wieder umgekehrt.

Nun, Kronos, bleib in deinem Gang;
Ich geh' nach meinen Sinnen
Und lasse keine Stunde lang
Mein Glas feintröpfelnd rinnen:
Hinein, heraus mit einem Zug!
Zum Schleichen ist noch Zeit genug.

Der Nachtwächter.

Hört, ihr Herrn, und laßt euch sagen:
Weil die Uhr hat zehn geschlagen,
Laßt uns unsrer Räusche Zahl
Ueberschlagen auch einmal;

Will das Jahr, in dem wir leben,
Nicht die volle Zahl dir geben,
Trink' den zehnten heute dir,
Und du bist so gut wie wir.

Hört, ihr Herrn, und laßt euch sagen:
Weil die Uhr hat elf geschlagen,
Denkt doch an den Elferwein
Und schenkt keinen schlechtern ein;
Denn der edle deutsche Elfer
Ist der wahre Seelenhelfer.
Elf! ihr Herrn, der Wächter spricht;
Höret, und verzählt euch nicht!

Hört, ihr Herrn, und laßt euch sagen:
Weil die Uhr hat zwölf geschlagen
Und zur Neige geht der Tag,
Seht auf euern Tischen nach,
Ob sich hier und da nicht zeigen
Volle Flaschen oder Neigen;
Alle müssen sein geleert,
Eh' der Wächter wiederkehrt.

Hört, ihr Herrn, und laßt euch sagen:
Weil die Uhr hat eins geschlagen
Und der neue Tag beginnt,
Holet neuen Wein geschwind,
Und erwählt euch einen andern,
Mit dem Horn umherzuwandern.
Guten Morgen! Guten Tag!
Meine Uhr geht immer nach.

Oben ab!

Deutsche Weine in dem Keller,
Deutsche Lieder in der Brust! —
Und die Sorgen und die Heller
Schwimmen fort im Strom der Lust.

Schwimmet nur in meinem Rheine!
Lauter brauset jeder Fluß,
Wenn er über harte Steine
Seine Wellen treiben muß.

Was im tiefen Grunde liege,
Macht mich heute noch nicht bang,
Denn ich habe zur Genüge
Nachzugießen Wein und Sang.

Auf den goldnen Spiegelflächen
Perlt der Freude frischer Schaum;
Lasset oben ab uns zechen!
Ohne Schaum kein schöner Traum.

Und wer in den Grund will schauen,
Sieht sein eigenes Gesicht:
Helle Stirne, glatte Brauen,
Nebelloses Augenlicht.

Sollt' ich in der Tiefe wühlen,
Um zu trinken trüben Wein?
Ehe wir die Hefen spülen,
Muß der Saft getrunken sein.

Alexander und Diogenes.

Bringt mir die liebe Jugend fort
Mit ihrem Saus und Braus;
Es ziemet sich ein kluges Wort
Zu einem guten Schmaus.

Drum setzet einen zu mir her,
Der älter ist als ich
Und weit gereist durch Land und Meer;
Nach diesem dürstet mich.

Der in dem stillen, dunkeln Faß
Viel Jahre lang gedacht,
Er weiß gewißlich dies und das,
Was uns auch weiser macht.

Diogenes sei er genannt,
Der Herr Philosophus;
Und wär' ich Herr von Griechenland,
Ich böt' ihm meinen Gruß

Und spräche: Wenn ich Ich nicht wär',
Und ich nicht tränke dich,
So wollt' ich Du sein ohn' Beschwer,
Und du, du tränkest mich.

Die Arche Noäh.

Das Essen, nicht das Trinken
Bracht' uns ums Paradies.
Was Adam einst verloren
Durch seinen argen Biß,
Das gibt der Wein uns wieder,
Der Wein und frohe Lieder.

Und als die Welt aufs neue
In Bauches Lust versank
Und in der Sünde Fluten
Die Creatur ertrank,
Blieb Noah doch am Leben,
Der Pflanzer edler Reben.

Er floh mit Weib und Kindern
Wol in sein größtes Faß;
Das schwamm hoch auf den Fluten,
Und keiner wurde naß:
So hat der Wein die Frommen
Dem Wassertod entnommen.

Und als die Flut zerronnen,
Da blieb das runde Haus
Auf einem Berge sitzen,
Und alle stiegen aus,
Begrüßten froh das Leben
Und pflanzten neue Reben.

Das Faß blieb auf dem Berge
Zum Angedenken stehn;
Zu Heidelberg am Neckar
Könnt ihr es selber sehn.
Nun wißt ihr, wer die Reben
Am Rhein uns hat gegeben.

Und will noch einer wagen,
Den heil'gen Wein zu schmähn,
Der soll in Wasserfluten
Erbärmlich untergehn.
Stoßt an und singt, ihr Brüder:
Der Wein und frohe Lieder!

Der gute Pfalzgraf.

Es war ein Pfalzgraf an dem Rhein,
Geboren zum Regieren.
Regieren thät er groß und klein,
Die Menschen sammt den Thieren:
Er ließ sie gehn und ließ sie stehn,
Es ward ihm gar nicht sauer,
Es blieb der Fisch in seinen Seen,
Bei seinem Pflug der Bauer.

Der Mundschenk trank den besten Wein
Wol in dem ganzen Lande,
Und wer ein Ritter wollte sein,
Der trug ein Kreuz am Bande;
Und wenn das Hofgesinde sah
Die Tafel wohl serviret,
So rief es: „Cara patria,
Wie gut bist du regieret!“

Der edle Pfalzgraf, baß erfreut
Ob seines Landes Segen,
Berauschte sich in Seligkeit
Und ließ ins Bett sich legen.
Da lag und schlief und schnarcht' er dann
Bis an den hellen Morgen.
Wohl ihm, der also ruhen kann
Und läßt den Herrgott sorgen!

Der gute Pfalzgraf ist nun todt
Und thut nichts mehr regieren;
Er hat sie nicht erlebt die Noth,
Die jetzt heißt Gouverniren.
Regieren will nun jedermann,
Niemand regieret werden;
Was jeder will und keiner kann,
Wer macht das recht auf Erden?

Der gute Pfalzgraf ist nun todt;
Und würd' er neu geboren,
So wären wir aus aller Noth,
Die Klugen sammt den Thoren.
Wir wählten ihn zum Herrn der Welt,
Er ließ' sie gehn und stehen
Wo sie der Herrgott hingestellt
In seines Himmels Höhen.

Und wenn wir hier bei Wein und Sang
Selbander jubiliren,
So ist uns um die Welt nicht bang
Und um das Weltregieren.
O gebt mir einen Becher her,
Dem alten Herrn zu Ehren!
Und wer es besser kann als der,
Er soll's den andern lehren.

Der neue Demagoge.

Euch, ihr edeln deutschen Reben,
Sei mein Lied geweiht!
Sing' ein andrer von den Helden
Dieser lieben Zeit;

Fehlen mir auf ihre Namen
Reime zum Gedicht,
Und zum Ungereimten brauchen
Sie den Dichter nicht.

Hab' mich in dem Geist der Zeiten
Auch einmal berauscht;
Hab' den Rausch nun ausgeschlafen
Und den Trank vertauscht.

Deutsch und frei und stark und lauter
In dem deutschen Land
Ist der Wein allein geblieben
An des Rheines Strand.

Und er läßt die deutsche Tugend,
Läßt den deutschen Muth
Frank und frei im Glase sprudeln,
Und man heißt es gut.

Und er zieht durch Deutschlands Gauen
Predigt deutschen Geist,
Wenn durch froher Männer Runde
Er im Becher kreist.

Landsmann — grüßt ihn mit Entzücken
Jeder deutsche Mund:
Und er hält in alter Treue
Seinen deutschen Bund,

Fragt nicht nach der Herren Wechsel,
Nach der Seelen Tausch,
Kennt nur eine deutsche Erde,
Einen deutschen Rausch.

Ist der nicht ein Demagoge,
Wer soll einer sein?
Mainz, du heil'ge Bundesfeste,
Sperr' ihn nur nicht ein!

Die Freiheit in der Tinte.

Wo mag die edle Freiheit sein?
Die Freiheit ist ertrunken.
Ist sie in Wasser oder Wein,
Ist sie in Blut versunken?

Es ist nicht Wasser, Blut noch Wein,
Darin sie ist versunken;
Sie fiel ins Tintenfaß hinein
Bei einem großen Tunken.

Viel spitze Federn tunkten ein
Und setzten an zu schreiben:
„Die Freiheit soll bei groß und klein
Allzeit in Ehren bleiben.“

Und als die Freiheit eben saß
Vorn in den Federspitzen,
Da spritzt' es einem um die Nas' —
Was soll das tolle Spritzen?

Er spritzt' es aus, was drinnen war,
Und wischte sich die Nase.
„Empörung", rief er, „es ist klar,
Steckt in dem Tintenglase!"

Er stöpselt zu das freche Faß —
Wer hört die Freiheit klagen? —
Und stellt es weg, wo dies und das
Noch steht aus Olim's Tagen;

Und fing den Satz von neuem an
Mit neuer Tint' zu schreiben:
„Was wir thun, das ist wohlgethan,
Und also soll es bleiben."

Und also soll's geblieben sein:
Wir loben uns das Feste. —
Trinkt aus einmal! Schenkt wieder ein!
Was Frisches nach dem Reste!

Freiheit im Wein.

Und wüßt' ich, wo es besser wär',
So zög' ich aus der Welt;
's ist wahrlich keines Bleibens mehr
In diesem Erdenzelt!

Hab' mit dem Teleskop von fern
Des Himmels Rund besehn,
Ob nicht in irgendeinem Stern
Weinstöcke sollten stehn.

Doch hab' ich keine noch entdeckt,
Und Herschel ist nun todt:
Wenn uns die Welt noch ärger neckt,
Wohin aus unsrer Noth?

O Brüder, Brüder, schwebt mir ja
Ins Blaue nicht hinaus!
Die beste Freistatt liegt so nah:
In unsers Wirthes Haus.

In seinen Keller flüchten wir,
Und der ist bombenfest.
Potz alle Welt! wir trotzen dir,
Wenn Sturm du blasen läßt!

Wird auch die Freiheit vogelfrei
Hier oben wol genannt,
Da unten hat die Sultanei
Sie noch nicht weggebannt.

Noch braust sie auf im jungen Wein,
So oft die Reben blühn;
Dann will der Geist entfesselt sein
Und in dem Becher glühn.

Und in dem Brausen toben sich
Die wilden Hefen aus;
Der echte Geist, er hält den Stich
Und triumphirt im Strauß.

Auf, Brüder, lösen wir den Spund
Und machen frei den Wein!
Sein freier Geist weih' unsern Mund
Zu freien Liedern ein!

Guter Wein, gut Latein.

Guter Wein lehrt gut Latein.
Sitz' ich bei dem vollen Glase,
Mein' ich ein Apoll zu sein,
Und es hebt sich meine Nase
In die Wolken fast hinein;
Zöpfe, Beutel und Perrüken
Wachsen flugs auf meinem Haupt,
Es mit Ehren auszuschmücken,
Die kein Säculum ihm raubt.

Guter Wein lehrt gut Latein.
Seh' ich schon der Flasche Boden,
Ist mir auch Apoll zu klein;
Kühner als die kühnsten Oden
Stürm' ich in die Welt hinein,

Und nach meinem Saitenspiele
Lass' ich sich die Reiche drehn:
Liberale und Servile
Müssen Musterung bestehn.

Guter Wein lehrt gut Latein.
Ist der Tisch erst naß geworden,
Werd' ich gar ein Taktikus;
Lasse nach der Regel morden,
Und es geht auf Hieb und Schuß,
Mit den Fingern mal' ich Flüsse,
Seeen mit der ganzen Hand,
Meines rothen Weines Güsse
Strömen für das Vaterland.

Guter Wein lehrt gut Latein.
Ist der Tisch dann abgewaschen,
Steck' ich ein das Schwert indeß,
Und vor meinen leeren Flaschen
Halt' ich friedlichen Congreß:
Länder reiß' ich flugs in Stücken,
Kann mit einer neuen Naht
Alte Fetzen wieder flicken —
Bin ich nicht ein Diplomat?

Guter Wein lehrt gut Latein.
Komm' ich an die letzten Tropfen,
Ist mir nichts mehr gut genug,
Und ich riech' an meinen Pfropfen,
Kritisire den Geruch.
Leer ist meine Westentasche,
Und der Wirth liebt baares Geld.
Schafft mir eine neue Flasche —
Oder eine neue Welt!

Vergangenheit.

Wann im Kreise froher Zecher
Ich in meinen vollen Becher
Schaue hellen Blicks hinein,
Wann um mich die Gläser klingen
Und die Freunde Lieder singen
Dir zu Ehren, deutscher Wein:

Dann, dann steht's vor meinen Blicken,
Wie die goldnen Trauben nicken
Nieder in den klaren Fluß,
Wie die Wogen lustig rauschen
Und die Winzerinnen lauschen
Auf des Fischers Abendgruß.

Und der Mond am stillen Himmel
Freut sich mit an dem Getümmel,
Das er auf der Erden sieht,
An den Fässern mit den Kränzen,
An den Liedern und den Tänzen,
Bis er sacht von dannen zieht.

Zündet an die bunten Lichter,
Daß die seligen Gesichter
Nicht die finstre Nacht bedeckt!
Wer zu selig für das Helle,
Sucht sich eine dunkle Stelle,
Wo kein Nüchterner ihn neckt.

Auch die Liebe kennt viel Wege
In dem grünen Weingehege,
Und sie alle stehn ihr an;
Denn auf krummen und geraden,
Breiten oder engen Pfaden
Geht's in Amor's Kanaan.

Brüder, laßt die Gläser klingen,
Laßt ein frohes Hoch uns bringen
Unserm alten deutschen Rhein,
Ihm und seinen jungen Reben,
Daß dies Jahr uns möge geben
Einen neuen Elferwein!

Zukunft.

Seh' ich eine volle Traube,
Die aus dichtem Rebenlaube
Ungeduldig blickt hervor,
Buhlend mit den Sonnenstrahlen,
Die mit klarem Gold bemalen
Ihrer Beeren grünen Flor:

Dann, dann denk' ich an die Säfte,
An die wunderbaren Kräfte,
Die der Beere Rund umschließt,
Fülle schon mir einen Becher
Mit dem jungen Sorgenbrecher,
Der aus diesen Trauben fließt.

Meine Freunde sind geladen,
Wollen sie mit mir sich baden
In dem Quell der Fröhlichkeit.
Seht, der Spund ist aufgehoben,
Und die Geister ziehn nach oben,
Und der Himmel ist nicht weit.

Volle Becher hör' ich klingen,
Höre neue Lieder dringen
Süß bethörend in mein Ohr.
Horch, es rauscht im Rebenlaube!
Sieh, es regt sich in der Traube!
Lieder, Lieder, nur hervor!

Die Blume des Weins.

Es blühen Blumen mannichfalt
In Feld und Garten, Wies' und Wald,
Und hinter Rahm und Glase;
Sie schütten ihren süßen Duft
Mit vollen Schalen in die Luft
Zum Opfer für die Nase.

Und von den Blumen mannichfalt
In Feld und Garten, Wies' und Wald
Erwähl' ich heut mir keine.
Kein indianischer Geruch
Thut meiner Nase noch genug;
Sie riecht an deutschem Weine.

Heb' ich mein Glas zur Nas' empor,
Möcht' ich, daß Auge, Mund und Ohr
Sogleich auch Nase wären,
Um aus dem vollen, goldnen Strauß
Bis auf den letzten Gran heraus
Den Balsamduft zu leeren.

Gesegnet sei des Winzers Hand,
Die an des deutschen Stromes Rand
Mir solchen Strauß gebunden
Von Blumen nicht, die schnell verblühn,
Die ihren leichten Duft versprühn
In wenig Maienstunden.

Die Blume, die im Fasse ruht,
Sie trotzt der dürren Sommerglut
In ihrer kühlen Klause,
Läßt Eis und Schnee vorüberwehn,
Sieht Lenze kommen, Lenze gehn
Und blüht zu jedem Schmause.

Und schlürf' ich ihre Düfte ein,
Sie rieseln mir durch Mark und Bein
Wie reine Aetherflammen
Und wirbeln in verklärtem Glanz
Zu einem hellen Sternenkranz
Sich um mein Haupt zusammen.

Gesellschaftliches Trinklied für Philister.

Chor.

Brüder, stellt das Trinken ein!
Was nicht sein kann, kann nicht sein,
Lehren unsre Weisen.
Denkt, ihr müßt noch gehn nach Haus,
Könnt ein Aug' euch fallen aus,
Ach, vielleicht gar zweie!
Setzt die Flaschen all beiseit';
Morgen ist ja auch noch Zeit
Neigen auszutrinken.
Gute Pfropfen aufgesteckt,
Daß kein Kellner sie beleckt!
Alles ist bezahlet.
Und zum Abschied stimmet ein:
Was nicht sein kann, kann nicht sein.

Reisender.

Viel gibt's in der Welt zu sehn.
So sah ich zwei Esel stehn

Einst auf meinen Reisen —
's mocht wol Mann und Weibchen sein —,
Und ein Bach, o grimme Pein!
Schied sie voneinander.
Er wollt' hin, und sie wollt' her,
Schrieen beide gar zu sehr,
Daß es mich erbarmte.
Doch bald fiel es beiden ein:
Kalt und tief kann 's Wasser sein —
Gaben sich zufrieden.
Und zum Abschied stimmet ein:
Was nicht sein kann, kann nicht sein.

Hagestolz.

Einst hatt' ich ein Mägdlein lieb;
Sie auch fühlte gleichen Trieb
In dem schönen Herzen.
Dacht' ich: Bin ja reif zum Frein,
Sie auch wird's zufrieden sein;
Muß mich mal erkund'gen. —
„Nachbar, sagt, was einem Mann
Eine Frau wol kosten kann
Jährlich zu ernähren?“ —
„Hundert Thaler recht und gut.“ —
Ach, da schwand mein Freiersmuth,
Denn mir fehlt' ein Thaler!
Und zum Abschied stimmet ein:
Was nicht sein kann, kann nicht sein.

Gelehrter wider Willen.

Gar ein seltner Knab' ich war,
Las so manches liebe Jahr
In viel dicken Büchern.
Doch in einem fand ich balt:
„'s wird kein kluges Kindlein alt“,
Und hört' auf zu lesen.
Doch was ich nun einmal weiß,
Macht mich vor der Zeit zum Greis;
Denn es gibt auf Erden
Keinen so gelehrten Mann,
Der den Klugen lehren kann
Wieder dumm zu werden.
Und zum Abschied stimmet ein:
Was nicht sein kann, kann nicht sein.

———

Meine Muse.

Meine Mus' ist gegangen
In des Schenken sein Haus,
Hat die Schürz' umgebunden
Und will nicht heraus,
Will Kellnerin werden,
Will schenken den Wein.
Da steht sie am Thore
Und winkt mir herein.

Und über ihrem Haupte
Da spielet die Luft
Mit grünenden Zweigen
Und würzigem Duft.
Seht, wie sie sich drehet
So flink, so gewandt,
Die Kann' unterm Arme,
Das Glas in der Hand!

„Herein, lieber Zecher!
Ich schenke dir Wein,
Ich schenke dir Lieder
Noch obendarein.
Nur mußt du hübsch bleiben
Im Wirthshaus bei mir;
Ich gebe freie Zeche
Und freies Quartier.

„Drum locke mich nimmer
Hinaus in den Hain
Zu einsamen Klagen
Ob sehnlicher Pein.
Hier unter den Zweigen
Vor unserem Haus
Da schlafen die Leiden
Gar lustig sich aus.

„Auch laß uns nicht schweifen
Umher in der Welt,
Einen Helden zu suchen,
Der allen gefällt.
Gar lang sind die Wege,
Gar kurz ist die Zeit,
Und auf den Karpaten
Sind die Straßen verschneit.“

So ließ sie sich hören —
Wer hielte das aus?
Flugs bin ich gesprungen
Ihr nach in das Haus.
Nun schenke mir Lieder,
Und schenke mir Wein,
Und rufe mir frohe
Gesellen herein!

Rückwärts.

Bei Achtundvierziger zu singen.

Rückwärts! heißt das Wort der Zeit,
Rückwärts soll es gehen!
Brüder, laßt doch sehn, wie weit
Wir uns rückwärts drehen.

Brüder, wißt ihr, wo ich bin?
Anno achtundvierzig.
Rückwärts, rückwärts geht mein Sinn:
Da wird's warm und würzig.

Mancher hat's gar weit gebracht
Mit sothanem Schreiten;
Kreuze, Sterne, Gold und Macht
Schafft's den guten Leuten.

Ich bin auch ein Held der Zeit,
Könnt' was Großes werden —
Wär ein Keller nur so weit
Wie das Rund der Erden!

Geist der Zeit und Geist des Weins.

Bei Zweiundzwanziger zu singen.

Was klagen wir ob Jahr und Zeit?
Laßt fahren, Brüder, Zorn und Leid
Beim blanken vollen Becher!
Was dieses Jahr auch Arges thut,
Der Wein macht alles wieder gut
Für alle gute Zecher.

Es ist der gute Geist der Zeit
Mit seiner Kraft und Herrlichkeit
Gefahren in die Reben;
Drum wollen sie uns dieses Jahr
Ein Säftchen stark und warm und klar
Für unsern Keller geben.

Laßt fahren, Brüder, Zorn und Leid!
Es ist der gute Geist der Zeit
Für uns noch nicht verflogen;
Wir holen ihn beim frohen Schmaus
Aus Zweiundzwanziger heraus,
Der hat ihn eingesogen.

Ei Zeit, was bist du matt und schal
Und trüb' und kalt und bleich und fahl,
Und wol vielleicht noch ärger!
Dein Geist, wenn's doch ein Geist soll sein,
Frißt sauer uns durch Mark und Bein
Wie schlechter Grüneberger.

Ei Wein von diesem schlechten Jahr,
Was bist du stark und warm und klar,
Was duftest du im Glase!
Auf, laß mit einem vollen Zug
Uns gleich vertreiben den Geruch
Der Zeit aus unsrer Nase!

Wer trinkt mit uns? Heran, ihr Herrn!
Wir geben diesen Wein euch gern,
Ihr Großen und ihr Kleinen.
Trinkt alle denn in einem Zug,
Trinkt alle, bis ihr habt genug!
Vivant, die's redlich meinen!

Der Teufelsbanner.

Lustig leben, selig sterben,
Heißt des Teufels Spiel verderben.
Der Teufel dacht' in seinem Sinn,
Ich sollt' ein Frömmler werden;
Und weil ich's nicht geworden bin,
So zieht er mir Geberden,

Zeigt Rosenkränz' und Geiseln mir
Und thut sich drehn und bücken.
Ich sitze bei dem Glase hier
Und spotte seiner Tücken:
Lustig leben, selig sterben,
Heißt des Teufels Spiel verderben.

Lustig leben, selig sterben,
Heißt des Teufels Spiel verderben.
Dem Teufel fiel es wieder ein
Das Kriechen mir zu lehren;
Er pfiff und lockte grob und fein
Und sprach von hohen Ehren.
Flugs warf ich in die Brust mich recht
Und reckt' empor den Nacken,
Trank Pereat dem Wurmgeschlecht:
Da wies er mir die Hacken.
Lustig leben, selig sterben,
Heißt des Teufels Spiel verderben.

Lustig leben, selig sterben,
Heißt des Teufels Spiel verderben.
Da endlich, Brüder, wollt' er mich
Zum Diplomaten machen
Und wähnte schon: Jetzt hab' ich dich:
Ich lacht' und ließ ihn lachen.
Er führte mich zu einem Schmaus
Mit großen Diplomaten;
Ich trank die besten Flaschen aus
Und aß den feinsten Braten:
Lustig leben, selig sterben,
Heißt des Teufels Spiel verderben.

Lustig leben, selig sterben,
Heißt des Teufels Spiel verderben.
Nun will er in Verzweiflung heut
Zum Dichter mich creiren
Und meint, ich soll aus Dankbarkeit
Ihn weidlich honoriren.
Ich aber lass' in hellem Ton
Mein frohes Lied erklingen —
Herr Satanas, ich singe schon,
Jetzt rühre deine Schwingen —:
Lustig leben, selig sterben,
Heißt des Teufels Spiel verderben.

Weisheit im Wein.

Wollt ihr werden weise Leute,
Liebe Brüder, macht es heute
Wie es gestern ward gemacht:
Trinket Wein! Er weckt die Geister,
Macht die blöden Zungen dreister
Und erhellet jede Nacht.

Also haben es gehalten
Unsre lieben tapfern Alten,
Sie beriethen sich beim Glas;
Und die neuen Diplomaten
Halten auch auf Wein und Braten,
Und hernach auf dies und das.

Glaubt ihr, ohne gute Weine
Käme Deutschland auf die Beine?
Liebe Brüder, glaubt es nicht!
Frankfurt zapft die allerbesten
Seinen hohen weisen Gästen,
Und sie ehren ihre Pflicht.

Freuet euch! An Gottes Segen
Ist das meiste doch gelegen,
Und er segnet Main und Rhein.
Nicht bei Wassern oder Bieren
Will man uns constituiren,
Und die Freiheit lebt im Wein.

Deutsches Recht und deutsche Reben,
Deutsches Licht und deutsches Leben,
Steigt empor im deutschen Land!
Freudig folgen wir dem Zügel
Dessen, der vom besten Hügel
Erntet an des Rheines Strand.

Meine Kameradschaft.

Wer will mein Kamerade sein,
Der darf nicht feststehn auf dem Bein.
Komm, Glas, ich schlag' den Fuß dir ab,
Ich will von heut an sein dein Stab,
Will nimmer von dir lassen.

Mund an und ab, Mund ab und an,
Solang' ich dich noch heben kann!
Nur nimmer leer und stille stehn,
Nur nimmer, nimmer müßig gehn,
Wo's gibt noch volle Flaschen!

Die Flaschen werft zum Thor hinaus,
Daß nicht etwa in Hof und Haus
Sie zähl' ein nüchtern kluger Mund
Und in der Zeitung mache kund,
Wie tapfer wir gewesen.

Wir dürsten nicht nach Heldenruhm,
Wir preisen nur ein Alterthum,
Das ist das Alterthum des Rheins,
Das Alterthum des deutschen Weins,
Der uns im Glase sprudelt.

Und wenn die lezte Flasche klingt,
Die um die Thür in Scherben springt,
Dann seufzen alle Mann für Mann,
Wie Alexander einst gethan:
Gibt's nichts mehr zu zerstören?

Tres faciunt Collegium.

Tres faciunt Collegium.
Wir zwei und ein Pokal, —
Zwei sitzen, einer geht herum
In unsrer vollen Zahl;
Und einig sind wir alle drei,
Daß Rebensaft kein Wasser sei.

Tres faciunt Collegium.
Lisett' und ich sind zwei —
Die Nachtigall ist auch nicht stumm,
Und also werden's drei;
Und einig sind wir ohne Frist,
Daß es am Abend düster ist.

Tres faciunt Collegium.
Ein Doctor, ein Barbier —
Und ich dazu, macht um und um
Eins weniger als vier;

Und einig sind wir ohne Noth
Es wächst kein Kraut uns für den Tod.

Tres faciunt Collegium.
Drei Sprüche gab ich aus,
Ein richtiges Trifolium —
Apollini sit laus!
Die drei auch stimmen überein,
Sie könnten ihrer vier wol sein.

A bis W des Trinkers.

Also, Brüder, laßt uns trinken,
Weil noch volle Becher blinken!
So beginnt mein A=b=c.
Vorwärts, rückwärts, auf und nieder
Klingt's durch alle Lettern wieder,
Wein! spricht selbst das böse W.

In dem X bei der Xanthippe
Steht geschrieben: Nippe, Nippe,
Wenn dich plagt ein arges Weib!
Und das Ypsilon, der Ygel,
Ist ein Wassertrinkerspiegel:
Wie ihr Sinn, so ist sein Leib.

Also, Brüder, laßt uns trinken,
Weil noch volle Becher winken,
Trinken nach dem A=b=c!
Aßmannshäuser soll beginnen,
Dann Burgunderblut uns rinnen,
Der Champagner führt zum D.

Drymadera noch ein Gläschen!
Elfer aus dem Mutterfäßchen!
Und im F steht: Falle nicht!
Geh nach Haus! Was soll das heißen?
Solcher Wein wächst nur bei Meißen.
Halt' dich! heißt's, wenn H erst spricht.

In dem H ist Höll' und Himmel.
Zu der Seligen Gewimmel

Schwingt der eine sich empor;
Und der andre stürzt hinunter
Und wird in der Hölle munter,
Wenn ihn einer zupft am Ohr.

Iß und trink! und Immer wieder!
Also klingt durch meine Lieder
I als mächtiger Vocal,
Und der Consonant daneben
Kann Johannisberger geben;
I, i, i, ich kost' einmal!

In dem K stehn manche Klänge,
Die nicht überall sind gänge
Und zum Reimen auch zu schwer.
Lieben und geliebet werden
Ist mein liebstes L auf Erden,
Und mein ärgstes steht im Leer.

M sagt viel von Maß und Mitte,
Und der Mittelstraßensitte
Fügt sich auch mein Saitenspiel;
Mitten auf der Lettern Straße
Macht es halt mit gutem Maße,
Eh' Herr N ruft: Nicht zu viel!

Der Zechbruder und sein Pferd.

Romanze.

Ich hatt' einmal ein Gaul,
Das thät schön galopiren,
War von gar frommer Art,
Ein Kindlein konnt' es führen;
Doch wenn es an ein Wirthshaus kam,
Den Kopf es in die Beine nahm,
Warf in den Sand mich lieber,
Als daß es ging vorüber.

Der Wirth saß vor der Thür
Und sprang herzu behende;
Gleich stand das Rößlein still,
Als ob's ein Zauber bände.

So ging's in Stall und Stub' hinein,
Das Roß fraß Hafer, ich trank Wein;
Das Rößlein wurde wählig,
Der Reiter wurde selig.

Da fiel es denn mir ein
Das Rößlein zu verkaufen,
Das mich so tückisch zwang
Mich täglich zu besaufen.
Denn ach! viel Schenken gibt es hier
Und überall gut Wein und Bier;
In jeder nur ein Gläschen,
So wirbelt's schon im Näschen.

Verruchtes Teufelsthier!
Nun hat ich's in den Taschen
Als baares blankes Geld,
Vollauf zu tausend Flaschen;
Doch um zu zeigen, wer ich sei,
Wollt' ich am Wirthshaus frank und frei
Gleich mal vorübergehen,
Ohn' auch hineinzusehen.

Und als ich ging vorbei,
Da ward das Geld lebendig
Und wühlt' und stieß und sprang
Umher so ganz unbändig,
Als wollt' es auf der Stelle schier
Zermalmen alle Rippen mir,
Bis ich mich ließ bethören
Ins Wirthshaus einzukehren.

Da fand das arge Geld
Bald seine gute Ruhe.
Nun liegt der ganze Schatz
Schon in des Schenken Truhe.
Ach, aber tief in meinem Bauch
Da liegt das Gaul, die Thaler auch,
Und treiben's zum Erbarmen
Noch immer mit mir Armen!

Wenn ich ein Wirthshaus seh',
Fängt's in mir an zu toben,
Als wollt' es kehren gleich
Das Unterste zu oben;

Und sprech' ich in dem Wirthshaus ein,
Der Wirth, der Schuft, gibt keinen Wein
Für's Gaul und 's Geld im Magen,
So arg sie mich auch plagen.

Der Trinker von Gottes und Rechts wegen.

Romanze.

Ich hatt' in meiner Mutter Leib
Gewohnt ein halbes Jahr,
Da sprang zu hoch das junge Weib,
Dacht' nicht an die Gefahr.
Auf einem Weinberg tanzte sie
Bei einem Winzerfest;
Das Röcklein flog bis an die Knie,
Das Mieder saß nicht fest.

Da roch ich was von Rebensaft,
Da hört' ich Gläserklang,
Und flugs heraus aus meiner Haft
Sprang ich in wildem Drang.
Sie legten mich auf Rebenlaub,
Sie sprengten mich mit Wein;
Ich blieb nicht blind und stumm und taub
Und sog die Tropfen ein.

Ein Schenkwirth war mein Herr Papa,
Goß immer ein und aus;
Das Wasser stand dem Weine nah
Allzeit in seinem Haus.
Und als der Pfaff nach Wasser rief,
Daß er mich taufte drein,
Mein Vater sich in Eil' verlief
Und brachte blanken Wein.

Damit begoß der heil'ge Mann
Mein Haupt und mein Gesicht
Und sprach dazu den Segen dann;
Ich schrie und muckte nicht.
In sel'gem Rausche lag ich da
Den ganzen lieben Tag;
Sie glaubten schon mein Ende nah,
Da ward ich jauchzend wach.

Und als ich lernte selber stehn,
Trieb ich's wie mein Papa:
Sollt' ich zum Wasserfasse gehn,
Gar oft ich mich versah
Und schöpfte nebenbei heraus
Und nebenbei hinein;
Ich war der einz'ge Gast im Haus,
Der zechte reinen Wein.

Und nun, ihr Leute, sagt mir an,
Wie sollt' es anders sein,
Als daß mein Mund nichts trinken kann
Als guten reinen Wein?
Er ist's, der vor der Zeit mich rief
In diese Welt heraus;
Wär' er nicht mehr, fürwahr, ich lief'
Auch vor der Zeit hinaus.

Er ist es auch, der mich hernach
Zum Christen hat gemacht:
Das hab' ich mir so manchen Tag
Fein christlich überdacht:
Und weil's mohammedanisch ist,
Zu trinken keinen Wein,
Will ich beim Wein ein guter Christ
Trotz Türk' und Teufel sein!

Est Est!

Romanze.

Hart an dem Bolsener See,
Auf des Flaschenberges Höh'
Steht ein kleiner Leichenstein
Mit der kurzen Inschrift drein:
Propter nimium Est Est
Dominus meus mortuus est

Unter diesem Monument,
Welches keinen Namen nennt,
Ruht ein Herr von deutschem Blut,
Deutschem Schlund und deutschem Muth,
Der hier starb den schönsten Tod —
Seine Schuld vergeb' ihm Gott!

Als er reist' im welschen Land,
Vielen schlechten Wein er fand,
Welcher leicht wie Wasser wog
Und die Lippen schief ihm zog.
Und er rief: „Ich halt's nicht aus!
Lieber Knappe, reit' voraus;

„Sprich in jedem Wirthshaus ein
Und probire jeden Wein.
Wo er dir am besten schmeckt,
Sei für mich der Tisch gedeckt;
Und damit ich find' das Nest,
Schreib ans Thor mir an ein Est."

Und der Knappe ritt voran,
Hielt vor jedem Schenkhaus an,
Trank ein Glas von jedem Wein;
War der gut, so kehrt' er ein,
War der schlecht, so sprengt' er fort,
Bis er fand den rechten Ort.

Also kam er nach der Stadt,
Die den Muskateller hat,
Der im ganzen welschen Land
Für den Besten wird genannt;
Als von diesem trank der Knecht,
Dünkt' ein Est ihm gar zu schlecht.

Und mit feuerrothem Stift
Und mit riesengroßer Schrift
Malt er nach des Weins Gebühr
Est Est an der Schenke Thür;
Ja, nach anderem Bericht
Fehlt die dritte Silbe nicht.

Der Herr Ritter kam, sah, trank,
Bis er todt zu Boden sank.
Schenke, Schenkin, Kellner, Knapp'
Gruben ihm ein schönes Grab
Hart an dem Bolsener See,
Auf des Flaschenberges Höh'.

Und sein Knapp, der Kostewein,
Setzt' ihm einen Leichenstein,

Ohne Wappen, Stern und Hut,
Mit der Inschrift kurz und gut:
Propter nimium Est Est
Dominus meus mortuus est.

Als ich nach dem Berge kam,
Eine Flasch' ich zu mir nahm,
Und die zweite trug ich fort
Nach dem weltberühmten Ort,
Wo der deutsche Ritter liegt,
Der vom Est Est ward besiegt.

Selig preis' ich deine Ruh,
Alter guter Freiherr du,
Der du hier gefallen bist
Von dem Trank, der doppelt ist!
Doppelt ist in Kraft und Glut
Goldnes Muskatellerblut.

Jahr für Jahr an jenem Tag,
Wo dein Leib dem Geist erlag,
Zieht, was trinkt in Hof und Haus,
Feierlich zu dir hinaus
Und begießt mit deinem Wein
Dir den Hügel und den Stein.

Aber jeder deutsche Mann,
Welcher Est Est trinken kann,
Denke dein bei jedem Zug;
Und sobald er hat genug,
Opfr' er fromm dem edeln Herrn,
Was er selbst noch tränke gern.

Also hab' ich's auch gemacht
Und dazu dies Lied erdacht.
Lieber singen eins beim Wein,
Als im Grab besungen sein!
Propter nimium Est Est
Liegt manch einer schon im Nest.

An die Ungünstigen.

Und laßt mir doch mein volles Glas,
Und laßt mir meinen guten Spaß
Mit unsrer schlechten Zeit!
Wer bei dem Weine singt und lacht,
Den thut, ihr Herrn, nicht in die Acht!
Ein Kind ist Fröhlichkeit.

Es neckt und zeckt aus Zeitvertreib,
Rückt aber keinem auf den Leib
Mit hartem Stoß und Schlag;
Es hat's auf niemand abgesehn,
Und allen, die vorübergehn,
Schickt es ein Schnippchen nach.

Wie groß und schwer die Leute sind,
Was fragt danach das wilde Kind?
Bleibt es doch leicht und klein;
Es spritzt dem steifen Lachenicht
Ein Glas Champagner ins Gesicht
Und kichert hinterdrein.

So laßt ihm denn sein volles Glas,
Und laßt ihm seinen guten Spaß
Mit unsrer schlechten Zeit!
Seht nur nach dem, der Wasser schluckt
Und einsam in dem Winkel muckt
Und stumme Galle speit;

Er soll von altem Adel sein
Und erbt die Gicht durch Arm und Bein
Schon von dem zwölften Ahn;
Er heißt der Herr von Misvergnügt,
Der Steine sä't und Wasser pflügt
Und doch nicht ernten kann.

Vor diesem seid auf eurer Hut!
Der Unmuth thut nicht eher gut,
Bis ihr ihn tauft mit Wein;
Und soll das Werk von statten gehn,
So ladet zum Gevatterstehn
Den Uebermuth ihm ein.

Ungünstige gestrenge Herrn,
Noch einen Becher leer' ich gern
Auf euer Wohl zuletzt!
Es geht auf Erden jede Kunst
Nach Brot und Wein, nach Dunst und Gunst,
Und wohlfeil ist es jetzt.

Des Trinkers Jahreszeiten.

Ein lyrischer Accord.

Erstes Jahr.

Frühling.

Ein grünes Glas im Grünen
Gefüllt mit kühlem Wein,
Und grüner Muth im Herzen,
Bei warmem Sonnenschein!

Willkommen, Mai, willkommen!
Du kommst zu guter Zeit:
Es blinkt in meiner Rechten
Der Römer, dir geweiht;

Die Sonnenstrahlen brechen
Sich bunt an seinem Grün;
In seinem goldnen Bronnen
Smaragd und Saphir glühn.

Und eine weiße Blüte
Schwimmt auf dem Spiegel hin;
Woher kam sie geflogen,
Die kleine Trinkerin?

Sie flog vom Haupt des Maien.
Und wie sie niedersank,
„Flieg“, sprach der Mai, „und trinke
Für mich zum schönen Dank!“

Sommer.

Wie die Erd' ist aufgesprungen,
Lechzend in der dürren Glut,
Ach, so ist's in meiner Lungen,
Die sich auseinanderthut!

Wie das welke Blatt am Baume
Nieder auf die Erde hängt,
Also klebt am harten Gaume
Meine Zunge halb versengt!

Trübe Wolken seh' ich schweben
Durch den Himmel tief und schwer;
Einen Regen wird es geben:
Ach, wer Erd' und Blatt doch wär'!

Ich — wie hieß' ich euch willkommen,
Wolken, Spötter meiner Pein?
Was soll mir der Regen frommen,
Wenn es regnet keinen Wein?

Herbst.

Setzt den Pokal mir auf den Teller,
Und legt die Trauben um den Rand!
Vergangenheit, komm aus dem Keller,
Du, Zukunft, von der Gartenwand!

Und ich so selig zwischen beiden
Genieße meiner Gegenwart.
Dank für die alten lieben Freuden!
Glück auf zu dem, was meiner harrt!

Winter.

Legt ein großes Scheit zum Herde,
Daß mir's warm und munter werde!
Wenn das Feuer sausend klingt,
Mein' ich, daß der Winter singt.

Stimmen wir mit diesen Flammen
Unsre Saiten denn zusammen!
Einer pfeift auch draußen mit
Nach dem Takte, Schritt und Tritt.

Kennt ihr nicht den kleinen Pfeifer,
Unsern flinken Gassenläufer?
Wo ihr niedersetzt den Fuß,
Pfeift im Schnee der Musikus.

Einen Wein hab' ich erkoren,
Der im Eise hat gefroren;
Seines Phlegmas kaltes Naß
Seht, es ist erstarrt im Faß!

Aber in der kalten Hülle
Glüht des Traubengeistes Fülle.
Brüder, schlagt die Rind' entzwei!
Macht die Feuerseele frei!

Also laßt uns warm erhalten
Auch in winterlichen Falten
Unser Herz und unsern Geist,
Wenn das Alter uns umeist!

Zweites Jahr. 1826.

Frühling.

„Ei, ei, wie schläfst du, o Erde, so lang'?" —
„Geduld, ihr Kinder, und seid nicht bang'!
Je besser des Herbstes Traube gedeiht,
Je länger schlaf' ich zur Winterzeit.

„Es hatte des jüngsten Herbstes Saft
So wunderbare geheime Kraft;
Sie hält noch immer in Rausch mich hier,
Und ich verschlafe den Frühling schier." —

„Steh auf, es ist ja die höchste Zeit:
Bedenke, daß sonst kein Wein gedeiht!
Die Reben weinen vor Angst und Noth,
Daß ihnen ein solches Elend droht." —

„Geduld, Geduld! Ich hebe mich schon.
Komm, Lenz, hilf auf mir, du lieber Sohn!
Und laß uns zuerst nach den Reben gehn,
Ich kann sie nicht länger weinen sehn."

Sommer.

Wenn wir in den Keller gehn,
Kühlen Wein zu trinken"!
Laßt die Sonn' es nur nicht sehn;
Denn sie wird euch winken;

„Nehmt mich", winkt sie, „mit hinein,
Einen Krug zu leeren!"
Brüder, weh' um unsern Wein,
Laßt ihr sie gewähren;

Tausend Strahlen oder mehr,
Durstige Gesellen,
Rief sie zu dem Weine her
Von den Wasserquellen.

Seht doch, wie sie lechzend hier
Vor dem Keller stehen;
Ach, sie leerten draußen schier
Ganze Flüss' und Seeen.

Schenke, laß sie nicht herein
Diese wilden Zecher!
Sieh, wie mir so schnell der Wein
Schwindet aus dem Becher;

Glaube mir, es ist ein Strahl,
Der durch eine Ritze
Sich in meinen Becher stahl
Mit der Zungenspitze!

Herbst.

In den Reben lieg' ich hier
Grün und gelb umrankt,
Wo die schwere Traube mir
Um die Lippen wankt.

Netze sie mit frischer Kost,
Herbst, ich wittre was —
Hast du denn noch keinen Most,
Alter Herr, im Faß?

Ist es noch nicht Kelterzeit
In dem Garten hier? —
Mach dich, Winzerin, bereit
Und komm her zu mir;

Traub' an Traube dränget sich
Deinen Händchen zu,
Bittend: „Ach, zerdrücke mich,
Schönes Mädchen du!

„Gebe gern dir meinen Wein,
Wenn ich bluten muß;
Laß mich nicht zertreten sein
Von des Winzers Fuß!"

Mit den Trauben bitt' ich dich
Um den ersten Most;
Meine Lippen öffnen sich
Deiner süßen Kost.

Laß mich prüfen, wie man muß,
Dieses Herbstes Wein:
Erster Most und erster Kuß —
Was wird süßer sein?

Winter.

Schenke, bringe mir hellen Wein,
Weil die Lüfte sind dunkel;
Laß mich sehn in des Bechers Schein
Sonnenlicht, Sternengefunkel! —

Wolkenschneider, du böser Mann,
Thust du der Erd' es zu Leide,
Daß die Sonne du kleidest an
Mit dem traurigen Kleide?

Aschenfarben hängt es ihr
Ueber die Augen herunter. —
Weil der Himmel nicht siehet nach dir,
Bruder, treib' es recht munter!

Und wenn morgen der Sonnenschein
Wieder die Erde beleuchtet
Und von heute die Trinkerlein
Findet noch selig befeuchtet:

Ach, wir beweinten die ganze Nacht
Unsre Sünden mit Schmerzen;
Das hat trüb' uns die Augen gemacht,
Aber erhellet die Herzen.

Der König von Hukapetapank.

Im Lande Hukapetapank
Ein großer König war,
Der sich nach altem Brauch betrank
Einmal in jedem Jahr.
Und keiner durfte trinken Wein
Im ganzen lieben Land,
Solange noch auf einem Bein
Derselbe König stand.

Doch wann der Herr zu Boden sank
Und fiel von seinem Thron,
Dann ging's in Hukapetapank
Wie beim verlornen Sohn;
Aus Topf und Teller tranken sie,
Aus Hand und Hut zumal,
Es trank Herr, Frau, Knecht, Magd und Vieh
Im königlichen Saal.

Ein jeder war des Königs Gast,
Solang' der König schlief;
Geöffnet standen im Palast
Die Speicher hoch und tief;
Der Bettler zechte Kronenwein,
Als flöss' er in dem Bach,
Und wähnt' ein König schon zu sein —
Da ward der König wach.

O weh, nun war der Jubel aus,
War auch manch Maß noch voll;
Die Schergen traten in das Haus
Und schrien: „Seid ihr toll?"
Und wer da lag und saß und stand,
Betrunken oder nicht,
Der ward als Trunkenbold zuhand
Gestellet vor Gericht.

So ging's in Hukapetapank.
So geht's woanders auch;
Denn schade wär' der Untergang
Von solchem guten Brauch.
Paßt auf nur, wenn die Majestät
Zuerst die Augen reibt:
Wohl dem, der dann nach Hause geht
Ein Narr, wer länger bleibt.

Des Trinkers Wunsch.

O hätt' ich von dem Storche
Den langen engen Schlund,
Daß nicht mein Magen läge
So nah an meinem Mund!

Kaum fühl' ich ihn am Gaumen
Den süßen Traubensohn,
So ist er mir hinunter
Im todten Bauche schon.

Drum, Storch, wenn ich mit Weine
Den Mund mir mache naß,
Beneid' ich deinem Halse
Den langen engen Paß.

Schad' um die lange Kehle
Für dich, du Wasserschwelg!
Und — für die kurze Kehle
Wie schad' um diesen Kelch!

Göttlichkeit des Weins.

Die Segel wollen haben Wind,
Damit das Schifflein fahr' geschwind;
Des Sängers Seele treibt der Wein
Ins alte Paradies hinein.

Der Wein kennt keine Erdenzeit
In seiner goldnen Ewigkeit,

Im Winter ist er Lenz für mich,
Als Winter gibt im Lenz er sich.

Der Wein trotzt jeder Erdenmacht
Und achtet keines Kaisers Acht,
Den Kettenträger macht er frei
Und wirft den Dei in Sklaverei.

Die Liebe selbst, die alle zwingt,
Mit ihm noch um den Lorber ringt;
Er taucht sie heut in matte Ruh,
Und gießt ihr morgen Feuer zu.

Ob uns des Himmels Hand auch schlug,
Er fürchtet nicht der Sünde Fluch,
Gießt in die Wunden Balsam ein
Und brennt sie aus mit Reuepein.

Und leeren wir das letzte Glas,
So zeigt er uns im hellen Naß
Der Seele Segel ausgespannt
Zum Fluge nach dem neuen Land.

Der Musikus.

Es war einmal ein Musikus,
Im Trinken wohl erfahren,
Der hielt sich einen Famulus
In seinen besten Jahren:
Zum Dienste nicht bei Spiel und Sang,
Zum Dienste nur beim Becher.
Er schenkt' ihm keinen schlechten Trank,
Dem ehrenwerthen Zecher.

Zwei Becher standen Tag und Nacht
Vor ihm gefüllt mit Weine.
Die Zeit ist schnell! hat er gedacht,
Darum vergeud' ich keine;
Und schenkt' ich einen Becher voll,
Solang' könnt' ich nicht trinken;
Hab' Acht, mein Kind, der zweite soll
Gefüllt daneben blinken!

Und wenn der Herr entschlafen war,
Der Zecher sondergleichen,
Der Knabe durft' ihm um kein Haar
Von seinem Dienste weichen;
Mit vollen Bechern stand er da
Vor seines Schläfers Bette,
Hielt sie dem Mund, der Nase nah,
Frug, ob er Durst nicht hätte.

Ei, ei, du guter Musikus,
Im Schlafe selbst zu dürsten!
Laß schlafen deinen Famulus,
Du schläfst ja wie zehn Fürsten. —
O nimmermehr, o nimmermehr!
Der Schlaf hat seine Plagen;
Ich träume stets, mein Glas sei leer,
Mein Faß entzweigeschlagen.

Und wacht' ich auf aus meinem Traum
Und röche meine Nase
Nicht gleich des Weines süßen Schaum
Aus einem vollen Glase,
Was würd' aus mir in solcher Noth,
In solchen Finsternissen?
Todt fände mich das Morgenroth
Auf meines Lagers Kissen. —

Das war einmal ein Musikus
Im Trinken wohl erfahren!
O daß er nicht mehr leben muß
In unsern lieben Jahren!
Wir haben Lieder, haben Wein
Und manche schöne Weise:
Er sollte Becherkönig sein
In unserm Tafelkreise.

Verschiedene Weltansicht.

Und steigst du auf die Berge,
Sperrst weit die Augen auf,
Was schaust du von der Erde
Und von des Lebens Lauf?

Ein kleines, enges Stückchen
In fernem Nebelduft,
Wie scharf auch sei dein Auge,
Wie klar auch sei die Luft.

Das ist ja kaum der Reise
Zu solcher Höhe werth! —
Ich bleib' im Keller liegen,
Weil Steigen mich beschwert.

Und weil ich nicht kann schauen,
So träum' ich bei dem Wein:
Bald, wie es ist auf Erden,
Bald, wie es könnte sein.

Die Vierundneunziger.

Das Jahr, das mich der Welt gegeben,
Es soll gepriesen sein;
Gesegnet hat's die deutschen Reben
Mit einem Nektarwein.

Und auch mein Monat rühmt nicht minder
Der höchsten Ehren sich;
Denn wir sind beid' Octoberkinder,
Der edle Wein und ich.

O Bruder, daß es mir gelänge
Dir ähnlich stets zu sein,
Und daß mein Lied zum Becher klänge
Wie du so stark und rein!

So möge nie ein falscher Tropfen
Entweihn dein echtes Blut,
Und nie ein ungetreuer Propfen
Entkräften deinen Muth!

Dann kreisen wir in schönem Bunde
Durch Deutschlands Gauen fort
Und segnen jede gute Runde
Mit gutem Wein und Wort.

Und geht es einst mit dir zur Neigen,
Und geht's zum letzten Zug,
Mit deinem Tode will ich schweigen
Und folgen deinem Flug.

Was sich reimt.

Wer nicht lacht und singt beim Wein,
Dieser soll mein Freund nicht sein.
Schenkt ihm, schenkt ihm Wasser ein!

Wasser ist zum Denken gut,
Spült den Kopf und kühlt das Blut.
Gebt dem Denker volle Flut!

Ich will heute denken nicht,
Ob der Nacht folgt Morgenlicht,
Bis es durch die Laden bricht;

Will nicht denken an die Welt,
Ob sie gut, ob schlecht bestellt —
Wenn ihr Wein mir nur gefällt;

Will nicht denken an den Kopf,
Wo und wie an meinem Schopf
Hängen mag der edle Zopf;

Will nicht denken, welcher Fuß
Mich nach Hause tragen muß,
Laevus oder dexterus;

Denke nicht an mein Latein,
Ob's mag ciceronisch sein —
Geht's nur in den Reim hinein.

Was sich reimt, das ist auch recht.
Darum reimt sich recht und schlecht
In Arminius' Geschlecht;

Darum reimt sich mein und dein
Ohne Streit bei Lieb' und Wein,
Oder unterm Leichenstein;

Darum reimt sich nimmermehr
Wein und Wasser, voll und leer,
Frohe Brüder und ein Bär.

Alte und neue Weisheit.

Ein griechischer Philosophus —
Der dümmste nicht von denen,
Die an der harten Weisheits-nuß
Geknackt mit ihren Zähnen —
Hat einst gesagt: „Wem guter Wein
Ist in den Kopf gestiegen,
Dreiköpfig scheint mir der zu sein,
Und jeder Kopf kann fliegen."

O Afterklugheit unsrer Zeit!
Wer fragt noch nach den Köpfen?
Schwebst du in trunkner Seligkeit,
So spricht man von den Zöpfen,
Die Zöpfe zählet man an dir;
Die Köpfe läßt man fliegen.
Ach alte Weisheit, bleib mit mir
Im tiefen Keller liegen!

Nestor.

Wißt ihr, was des Weines Kraft
In dem Menschen wirkt und schafft?
Wißt ihr's nicht, ihr sollt's erfahren
Aus den alten guten Jahren,
Wo der Held, wie groß er ist,
Seines Magens nicht vergißt.

Ach, du gute alte Zeit
Bist von uns nun himmelweit,
Wo die jungen Königinnen
Wuschen ihres Hauses Linnen,
Und ein Kronprinz ohne Scham
Zu den Schweinehirten kam!

Damals lebt' in Griechenland
König Nestor, weit genannt,
Greisester von allen Greisen,
Weisester von allen Weisen;
Und wenn er den Mund erschloß,
Honig seiner Zung' entfloß.

Wißt ihr wol, woher das kam?
Wißt ihr wol, woher er nahm
Dieses Trio edler Gaben,
Die nicht alle Fürsten haben? —
Aus dem größten Festpokal
Trank er alle allzumal.

Diesen seinen Festpokal
Leert er aus bei jedem Mahl.
Mancher mochte besser schlagen;
Aber keiner konnte tragen
Den zum Munde so wie er,
Keiner ihn auch trinken leer.

Und als er gen Troja fuhr,
Dacht' er an den Becher nur,
Dacht': auch drüben gibt es Waffen;
Aber solchen Becher schaffen
Kann mir nicht ganz Asia
Sammt der schönen Helena. —

Solche Waffen lob' ich mir!
Peleus' Sohn, was frommten dir
Deine großen Spieß' und Schwerter?
Nestor's Becher halt' ich werther:
Große Waffen machen todt;
Große Becher halten roth.

Wißt ihr, was des Weines Kraft
In dem Menschen wirkt und schafft?
Jetzo habt ihr es erfahren
Aus den alten guten Jahren,
Wo der Held, wie groß er ist,
Seines Magens nicht vergißt.

Die schöne Kellnerin von Bacharach

und ihre Gäste.

Die schlanke Kellnerin und die schlanken Flaschen.

Blanke, schlanke Kellnerin,
Blank und schlank sind deine Flaschen,
Blanker, schlanker ist dein Leib:
Laß mich trinken, laß mich naschen
Sorgenbann und Leidvertreib!

Blanke, schlanke Kellnerin,
Zum Umspannen ist dein Mieder
Mit vier Fingern ohn' Beschwer:
Fülle mir den Schoppen wieder!
Mit vier Zügen ist er leer.

Blanke, schlanke Kellnerin,
Schlanke Leibchen hab' ich gerne —
Aber schlanke Flaschen nicht,
Dank dem durstig heißen Sterne,
Unter dem ich trat ans Licht.

Blanke, schlanke Kellnerin,
Fordr' ich doch den schlanksten Schoppen,
Sage nicht, ich sei ein Thor;
Denn er zaubert, mich zu foppen,
Deinen schlanken Leib mir vor.

Blanke, schlanke Kellnerin,
Schlanke Flaschen dir behagen,
Ob ihr Glas auch leicht zerbricht:
Schlanke Leibchen, laß dir sagen,
Knacken wol, doch brechen nicht.

Blanke, schlanke Kellnerin,
Wohl bekomm' es deinen Kannen,
Daß so schnell mein Schoppen leer!
Darf ich deinen Leib umspannen,
Meſſ' ich keine Flasche mehr.

Das Röschen.

Du kleine junge Kellnerin,
Warum so gar verlegen?
Wer schüttet doch den Wein dahin
Um eines Kusses wegen?
Komm, daß der Alt' es nur nicht seh',
Ich will es auf mich nehmen.
Schenk' ein! Gesichtchen in die Höh'!
Ich büße dir das Schämen.

Du schauest in das Glas hinein
Mit purpurrothen Wangen,
Da schwimmt doch oben auf dem Wein
Ein Röschen unbefangen,
Und sieh, ich küss' es wie ich will,
Bis es herabgesunken.
Halt, Röschen, auf der Wange still!
Der Wein ist ausgetrunken.

Uebergegossen.

Du hast den Becher mir zu voll gegossen,
Und auf die Hand ist dir der Wein geflossen;
Trink ab, trink ab mit deinen rothen Lippen!
Ich will von deiner Hand die Tropfen nippen.

Und um des Bechers Rand such' ich die Stelle,
Wo du geküßt die goldbeschäumte Welle:
So will ich deines Mundes Küsse küssen,
Bis du den Mund mir selbst wirst reichen müssen.

Und wenn dein Herz es meint mit diesem Zecher,
So wie der Krug es meint mit seinem Becher:
Nur zu, nur zu, und laß es überfließen;
So wirst du meiner Liebe Keim begießen!

Die Kellnerin und die Sterne.

Des Himmels Sterne gehen auf und unter,
Und deine Augen leuchten immer munter
Vom frühen Morgen bis zur späten Nacht;
Das hat die Sterne bös' auf dich gemacht.

Sie wollen einen alten Mann dir geben,
Auf daß du lernest nach den Stunden leben
Und schlafen in der Nacht, wie sich's gehört,
Wenn keiner dich in deiner Ruhe stört.

Der Kirchgang.

Will ich in die Kirche gehn,
Bleib' ich bei dem Keller stehn.
Zugeschlossen ist sein Thor;
Aber sieh, wer sitzt davor?

Zu der schönen Kellnerin
Setz' ich auf die Bank mich hin;
Darf sie schenken keinen Wein,
Darf sie doch mir freundlich sein.

Kind, ein freundliches Gesicht
Ist ja keine Sünde nicht!
Kann ich sitzen fromm bei dir,
Ist's wie in der Kirche hier.

Von der Kirche sprech' ich auch,
Will es so des Sonntags Brauch:
Von dem heiligen Altar,
Von dem grünbekränzten Haar.

Sitze still! Wer weiß, wie weit
Von uns beiden ist die Zeit,
Wo uns Gott der Herr beschert,
Was uns besser beten lehrt!

Der letzte Gast.

Ich bin der letzte Gast im Haus;
Komm, leuchte mir zur Thür hinaus!
Und bieten wir uns gute Ruh,
So gib mir einen Kuß dazu.

Du schenktest heut mir trüben Wein
In meinen letzten Becher ein;
Ich schalt dich nicht und trank ihn aus,
Ich war ja letzter Gast im Haus.

Mir gegenüber saßest du,
Es fielen dir die Augen zu;
Ich dacht', sie wünscht dich wol hinaus,
Du bist der letzte Gast im Haus.

Ich bin der letzte Gast im Haus;
Der schöne frische Rosenstrauß,
Den ich dir gab beim ersten Glas,
Hängt dir am Busen welk und blaß.

Nun gute Nacht! Nun gute Ruh!
Und morgen früh wann öffnest du?
Ich bin der letzte Gast im Haus,
Und eh' es dämmert, wandr' ich aus.

Ich bin der letzte Gast im Haus;
Den letzten Tropfen trink' ich aus.
Setz' mir mein grünes Glas beiseit,
Zerbräch's ein andrer, thät mir's leid.

Was ist schuld daran?

Du hast zum Trinker mich gemacht,
Du schöne Kellnerin;
Ei, ei, wer hätte das gedacht,
Da ich so jung noch bin!

Und klag' ich an den süßen Wein,
Den sie ins Glas mir gießt? —
So klag' ich an den Vater Rhein,
Bei dem die Rebe sprießt;

So klag' ich an den Sonnenstrahl,
Thau, Regen, Luft und Wind,
Die doch auf Erden allzumal
Des Himmels Gaben sind!

Und klag' ich an ihr Schelmgesicht,
Ihr blaues Augenpaar,
Ihr Mündchen, das auch schweigend spricht,
Ihr goldnes Flechtenhaar? —

Sie hat ja ihren schönen Leib
Sich selber nicht gemacht,
Und in dem Grabe liegt das Weib,
Das sie zur Welt gebracht.

Wer stellt die Todten vor Gericht
Und stört des Grabes Ruh! —
Kind, nimm es dir zu Herzen nicht
Und schenk' nur immer zu!

Der Wassermann.

Wenn das Wasser draußen
Von den Scheiben rinnt,
Gieß mir Wein hier innen
In das Glas geschwind!

Ist das Wetter trübe,
Hell ist doch der Wein,
Hell des Mädchens Auge,
Das ihn schenket ein.

Herrschet denn am Himmel
Heut der Wassermann?
Kellnerin, so lege
Gleich die Laden an.

Gar zu griesegrämlich
Schauet er herein,
Möchte seinen Regen
Gießen in den Wein.

Sieh nur nach dem Kruge,
Schöne Kellnerin,
Daß er nicht für deinen
Seinen stelle hin.

—

Versprochen und zerbrochen.

Wie manches Glas bezahl' ich hier
Und hab' es nicht zerbrochen;
Auch nicht ein Küßchen gibst du mir
Und hast so viel versprochen!

Und küssest du mich heute nicht,
Will ich bis morgen zechen;
Und wenn mir die Geduld zerbricht,
Mag auch ein Krug zerbrechen.

Die Trophäen des Trinkers.

So hab' ich endlich ihn bezwungen,
Den Knaben, der die Welt bezwingt!
Ich habe müde mich gerungen,
Drum, Brüder, kommt zu mir und trinkt

Er griff mich an in diesem Keller
Und stieß ans Glas mir ohne Scham,
Als eben meinen leeren Teller
Die Kellnerin vom Tische nahm.

Der Schaum bespritzte mir die Nase,
Und solch ein Niesen kam mich an,
Daß aus dem übervollen Glase
Der Wein mir in den Aermel rann.

Er lachte hinter meinem Stuhle,
Da sprang ich auf und faßt' ihn baß,
Und leicht wie eine Federspule
Warf ich ihn nieder auf ein Faß.

Da lag er, ohne sich zu regen,
Und schrie und schluchzte jämmerlich;
Ich ließ mein gutes Herz bewegen
Und sprach zu ihm: So trolle dich!

Doch seht, was ich ihm abgenommen,
Eh' ich ihn aus der Thüre ließ!
Nun mag er immer wiederkommen,
Der Ritter ohne Schild und Spieß!

Zum ersten seine Augenbinde,
Die dient mir jetzt zum Tellertuch
Und, wenn ich abgenutzt sie finde,
Für einen Spund zum Ueberzug.

Mit seinen scharfgespitzten Pfeilen
Da bohr' ich meine Fässer an,
Vielleicht daß ich sie auch zuweilen
Als Pfropfenzieher brauchen kann.

Und seine Fackel soll mir leuchten
In schwarzer Nacht aus jedem Schmaus,
Wenn mir der Weg zu glatt will däuchten
Und sich im Wirbel dreht mein Haus.

Reime aus den Inseln des Archipelagus

(Zum Theil freie Bearbeitung neugriechischer Orginale.)

Das Verhör.

„Thu auf die Thür, du holde Maid, thu auf und laß mich ein!“ —
„Wer klopft, wer ruft in stiller Nacht? Ein Türke wird es sein.“ —
„Es ist kein Türk'; es ist ein Christ, es ist ein guter Christ,
Der deinen purpurrothen Mund viel tausendmal geküßt.“ —
„Ich sehe dich im Dunkel nicht, so sag' ein Zeichen mir
Von Hof und Haus und Kämmerlein, damit ich traue dir.“ —
„Im Hofe springt ein Silberquell, und wie der Wind auch weht,
Er springt nach deinem Fenster nur, wenn eines offen steht.
Am Hause rankt die Rebe sich hinauf von Stein zu Stein,
Bis mit den nassen Augen sie kann sehn zu dir hinein;
Du trocknest ihre Thränen ab, sie brechen auf zumal,
Und goldne Nektartrauben glühn in deiner Sterne Strahl.
In deiner Kammer an der Wand ist ein verhängter Schrein,
Es blickt kein Mond, es blinkt kein Stern, kein Lämpchen flimmt hinein;
Darinnen liegt die Lilie auf einem Rosenbeet —“
„Ich komme schon, ich öffne schon! Herein, wer draußen steht!“

Verwünschung.

Möge dessen böse Zunge stets mit Blasen sein geplagt,
Der dir, daß ich treulos wäre, selber treulos hat gesagt!
Ist's ein Stern, fall' er vom Himmel; ist's der Mond, er müss' erblinden;
Ist's ein heirathsfrohes Mädchen, müsse keinen Mann sie finden!

Wer hat's verrathen?

Als wir uns küßten, war es Nacht — wer hat es denn gesehn?
Ein kleiner Stern hat uns belauscht, den sahen wir nicht stehn;
Der Stern stieg zu dem Meer herab und sagt es diesem an;
Das Meer verrieth dem Ruder es, das Ruder seinem Mann;
Und, ach des schwätzigen Verraths! so ist es nun geschehn,
Daß jeder Schiffer singt von dem, was keiner hat gesehn.

An den Mond.

Bleicher Mond, geh nicht zu Bette, geh für mich erst einen Gang:
Geh zu meinem Ungetreuen, sag ihm, daß ich todeskrank!
Gestern hat er mir geschworen, mein zu sein, vor aller Welt;
Heute hat er mich verlassen wie ein abgemähtes Feld,
Wie ein Kirchlein, das der Priester hat mit einem Bann belegt,
Wie ein Städtlein, das der Pascha hat mit Eisen ausgefegt.
Und so wünsch' ihm denn, dem Argen, wünsch' ihm Arges dies und das:
Daß er schmelze gleich dem Wachse; daß er breche wie ein Glas;
Durch der Türken Säbel soll er in der Franken Dolche gehn;
Fünf Chirurgen ihn zu halten, ihn zu heilen mehr als zehn!

Der kleine Schreiber.

„Kleiner Schreiber, kleiner Schreiber, hör' und laß dein Werfen sein!
Warfst mir heut ein Stückchen Zucker in den Busen grad' hinein.
Wenn du wirst noch einmal werfen, zeig' ich es dem Bischof an;
Und er läßt das Haar dir scheren, und er thut dich in den Bann." —

„Kleines Mädchen, kleines Mädchen, hör' und laß dein Schießen sein!
Alle Pfeile deiner Augen treffen in mein Herz hinein.
Wenn du wirst noch einmal schießen, zeig' ich es dem Herrgott an;
Und er spricht: Das kleine Mädchen nehme sich den kleinen Mann."

Venus am Himmel.

Tritt ans Fenster, meine Liebe; sieh den hellen Himmel an,
Wie der Mond, der keusche Freier, mit der Venus scherzen kann,
Wie sie sich so nahe rücken, und die kleinen Sterne sehn
Lüstern nach dem schönen Paare und vergessen fortzugehn.
Tritt ans Fenster, meine Liebe, neige nieder dich, mein Stern!
Venus herrscht am Himmel heute, und die Erde folgt ihr gern.

Frühlingsahnung.

Die Schwalbe kommt, die Schwalbe kommt, sie kommt vom Weißen Meer;
Sie fliegt heran, sie sieht sich um, 'als ob's nicht sicher wär'.
O März, o März, mein schöner Freund, ich fühl's, du bist mir nah!
O Februar, o Februar, wie lange bleibst du da;
Magst regnen, reifen, schneien auch, ich spreche doch dir Hohn —
Du riechst in deinen Schauern mir nach meinem Frühling schon.

Der Rausch vor dem Trunke.

O Wunderbecher ihrer rothen Lippen!
Gedenk' ich nur daran, aus dir zu nippen,
So ist es mir, als hätt' ich Wein getrunken
Und wär' berauscht auf Rosen hingesunken.

Die Schwalbe.

Eine Schwalbe möcht' ich werden, fliegen grad' in deine Kammer
Und auf deines Hauptes Kissen baun ein Nest für meinen Jammer!

Warnung.

Weißt du wol, daß schwarze Augen nicht bei Tage schlafen müssen?
Kommen sonst die Sonnenstrahlen, um sie wieder wach zu küssen.

Geduld der Liebe.

Von dem harten Riff zerschlagen, kehrt die Welle dennoch wieder:
Schiltst du heut mich weg vom Fenster, sing' ich morgen aus die Lieder.

Die Himmelfahrt.

Dank deinem Kusse ganz allein, nun flieg' ich in den Himmel
Und hasche mit den Engeln mich im seligen Gewimmel;
Sie jagen mich, sie greifen mich, sie wollen gern mich fangen —
Ich reiß' mich los und laufe heim, zu küssen deine Wangen.

Das zersprungene Herz.

Wenn ich dein im Herzen denke, wie ein Glas zerspringt es mir
Und wie Spreu aus einer Tenne fliegt es splitterweis zu dir.

Das erste Liebeszeichen.

Dein Herz von Eisen wird sich nicht, bis daß ich sterb', erweichen:
Dann nähe mir ein Todtenhemd als erstes Liebeszeichen!

Die Augen.

Schwarze Augen, das Haus zu erhellen;
Blaue, ans offene Fenster zu stellen;
Graue bewachen das Pförtchen bei Nacht;
Braune betrügen die treueste Wacht.

Der Morgenstern.

Wenn die Sonne sich verdunkelt, wiss', es ist von meinen Augen,
Deren Thränen ihre Strahlen mit dem Thau der Frühe saugen;
Aber du bist immer helle — gleich dem kalten Morgensterne,
Der sich in der Perlen Spiegel nur beguckt aus eitler Ferne.

Spielzeug der Liebe.

Als ein stummes Kindlein ward meine Liebe jüngst geboren;
Schreien hat es bald gelernt und betäubt dir nun die Ohren.
O so stopf' ihm doch den Mund mit dem Zucker deiner Küsse,
Und zum Spielen gib ihm hin deines Köpfchens harte Nüsse!

Wer kann die Liebe ausschreiben?

Wären Flüss' und Meere Tinte, wär' der Himmel mein Papier,
Wüchsen Federn wie die Aehren auf der weiten Erde mir,
Hülfen mir die Engel schreiben um die Wette Tag und Nacht:
Sag', wann wär' es ausgeschrieben, was die Lieb' in mir gedacht?

Das Ruhekissen der Verlassenen.

An des Meeres Klippenstrande such' ich nach dem harten Stein,
Den dein Fuß zuletzt betreten, als du stiegst ins Boot hinein;
Will ihn als ein Ruhekissen legen auf mein krankes Herz,
Daß kein weicher Traum der Liebe es betrüg' um seinen Schmerz.

Tagesanbruch.

Um Luft zu schöpfen stand ich auf in schwarzer Mitternacht:
Da sah ich deine weiße Brust und dacht', der Tag erwacht.

Die Brust von Glas.

Ich wollt', von Glas wär' meine Brust, daß du mein Herze sähest,
Wie das so trauerfarben ist, weil du es ganz verschmähest!

Der Goldschmied.

Ein Goldschmied will ich werden, will goldne Ringe schmieden
Für deine schwarzen Augen, damit wir haben Frieden.

Schwarz in Weiß.

Augen, Augen groß und schwarz lieb' ich gar zu sehr,
Schwimmen sie in weißer Milch, wie auf tiefem Meer.

Der Kuß.

Wie der Pfeffer auf der Zunge, also brennt dein Kuß im Herzen;
Darum suchen in den Bergen kühle Quellen meine Schmerzen.

Endlich!

Als du klein warst, liebt' ich dich;
Als du groß wardst, foppteſt mich:
Sollst du jemals werden mein,
Wird es wol als Witwe sein!

Nur noch einen.

O daß deine Mutter brächte noch ein Kind zur Welt wie dich,
Daß es doch noch einen gäbe, welcher litte so wie ich!

Hinüber!

O wenn das Meer von Glase wär', das uns hat trennen wollen:
Ein goldnes Ringlein möcht' ich dir so gern hinüberrollen!

Noch elf Reime.

1.

Ein Haar aus deinen Locken nur, die Augen zuzunähen,
Und nie, ich schwör' es dir bei Gott, will ich nach andern sehen!

2.

In dunkler Nacht tret' ich hinaus und frage Stern auf Stern:
Wo ist mein Freund, mein Lieber jezt? ist nah er oder fern?

3.

Beim Becher schwarze Augen,
Am Fenster blaue taugen.

4.

O schöner Mond, wie neid' ich dich, du kannst mein Liebchen sehen;
Und ich bin nicht so fern von ihr, und muß in Schmerz vergehen!

5.

Du gabst mir gestern einen Kuß, davon erkrankt' ich sehr;
Gib einen zweiten mir anjetzt und stell' mich wieder her!
Und gibst du einen dritten mir alsdann noch hinterdrein,
So werd' ich bis an meinen Tod gesund und fröhlich sein.

6.

Sichere Botschaft.

Mein Liebster in der Fremde, was send' ich dir hinaus?
Die Aepfel, sie verfaulen, es welkt der Blumenstrauß;
So will ich Thränen weinen in dieses seidne Tuch
Und will den schnellsten Winden es geben in den Flug,
Sie tragen es hinüber wol über Meer und Land,
Und siehst du nicht die Thräne, so fühlst du ihren Brand!

7.

Ich sah heut einen Apfelbaum, darauf ein Mädchen stand;
Sie pflückte rothe Aepfel ab mit einer weißen Hand.
Da rief ich: „Mädchen, komm herab und gib mir einen Kuß!"
Sie warf mir Aepfel auf den Mund; das war ein grober Gruß!

8.

Klugheit will die Liebe haben — und Ergebung auch genug,
Will den schnellen Lauf des Hasen — und des Adlers kühnen Flug.

9.

Neige dich herab, Cypresse; nur zwei Worte sag' ich dir,
Sage dir: Ich lieb'! — und sterbe dann zu deinen Füßen hier.

10.

Pflücke eine Sonnenblume, zähle Kern' und Blätter beide;
Ihre Zahl wird kleiner sein als die Qualen, die ich leide!

11.

Ach, liebes Vöglein, ach, das Land, dahin dein Flug will ziehen,
Ist eines, wo kein Blatt ergrünt, wo keine Blumen blühen!
Ich habe rings mich umgeschaut auf den verbrannten Matten
Nach einer Quelle Silberblick, nach eines Baumes Schatten;
Ein einziger Cypressenbaum ist in dem Land zu finden,
Und schwarzes bittres Wasser tropft herab aus seinen Rinden.

Griechenlieder.

Die Griechen an die Freunde ihres Alterthums.

Sie haben viel geschrieben, gesungen und gesagt,
Gepriesen und bewundert, beneidet und beklagt:
Die Namen unsrer Väter, sie sind von schönem Klang,
Sie passen allen Völkern in ihren Lobgesang;
Und wer erglühen wollte für Freiheit, Ehr' und Ruhm,
Der holte sich das Feuer aus unserm Alterthum,
Das Feuer, welches schlummernd in Aschenhaufen ruht,
Die einst getrunken haben hellenisch Heldenblut.
Was hat euch nun, ihr Völker, so scheu und bang gemacht?
Der Geist, den ihr beschworen, er steigt aus tiefer Nacht
Empor in alter Größe und beut euch seine Hand —
Erkennt ihr es nicht wieder, das freie Griechenland?
Die Funken in der Asche, in der ihr oft gewühlt,
Die Funken, deren Gluten ihr oft in euch gefühlt,
Sie schlagen lustig lodernd zu hohen Flammen aus:
Kleinmüthige, ihr seht es, und euch erfaßt ein Graus?
O weh, so habt ihr, Freunde, mit Namen nur gespielt,
Habt in die leeren Lüfte mit stolzem Pfeil gezielt!
Die Zeit ist abgelaufen, es ist genug gesagt,
Gepriesen und bewundert, beneidet und beklagt;
Was schwärmt ihr in den Fernen der grauen Heldenzeit?
Kehrt heim, ihr Hochentzückten, der Weg ist gar zu weit!
Das Alt' ist neu geworden; die Fern' ist euch so nah;
Was ihr erträumt so lange, leibhaftig steht es da;
Es klopft an eure Pforte — ihr schließt ihm euer Haus:
Sieht es denn gar so anders, als ihr es träumtet, aus?

———

Der Pargioten Abschied von den Engländern.

Brüder, laßt uns fürderziehen aus dem schnöden Inselland;
Laßt uns eilig unsre Segel richten nach dem schönen Strand,
Wo aus langen schönen Banden Hellas ihre Arme ringt
Und die kettenwunde Rechte gegen die Tyrannen schwingt!
Briten, ohne Dank und Segen scheiden wir aus euerm Schutz,
Wählen einen andern Herren — und derselbe heißet Trutz;
Der will uns hinüberführen ohne euern sichern Paß,
Wo wir Päss' uns selber schreiben mit des Blutes rothem Naß.
Unsre Mauern, unsre Thürme, unsre ganze liebe Stadt,
So die heil'ge Mutter Gottes selber sich ersehen hat,
Daß sie von der Felsenspitze auf dem letzten Uferrand
Tröstend überschauen möchte das gebeugte Griechenland:
Diese Stadt habt ihr verhandelt, Briten, die ihr schützen wollt,
Briten, habt sie losgeschlagen für des alten Paschen Gold!
Hättet wol auch unsre Häupter gern gegeben in den Kauf,
Und der grimme Heide wetzte schon sein Henkerbeil darauf;
Briten, Briten, an den Händen klebt es röther euch als Blut,
Briten, Briten, das ist jenes Sündengoldes Höllengut!
Und ein hoher Scheiterhaufen stieg auf unserm Markt empor,
Und mit Schaufeln und mit Hacken zogen wir aus jedem Thor;
Jeder grub sich die Gebeine seiner Lieben aus der Gruft,
Und in freien Flammen lodernd flog der Staub in freie Luft;
Ach, wol hätten wir uns selber gern gestürzt in seine Glut,
Doch der Weiber und der Kinder Jammer brach der Männer Muth:
Und so zogen wir von dannen bei der Leichenflammen Schein,
Und die Britenschiffe nahmen unsers Elends Lasten ein.
Haben nun zwei Jahr gesessen hier auf Korfus Inselland,
Haben nun zwei Jahr geschauet sehnlich nach der Heimat Strand;
Briten, habt uns Schutz gegeben, und noch Ketten auch dabei:
Euern Schutz und eure Ketten brechen heute wir entzwei.
Brüder, laßt uns fürderziehen! Drüben liegt ja unsre Stadt,
So die heil'ge Mutter Gottes selber sich ersehen hat,
Daß sie von der Felsenspitze auf dem ersten Uferrand
Segnend überschauen möchte das erwachte Griechenland;
Brüder, dahin laßt uns ziehen, eh' der hohe Schutzpatron,
Uns statt seiner zu beschützen, rufe seinen Kerkerfron;
Brüder, dahin laßt uns ziehen, weil wir noch in unsrer Hand
Unsre guten Schwerter halten, Schwerter für das Vaterland!

Der Phanariot.

Meinen Vater, meine Mutter haben sie ins Meer ersäuft,
Haben ihre heil'gen Leichen durch die Straßen hingeschleift;
Meine schöne Schwester haben aus der Kammer sie gejagt,
Haben auf dem freien Markte sie verkauft als eine Magd!
Hör' ich eine Woge rauschen, ist es mir, als ob's mich ruft;
Ja, mich rufen meine Aeltern aus der tiefen, weiten Gruft,
Rufen: Rache! — und ich schleudre Türkenköpfe in die Flut,
Bis gesättigt ist die Rache, bis die wilde Woge ruht.
Aber wenn die Abendlüfte kühl um meine Schläfe wehn,
Ach, sie seufzen in die Ohren mir wie leises banges Flehn;
Ach, es sind der Schwester Seufzer in der Schmach der Sklaverei:
Bruder, mache deine Schwester aus den schnöden Banden frei! —
Ach, daß ich ein Adler wäre, könnte schweben in den Höhn
Und mit schnellen scharfen Blicken durch die Städt' und Lande spähn,
Bis ich meine Schwester fände und sie aus der Feinde Hand
Frei in meinem Schnabel trüge nach dem freien Griechenland!

Die Jungfrau von Athen.

Rosensträuche thät ich pflanzen unter meinem Fensterlein,
Und sie blühen und sie duften in die Kammer mir herein;
Und die Nachtigallen singen in den Zweigen Lieb' und Lust.
Schweigt, ihr Vöglein, noch ein Weilchen! Ist es euch denn
Daß mein Liebster ist gezogen in das Feld mit Lanz' und Schwert, nicht bewußt,
Für das heil'ge Kreuz zu kämpfen und für einen freien Herd?
Saht ihr nicht, wie ich vom Halse meine Perlenschnüre band
Und sie gab dem heil'gen Priester für das liebe Vaterland?
Saht ihr nicht, daß meine Haare ich seit Monden nicht geschmückt?
Saht ihr wol, daß eine Rose ich so lange hier gepflückt?
Schweigt, ihr Vöglein, noch ein Weilchen, bis der Liebste wiederkehrt
Und uns neue, schöne Weisen zu der Freiheit Preise lehrt!
Blüht, ihr Rosen, noch ein Weilchen, und ich bind' euch mir zum Kranz,
Wenn den Siegern wir entgegenziehn mit Sang und Spiel und Tanz;
Ach, und kehrtest du, mein Liebster, mit den andern nicht zurück,
Ach, wo sollt' ich mich verbergen vor der Freude, vor dem Glück?
Bei den Rosensträuchen säß' ich, bände Dornenkränze hier,
Und ein Vöglein aus dem Schwarme blieb' und klagte wol mit mir.

Die Mainotin.

Ich habe sieben Söhne aus meiner Brust gesäugt,
Ich habe sieben Söhnen das heil'ge Schwert gereicht,
Das Schwert für unsern Glauben, für Freiheit, Ehr' und Recht —
Heil mir, von meinen Söhnen ist keiner mehr ein Knecht!
Sie sind zur Schlacht gezogen mit freudig wildem Muth —
Heil mir, in ihren Adern fließt noch spartanisch Blut!
Und als sie von mir schieden, das Herz ward mir nicht schwer;
Ich sprach: Frei kehrt ihr wieder, frei oder nimmermehr! —
Ihr Mütter der Mainoten, kommt, laßt uns suchen gehn,
Ob nicht von Spartas Trümmern wir eine Spur erspähn;
Da woll'n wir Steine sammeln, für unsre Hand gerecht,
Mit hartem Gruß zu grüßen den ersten feigen Knecht,
Der ohne Blut und Wunde besiegt nach Hause kehrt
Und keinen Kranz gewonnen für seiner Mutter Herd!

Der Greis auf Hydra.

Ich stand auf hohem Felsen, tief unter mir die Flut,
Da schwang sich meine Seele empor in freiem Muth.
Ich ließ die Blicke schweifen weit über Land und Meer:
So weit, so weit sie reichen, klirrt keine Kette mehr;
So weit, so weit sie reichen, kein halber Mond zu sehn,
Auf Bergen, Thürmen, Masten die heil'gen Kreuze wehn;
So weit, so weit sie reichen, es hebt sich jede Brust
In Eines Glaubens Flamme, in Einer Lieb' und Lust!
Und alles was uns fesselt, und alles was uns drückt,
Was Einen nur bekümmert, was Einen nur entzückt,
Wir werfen's in das Feuer, wir senken's in die Flut;
Sie wogt durch alle Herzen in Einer heil'gen Glut!
Ich sehe Schiffe fahren — die stolze Woge braust:
Ist es der Sturm der Freiheit, der in die Segel saust?
Heil euch und eurer Reise! Heil eurer schönen Last!
Heil euerm ganzen Baue vom Kiele bis zum Mast!
Ihr steuert durch die Fluten nach einem edlen Gut,
Ihr holt des Sieges Blume, die wächst in Heldenblut.
Es donnert aus der Ferne — ist es der Gruß der Schlacht?
Ist es der Wogen Brandung, die an die Felsen kracht?
Das Herz will mir zerspringen bei dieses Donners Ton —
Ich bin zu alt zum Kampfe, und habe keinen Sohn!

Die heilige Schar.

Eine Geisterstimme.

Freundes Herz an Freundes Herzen, Freundes Hand in Freundes Hand,
Unverrückt in Glied und Reihe hielten wir dem Tode Stand,
Liegen alle auf dem Rücken, himmelwärts den Blick gekehrt,
In der Brust die Todeswunden, in der Faust das rothe Schwert.
Nennt uns nicht die letzten Griechen! Sollen wir die letzten sein,
Die dem Vaterlande freudig Blut und Leib und Leben weihn?
Nennt uns nicht die letzten Griechen! Reißender als Stahl und Erz
Dringt der schnöde Ehrentitel ein in unser wundes Herz.
Nennt uns nicht die letzten Griechen! Weh' euch, macht ihr uns dazu;
Nimmer fänden unsre Leiber unter Sklavenerde Ruh.
Brüder, wollt ihr uns im Grabe ehren, wie es uns gefällt:
Keine Lobschrift ausgesonnen, keine Säulen aufgestellt;
Fechtet, so wie wir gefochten, grüßt mit festem Blick den Tod —
Und es färbt mit unserm Blute sich der Freiheit Morgenroth!

Die Griechen an den „Oesterreichischen Beobachter".

Du nanntest uns „Empörer" — so nenn' uns immerfort:
„Empor! Empor!" so heißt es, der Griechen Losungswort.
Empor zu deinem Gotte, empor zu deinem Recht,
Empor zu deinen Vätern, entwürdigtes Geschlecht!
Empor aus Sklavenketten, aus dumpfem Kerkerduft,
Empor mit vollen Schwingen in freie Lebensluft!
Empor, empor, ihr Schläfer, aus tiefer Todesnacht,
Der Auferstehungsmorgen ist rosenroth erwacht!
Du nanntest uns „Empörer" — so nenn' uns immerfort:
„Empor", so heiß' es ewig, der Griechen Losungswort!
Dir aber töne nimmer ins Herz der hohe Klang;
Beobacht' aus dem Staube die Welt dein Leben lang.

Die Geister der alten Helden am Tage der Auferstehung.

Wir haben tief geschlafen, wir haben schwer geträumt —
O Tag der Auferstehung, wie lang' du hast gesäumt!
Wir haben schwer geträumet von Joch und Kett' und Band —
Da haben unsre Wunden uns bis ins Herz gebrannt:

Wir sahn die Burgen fallen, die Tempel untergehn;
Wir sahen fremde Fahnen auf ihren Trümmern wehn;
Barbarentritt zerstampfte den Rasen unsrer Gruft;
Die Klänge unsrer Sprache verhallten in die Luft;
Und was auf unsern Hügeln beschwur des Jünglings Herz,
Was uns die Jungfrau klagte von ihrem heißen Schmerz,
Wir konnten's nicht verstehen — doch zu vernehmlich drang
Durch unsre Erdendecke der Sklavenketten Klang.
Heil uns, es ist vorüber! Heil uns, wir träumten nur!
Der Freiheit Lieder schallen hell über Berg und Flur;
Bekränzt sind unsre Hügel, die Erd' ist federleicht;
Des Schlafes wirrer Nebel vor unsern Blicken weicht;
Die Wunden sind geheilet, die Glieder sind beschwingt —
Auf, Brüder, auf zum Kampfe! Die Schlachttrompete klingt!

Die Ruinen von Athen an England.

Laß dir unsern Dank gefallen, Hort der Freiheit, Engelland;
Hast zum Herrn der Hohen Pforte einen edeln Lord gesandt,
Daß er sich für uns verwende — und er that es ritterlich!
Griechen, hört, was er errungen hat mit scharfem Federstrich:
Wenn der jungen Freiheit Blume wird getreten in den Staub,
Wenn die heil'ge Stadt Athene's wird des rohen Heiden Raub,
Dann, auch dann — begreift es, Griechen! — sollen wir doch unversehrt
Stehn, beschirmt im Sturm der Waffen durch des wilden Feindes Schwert.
Laß dir unsern Dank gefallen, Hort der Freiheit, Engelland;
Schade, schade, hast vergebens deinen edeln Lord gesandt!
Keine Bittschrift kann uns retten; die Ruinen von Athen
Werden mit den freien Griechen wanken, stürzen, untergehn.
Lange haben wir gestanden unter Schmach und Schimpf und Leid,
Mochten kaum uns aufrecht halten in der jammervollen Zeit;
Fremde kamen hergewandert, staunten uns verwundert an,
Und wir ließen es geschehen, aber's lag uns wenig dran,
Ließen messen sie und malen — keiner malt und mißt den Geist! —
Und sie geben sich zufrieden, wissen sie, wie jedes heißt;
Auch ein großer Lord ist kommen, hat von unserm morschen Haupt
Im Entzücken der Bewundrung uns der Bilder Schmuck geraubt.
Mag er ziehen mit der Beute! Heil uns, daß wir fest noch stehn,
Um der Freiheit Morgenröthe nach so langer Nacht zu sehn!
Statt der Götterbilder tragen wir das Banner in die Luft,
Das zum Kampf mit den Barbaren Hellas' tapfre Söhne ruft.

Ach, wenn diese unterliegen, wozu sollen wir denn stehn?
Habt sie ja in euern Büchern, die Ruinen von Athen!
Mit der Freiheit letztem Schlage stürzen unsre Mauern ein,
Und auf jedes Helden Hügel werfen wir noch einen Stein.

Griechenlands Hoffnung.

Brüder, schaut nicht in die Ferne nach der Fremden Schutz hinaus
Schaut, wenn ihr wollt sicher schauen, nur in euer Herz und Haus
Findet ihr für eure Freiheit da nicht heilige Gewähr,
Nun und nimmer, Brüder, nimmer kommt sie euch von außen her
Selber hast du aufgeladen dir der Knechtschaft schweres Joch,
Selber hast du es getragen; und du trägst es heute noch,
Hättest du darauf gewartet, hochgelobtes Griechenland,
Daß es dir vom Nacken sollte heben eine fremde Hand,
Selber mußt du für dich kämpfen, wie du selber dich befreit:
Dein die Schuld und dein die Buße, dein die Palme nach dem Streit!
Viele werden dich beklagen, viele dir Gebete weihn,
Viele sich für dich verwenden, viele deine Rather sein —
Hoffst du mehr? Bau' auf die Hoffnung deiner Freiheit Feste nicht,
Daß der Grund, auf dem sie ruhet, nicht den Bau zu Trümmern bricht!
Deiner alten Freiheit Ehre ist der neuen Welt gerecht,
Denn der Freie schläft im Grabe so geduldig wie der Knecht.
Lege reuig deine Waffen nieder vor des Türken Thron,
Beuge friedlich deinen Nacken zu dem alten Sklavenfron:
Dann, dann magst du sicher bauen auf die Macht der Christenheit,
Dann, dann magst du sicher hoffen, daß der Türke dir verzeiht.
Ruh und Friede will Europa — warum hast du sie gestört?
Warum mit dem Wahn der Freiheit eigenmächtig dich bethört?
Hoff' auf keines Herren Hülfe gegen eines Herren Fron:
Auch des Türkenkaisers Polster nennt Europa einen Thron.
Hellas, wohin schaut dein Auge? — Sohn, ich schau' empor zu Gott:
Gott mein Trost in Schuld und Buße, Gott mein Hort in Kampf und Tod!

Die Pforte.

Hohe Pforte, Hohe Pforte, zu den Schatten deiner Gnade
Rufst du die Verirrten von der Freiheit wildem Pfade.
Heil den Griechen! Heil den Christen! Wirf nur einen großen Schatten
Ueber nackte Trümmerfelder, über blutgetränkte Matten,
Daß wir alle Platz gewinnen in dem schönen Zufluchtsorte,
In dem kühlen Abendschatten deiner Gnade, Hohe Pforte!
Unsrer Brüder rothe Häupter, aufgesteckt auf deine Zinnen,
Rufen laut mit dir vereinigt: Eilt, den Schatten zu gewinnen!
Hohe Pforte, Hohe Pforte, rufe nur und schmiede Ketten,
Schicht' empor die Scheiterhaufen, deiner Gnade warme Betten
Für die Armen, Nackten, Müden, die in deinen Schatten fliehen,
Flehend, in dem Sklavenjoche wieder friedlich hinzuziehen,
Rufe nur — zur Antwort schlagen unsre Waffen wir zusammen,
Lassen unsre Kreuzesfahne blitzend durch die Lüfte flammen!
Gott mit uns! auf unsrer Fahne, Gott mit uns! in unserm Herzen;
Wir mit Gott in Siegesjubel, wir mit Gott in Todesschmerzen!
Selig, die mit Gott gefallen! Zu der Pforte seiner Gnade
Ruft er heim die müden Streiter von des Lebens wirrem Pfade;
In der Pforte kühlem Schatten ruhn die Herren und die Knechte:
Auf dem Dornenbett der Sünder, und in Blumen der Gerechte.
Brüder, nach der Pforte wollen wir mit festem Blicke schauen,
Ihrem Gnadenworte dürfen bis zum letzten Hauch wir trauen;
Seht die Häupter unsrer Brüder dort mit Martyrkronen glänzen,
Seht, Gregor, der Protomartyr, harrt auf uns mit Siegeskränzen;
In der Pforte laßt uns muthig mit gezücktem Schwerte wallen —
Selig, die mit Gott gestritten! Selig, die mit Gott gefallen!

Der Verbannte von Ithaka.

Briten, streicht aus euern Listen meinen Namen nur heraus,
Bannet mich aus euerm Schutze, laßt verkaufen auch mein Haus;
Selber will ich mich beschützen, Gottes Himmel ist mein Dach,
Und der Freiheit Fahne folg' ich freudig bis zum Tode nach,
Hab' in ihre Werberolle schon mit meinem eignen Blut
Meinen Namen eingeschrieben, und ein Schwert ist all mein Gut.
Briten, hohe Protectoren, fragt ihr nach der Freiheit Sold?
Zuckt ihr zweifelnd eure Achseln, zeigt ihr prahlend euer Gold?
Ach, die Freiheit ist auf Erden freilich nur ein armes Weib,
Hat wol kaum genug, zu kleiden ihren abgezehrten Leib,

Wundenmale statt der Orden halten ihre Brust bedeckt,
Manchen schnöden Achtbrief haben ihr Satrapen angesteckt:
Also kam sie aus der Ferne, weiß nicht recht woher, verbannt,
Und zum Sterben müde sank sie hin an des Ilissus Rand.
Da, da fanden wir sie liegen, und sie schien bekannt uns noch,
Und wir sahen unsre Ketten und wir fühlten unser Joch;
Flugs erwachte sie vom Schlummer, schwang sich in die Luft empor,
Und in Götterjugend strahlend stand sie vor Minervens Thor.
Wie so froh sie auf die alten Narben ihres Leibes wies!
Wie so stolz ihr Auge suchte Marathon und Salamis!
Da zerrissen wir die Ketten, brachen jedes Joch entzwei.
Und sie sprach: Seid werth der Freiheit, und ihr seid auf ewig frei,
Frei wie in Thessaliens Pässen Spartas auserwählte Schar,
Frei wie über Erdennebel kreist im Sonnenstrahl der Aar!

Alexander Ypsilanti auf Munkacs.

Alexander Ypsilanti saß in Munkacs' hohem Thurm.
An den morschen Fenstergittern rüttelte der wilde Sturm,
Schwarze Wolkenzüge flogen über Mond und Sterne hin,
Und der Griechenfürst erseufzte: „Ach, daß ich gefangen bin!"
An des Mittags Horizonte hing sein Auge unverwandt:
„Läg' ich doch in deiner Erde, mein geliebtes Vaterland!"
Und er öffnete das Fenster, sah ins öde Land hinein:
Krähen schwärmten in den Gründen, Adler um das Felsgestein;
Wieder fing er an zu seufzen: „Bringt mir keiner Botschaft her
Aus dem Lande meiner Väter?" Und die Wimper ward ihm schwer —
War's von Thränen? war's von Schlummer? — und sein Haupt sank in die Hand.
Seht, sein Antlitz wird so helle — träumt er von dem Vaterland?
Also saß er, und zum Schläfer trat ein schlichter Heldenmann,
Sah mit freudig ernstem Blicke lange den Betrübten an:
„Alexander Ypsilanti, sei gegrüßt und fasse Muth!
In dem engen Felsenpasse, wo geflossen ist mein Blut,
Wo in Einem Grab die Asche von dreihundert Spartern liegt,
Haben über die Barbaren freie Griechen heut gesiegt.
Diese Botschaft dir zu bringen ward mein Geist herabgesandt.
Alexander Ypsilanti, frei wird Hellas' heil'ges Land!"
Da erwacht der Fürst vom Schlummer, ruft entzückt: „Leonidas!"
Und er fühlt, von Freudenthränen sind ihm Aug' und Wange naß

Horch, es rauscht ob seinem Haupte, und ein Königsadler fliegt
Aus dem Fenster und die Schwingen in dem Mondenstrahl er
wiegt!

Die Einschiffung der Athener.

Als Athen von den Türken wieder eingenommen wurde.

Freies Element der Wogen, sei der Freiheit Kindern hold!
Willst hinab du Opfer schlingen, schlinge Sklaven, schlinge Gold.
Nicht des Wuchers Dämon treibt uns in das schwanke Breterhaus,
Nicht nach Menschenraube schiffen in die Fluten wir hinaus;
Nach der Freiheit Hafen haben wir die Segel ausgespannt —
Heil uns, wenn dereinst wir rufen: Land! Land! Freies Griechen-
land!
Was uns drückte, was uns engte, ließen wir am Strande stehn,
Nicht nach Städten, nicht nach Burgen wollen wir zurückesehn;
Vorwärts schweifen unsre Blicke in die weite See hinaus,
Und sie grüßt der Freiheit Flagge hoch mit donnerndem Gebraus.
Freies Element der Wogen, unbegrenzte Meeresflut,
Mag der Krämer falsch dich nennen, zitternd für sein eitles Gut:
Hellas kennt aus alten Tagen deine feste Treue noch!
Als Athen, die Burg der Freiheit, unterlag dem Sklavenjoch,
Als die Felsenwälle brachen, als die Thürme sanken ein,
Da, da wolltest du der Freiheit letzter Hort und Heiland sein;
Und empor auf deinem Rücken ein Athen auf Bretern stieg,
Und du trugst es fort zum Kampfe, und du trugst es hin zum
Sieg.
Freies Element der Wogen, sei den späten Enkeln treu,
Wie du es den Vätern warest! Sieh, die alte Zeit wird neu;
Sieh, Athen, die Burg der Freiheit, ist in der Barbaren Hand;
Sieh, in deinen Fluten spiegelt roth sich ihrer Tempel Brand.
Nehmt uns ein, ihr Bretermauern; hebt vom Ufer euch geschwind!
Auf, die Segel! Nach der Insel Salamis weht frischer Wind!

Die Sklavin in Asien.

Schwestern, weint mit mir! Ich weine über meine Ketten nicht;
Sollt' es mich denn gleich zerdrücken, dieses eiserne Gewicht,
Das so lange hat getragen unser edles Vaterland,
Und es konnt ihm doch nicht lähmen seine alte Heldenhand?

Schwestern, weint mit mir! Ich weine nicht um unsrer Arbeit Schweiß;
Keiner soll des Polsters pflegen, der den Leib zu rühren weiß.
Wenn das Vaterland in Nöthen laut nach seinen Kindern schreit,
Wer nicht wehren kann und stürmen, sei zu leiden doch bereit.
Schwestern, weint mit mir! Ich weine nicht um meiner Brüder Tod;
Ihre sel'gen Geister schweben oft um mich im Abendroth,
Wehn mit ihren Siegeskränzen kühlen Trost von fern mir zu:
Sollt' ich denn durch eitle Thränen stören ihre Grabesruh?
Schwestern, weint mit mir! Ich weine auch um meinen Liebling nicht;
Lebt er, o so weiß ich, daß er als ein Held für mich auch ficht;
Sank er, will ich Lorberbäume pflanzen über sein Gebein,
Und die Stätte wird ein Tempel für die freie Hellas sein.
Schwestern, weint mit mir! Ich weine, weine, daß ich bin kein Mann,
Daß ich nicht ein Roß besteigen, keine Lanze schwingen kann,
Daß ich nicht kann Eisen sprengen, schwimmen durch die wilde Flut,
Drüben in dem freien Lande frei verspritzen freies Blut.

Der kleine Hydriot.

Ich war ein kleiner Knabe, stand fest kaum auf dem Bein,
Da nahm mich schon mein Vater mit in das Meer hinein,
Und lehrte leicht mich schwimmen an seiner sichern Hand
Und in die Fluten tauchen bis nieder auf den Sand;
Ein Silberstückchen warf er dreimal ins Meer hinab,
Und dreimal mußt' ich's holen, eh' er's zum Lohn mir gab.
Dann reicht' er mir ein Ruder, hieß in ein Boot mich gehn,
Er selber blieb zur Seite mir unverdrossen stehn,
Wies mir, wie man die Woge mit scharfem Schlage bricht,
Wie man die Wirbel meidet und mit der Brandung ficht.
Und von dem kleinen Kahne ging's flugs ins große Schiff,
Es trieben uns die Stürme um manches Felsenriff;
Ich saß auf hohem Maste, schaut' über Meer und Land,
Es schwebten Berg' und Thürme vorüber mit dem Strand.
Der Vater hieß mich merken auf jedes Vogels Flug,
Auf aller Winde Wehen, auf aller Wolken Zug;
Und bogen dann die Stürme den Mast bis in die Flut,
Und spritzten dann die Wogen hoch über meinen Hut,

Da sah der Vater prüfend mir in das Angesicht —
Ich saß in meinem Korbe und rüttelte mich nicht,
Da sprach er, und die Wange ward ihm wie Blut so roth:
„Glück zu auf deinem Maste, du kleiner Hydriot!“
Und heute gab der Vater ein Schwert mir in die Hand
Und weihte mich zum Kämpfer für Gott und Vaterland.
Er maß mich mit den Blicken vom Kopf bis zu den Zeh'n,
Mir war's, als thät' sein Auge hinab ins Herz mir sehn;
Ich hielt mein Schwert gen Himmel und schaut' ihn sicher an
Und däuchte mich zur Stunde nicht schlechter als ein Mann,
Da sprach er, und die Wange ward ihm wie Blut so roth:
„Glück zu mit deinem Schwerte, du kleiner Hydriot!“

Der Mainotin Unterricht.

Viele weiße Schwäne schwimmen still auf des Eurotas Wogen,
Viele schwarze Raben kommen kreischend durch die Luft gezogen:
Weiße Schwäne, woher schwimmt ihr? Wißt ihr Kunde nicht zu sagen,
Ob mein Sohn sich wie ein Sparter in dem flachen Land geschlagen?
Schwarze Raben, woher fliegt ihr? Saht ihr nicht auf euern Zügen
Viele blut'ge Türkenschädel in den Siegesfeldern liegen? —
In den grünen Lorbersträuchen, die zum Flusse niederschauen,
Wo die Schwäne ihre Nester unter dichtem Laube bauen,
Hängen viele weiße Federn; die will ich zusammenraffen
Und daraus für meinen Knaben schneiden spitze Köcherwaffen,
Will dann oben in den Lüften zeigen ihm die schwarzen Raben,
Sagend: Das sind Türken, die den Vater dir gemordet haben!

Die Eule.

Vogel der Weisheit
Ward ich genannt,
Ich saß auf Minervens Altare
Ihr heiliges Feuer hütend;
Nun liegt er in Trümmern,
Der Tempel der Göttin
Auf Cekrops' Burg,
Erloschen und verweht
Von ihrem Hochaltare
Die letzten Opferfunken!

Da hab' ich der Nacht mich ergeben
Und schlafe den langen Tag;
Und wann die Menschen träumen,
Dann schau' ich mit blitzenden Augen
Ueber die dunkle Erde
Und schreie Wehe, Wehe
Ueber die Thorheit des hellen Tages.
Aber die Menschen verstehn mich nicht;
Sie zittern, wenn sie mich hören,
Nennen mich Weheverkünderin —
Und ich verkünde doch Wahrheit nur.

Ueber Hellas flog ich hin
Um Mitternacht.
Am Himmel war kein Stern zu sehn,
Und blutigroth in Nebelwolken
Schwamm des Mondes Sichel hin;
Aber von flammenden Städten,
Aber von rauchenden Hütten,
Aber von glühenden Scheiterhaufen
War es weit und breit so hell,
Hell wie der Tag,
Und ich rief Wehe, Wehe
Ueber den Schimmer des hellen Tages.

Ich hörte blutende Säuglinge winseln
An gemordeter Mütter Brüsten,
Sah aus den Klausen heilige Jungfraun
Schleifen zur Schlachtbank rasender Lust,
Sahe die Tempel des Kreuzes
Niedergerissen in Trümmern liegen,
Und die zerstückten Gebeine
Ihrer Priester dazwischen
Ueber die Steine gestreut.
Da drückt' ich die blitzenden Augen zu,
Und unter mir hört' ich noch lange
Ein Heulen, ein Jammern, ein Wimmern,
Ein Jauchzen, ein Fluchen, ein Knirschen —
Dann ward es still!

Und ich schlug die blitzenden Augen auf.
Da standen an eines Flusses Ufer
Heere des Kreuzes zu Roß und zu Fuß,
Ich konnte sie nicht absehen.

So hoch ich mich mochte schwingen;
Und Waffen trugen sie in den Händen,
Und ihre Blicke glühten
Wie ihre Lanzenspitzen
Nach Blut.
Da rief ich: Wehe! Wehe!
Da rief ich: Rache! Rache!
Da rief ich: Hülfe! Hülfe!
Und lange hätt' ich noch geschrien,
Da ward's im Morgen helle
Und in die Augen flimmerte
Verblendend mir das Tageslicht;
Und ein Schwarm von höhnischem Luftgesindel
Flog schnarrend und pfeifend mir um das Haupt,
Mein Schreien übertäubend.
Da rief ich Wehe, Wehe
Ueber die Thorheit des hellen Tages!

Der Mainote.

Nie, nie hat ein Sklavenjoch meinen starken Hals gebogen,
Nie hab' ich an meinem Arm eine Kettenlast gewogen;
Frei wie meiner Berge Strom, wie der Adler in den Lüften
Stürz' ich brausend in die Fläche, wo die Freiheit liegt in Grüften
Neben altem Heldenstaube, unter grauen Mauertrümmern,
Und mir ist, als hört' ich sie unter mir vernehmlich wimmern.
Räuber heiß' ich bei dem Wicht, der den Räuber nennt Gebieter,
Jenen Räuber, der ihm hat dich geraubt, du Gut der Güter:
Freiheit, Freiheit, Lebensluft, Leibesmark und Seelenschwinge,
Der gehört mein Herz, mein Arm, meine Büchs' und meine Klinge,
Der ich wache, der ich kämpfe, der ich lebe, der ich sterbe,
Die ich meinen Kindern lasse als mein einig eignes Erbe.
Räuber nennt mich immerhin! Rauben will ich und verheeren
Herrengut und Sklavenland, und kein Pascha wird es wehren;
Aber hört, ihr Feldbewohner, hört, der Räuber kann auch geben
Mehr, mehr als ihr habt besessen all' in euerm ganzen Leben.
Wollt ihr eure Freiheit wieder? Kommt herauf mit scharfen Klingen!
Von den Bergen wollen wir sie vereint herunterbringen!

Der Bund mit Gott.

Kein König und kein Kaiser auf dieser Erde Rund
Will uns die Rechte reichen, zu schließen einen Bund.
Sie haben ihre Heere gesandt bis an den Pruth,
Es segeln ihre Flotten durch unsre Meeresflut,
Sie sehn die Wogen glühen von unsers Blutes Roth,
Sie schauen unsre Thaten und hören unsre Noth;
Doch tauber als die Woge, die ihre Schiffe trägt,
Doch härter als die Klippe, die Kiel und Mast zerschlägt,
Sind sie vorbeigesegelt, als Chios' grauser Brand
Des Meeres Ungeheuer aufschreckt' im tiefsten Sand,
Wo sie der Ruhe pflogen nach ihrem Paschenschmaus
Von süßem Säuglingsfleische, sie stierten wild heraus
Aus feuerhellen Wogen, und um sie hin und her
Da schwammen frische Leichen und reizten sie nicht mehr. —
Sie sind vorbeigesegelt. Der Herr hat es gesehn,
Da sandt' er Feuerströme herab aus seinen Höhn.
Wohin zielt seine Rechte? Wen meint der Flammenstrahl?
Des Würgers stolze Flotte fliegt auf in Blitz und Knall,
Daß donnernd widerhallen die Berge rundumher
Und aus den tiefsten Höhlen aufbraust das weite Meer.
Seht, und den Würger schleudert ein höllenrother Brand
Von seinem weichen Polster hinüber an den Strand,
Wo nicht so viel des Bodens von Blut geblieben rein,
Um ihm im letzten Röcheln ein trocknes Bett zu sein. —
So segelt denn vorüber, und danket Gott dem Herrn,
Und was ihr habt gesehen, das meldet nah und fern
Und machet euern Herrschern die Wunderbotschaft kund:
Gott hat mit Hellas' Söhnen geschlossen einen Bund,
Den heil'gen Bund der Liebe auf Leben und auf Tod,
Dem Höll' und Welt vergebens mit Gold und Eisen droht. —
Der heil'ge Bund wird halten, ob alle untergehn,
Wird mit uns triumphirend einst aus dem Grab erstehn.

Die Zweihundert und der Eine.

Preiset die Zweihundert nicht; preiset, Brüder, nur den Einen,
Der zweihundert kann so fest in der Liebe Glut vereinen,
So zu einer Todesfreude, so zu einer Racheflamme,
Alle Nerven, alle Sehnen so zu eines Leibes Stamme!

Preiset die Zweihundert nicht; preiset, Brüder, nur den Einen,
Der vierhundert Arme kann so zu einem Schlag vereinen,
Einem Schlage seines Blitzes, den er gab in unsre Hände,
Daß er des Gerichtes Feuer in des Würgers Flotte sende!

Preiset die Zweihundert nicht; preiset, Brüder, nur den Einen,
Der sich glorreich offenbart in Zweihunderten der Seinen,
Als sie durch der Heiden Segel schifften mit der Kreuzesfahne
Und die hohen Masten bebten vor dem kleinen Wunderkahne!

Preiset die Zweihundert nicht; preiset, Brüder, nur den Einen,
Der ein gaukelnd Wolkenbild ließ dem Heidenheer erscheinen,
Also daß es wie geblendet uns in festlich wildem Drange
Grüße bot von nah und ferne mit betäubendem Gesange!

Preiset die Zweihundert nicht; preiset, Brüder, nur den Einen,
Dem zweihundert hier im Staub ihres Dankes Thränen weinen,
Daß er ihre Blitzgeschosse hat gelenkt zum rechten Ziele
Und des Würgers Haupt getroffen auf dem blutgetränkten Pfühle

Preiset die Zweihundert nicht; preiset, Brüder, nur den Einen,
Der sein schreckliches Gericht ließ dem Heidenvolk erscheinen,
Also daß sie seine Wunder predigten in den Moscheen,
Denn sie sahn die Todesengel leiblich in den Wolken stehen!

Preiset die Zweihundert nicht; preiset, Brüder, nur den Einen,
Der zweihundert kann so fest in der Liebe Glut vereinen!
Unsre trocknen Waffen legen wir am Hochaltare nieder.
Herr, ist dein Gericht vollendet? Winke, und wir segeln wieder.

Der Chier.

Ich hatt' ein schönes Schloß mit hohen blanken Zinnen
Und mancherlei Geschirr von Gold und Silber drinnen;
Und wenn ich von dem Dach hinab mein Auge schickte,
War alles meine Flur, was es rundum erblickte.
Ich hatt' ein edles Weib, die Flamme meiner Jugend,
Die Herrin jeder Huld, das Abbild aller Tugend.
Drei Söhne hatt' ich auch in rother Knabenblüte,
In deren klarem Blick ein Hoffnungsmorgen glühte,
Der einen Tag verhieß von reiner, steter Sonne.
Ich hatt' ein Töchterlein, der Mutter bange Wonne,

Halb Jungfrau und halb Kind, ein Röslein, das die Schale
Der Knospe scheu und froh durchblickt zum ersten male. —
Nun hab' ich nichts als mich und eine scharfe Klinge;
Und wenn ich meinen Stahl auf die Barbaren schwinge,
Fühl' ich mich wunderreich. Bald hab' ich alles wieder.
Wann um mich weit und breit zerstückte Türkenglieder,
Zu Bergen aufgehäuft, als Rachemahle prangen:
Dann ist es satt getränkt, das brünstige Verlangen
Nach meinem edeln Gut, und über meinen Schätzen
Lieg' ich dahingestreckt, mich todt daran zu letzen.

Thermopylä.

Heil! Heil! Nie wird Thermopylä den Sieg der Sklaven sehn.
Heil! Ewig wird Thermopylä ein Hort der Freiheit stehn.
Da kreist er mit dem Flammenschwert als Wächter um den Paß,
Den er mit seinem Blut gefeit, der Held Leonidas,
Und hinter ihm die ganze Schar der Treuen bis zum Tod,
Mit grünen Kränzen auf dem Haupt, die Brust ganz purpurroth.
Nun rottet euch zusammen nur, ihr Sklaven und ihr Herrn;
Ihr Söldnerhorden, zieht heran, heran von nah und fern:
Wir stehen bei Thermopylä, wir stehen Mann für Mann,
Zu zeigen euch, was Freiheit ist, was Freiheit will und kann!
Leonidas, ein Blick auf uns, ein Blick auf sie hinab —
Und nun laß uns im Kampf allein; wir stehn auf deinem Grab,
Da stehen wir, da fallen wir, da scharren sie uns ein,
Mit unsern Leichen wollen wir des Grabes Decke sein,
Daß nimmer deinen heil'gen Staub berühr' ein Sklavenfuß —
Er trete lieber doch auf uns, wenn er hier treten muß!
Heil! Heil! Nie wird Thermopylä den Sieg der Sklaven sehn.
Heil! Ewig wird Thermopylä ein Hort der Freiheit stehn.
Schon einmal sprang der Türkenstahl an diesem Felsgestein,
Schon einmal sank der halbe Mond hier in den Staub hinein,
Schon manche neue Schatten auch sind über uns zu sehn,
Die mit der alten Heldenschar umschweben diese Höhn;
Wir kennen euch, wir folgen euch getreu in Sieg und Tod,
Wir färben unsre Brust wie ihr mit schönem Purpurroth!
Heran, ihr Sklaven, nur heran; wir haben unser Mahl
Genossen schon im Morgenroth, geleert ist der Pokal,
Wir kränzen unsre Stirn zum Fest, wir kränzen unser Schwert
Zum Siegesfest — zum Todesfest! Was uns der Herr gewährt:

Nur sei des Todes werth der Sieg, des Sieges werth der Tod!
Vor Spartas Leichen bebte hier der medische Despot
Und fühlte sich besiegt im Sieg und sah es selber an
Mit finsterm Blick, was Freiheit ist, was Freiheit will und kann.
Heran, ihr Sklaven, nur heran; auch ihr, ihr sollt es sehn!
Heil! Ewig wird Thermopylä ein Hort der Freiheit stehn.

Hydra.

Hoher, steiler, fester Felsen, darauf Hellas' Freiheit ruht,
Seh' ich deine Wolkengipfel, steigt mein Herz und wallt mein Blut,
Hoher, steiler, fester Felsen, den des Meeres Wog' umbraust,
Ueber dessen kahlem Scheitel wild die Donnerwolke saust!
Aber in das Ungewitter streckst du kühn dein Haupt empor,
Und es wankt nicht von dem Schlage, dessen Schall betäubt das Ohr;
Und aus seinen tiefsten Höhlen schleudert das erboste Meer
Wogenberg' an deine Füße, doch sie stehen stark und behr,
Schwanken nicht, so viel die Tanne schwankt im linden Abendhauch,
Und die Wogenungeheuer brechen sich zu Schaum und Rauch.
Hoher, steiler, fester Felsen, darauf Hellas' Freiheit ruht,
Hydra, hör' ich deinen Namen, steigt mein Herz und wallt mein Blut,
Und mit deiner Segel Fluge schwebt ins weite Meer mein Geist,
Wo der Wind, wo jede Welle jubelnd deine Siege preist.
Ist Athen in Schutt zerfallen, liegt in Staub Amphion's Stadt,
Weiß kein Enkel mehr zu sagen, wo das Haus gestanden hat,
Dessen Ziegel nach dem feigen Sohne warf der Mutter Hand,
Als er ohne Kranz und Wunde vor der Thür der Heldin stand:
Laßt die Thürm' und Mauern stürzen; was ihr baut, muß untergehn —
Ewig wird der Freiheit Felsen in dem freien Meere stehn!

Bobolina.

Bobolina, Bobolina, Königin der Meeresflut,
Wie erglühen rings die Wogen um dich her so roth von Blut!
Wie dein schwarzer Witwenschleier stolz als Kriegesflagge weht,
Und mit tausend Argusaugen auf dem Mast die Rache steht!
Um sich späht sie durch die Meere, durch die Inseln, durch das Land,
Und es weint ihr jedes Auge, das noch keine Beute fand.

Bobolina, Bobolina! Durstig ist die Meeresflut,
Durstig sind des Schiffes Balken, durstig sind wir all' nach Blut

Horch, und aus der Wogen Grunde hallt ein dumpfer Geisterlaut:
Schütte Blut mir in die Tiefe, Bobolina, meine Braut,
Einen Bach für jeden Tropfen, der aus meinem Herzen sprang,
Als der Dolch der Henkersknechte des Tyrannen es durchdrang!

Bobolina, Bobolina, führ' uns in den Kampf hinein!
Hörst du nicht vom hohen Maste jubelnd schon die Rache schrein?
Sausend schwellen deine Segel, und das schwarze Schleiertuch
Flattert rauschend durch die Lüfte wie des Leichenvogels Flug.
Bobolina, Bobolina, gib das Zeichen zu dem Streit!
Warte nicht auf andre Boten! Türkensegel sind nicht weit.

Der Mainotenknabe.

Mutter, meinen Pfeil und Bogen werf' ich vor die Füße dir.
Nach den Scheiben, nach den Puppen noch zu schießen, ekelt mir;
Laß den Vater Türkenköpfe doch mir schicken aus dem Feld,
Dann, dann, Mutter sollst du sehen, daß ich bin ein Schützenheld.
Hat vielleicht mein edler Vater zu dem Schicken keine Zeit,
Ei, so geh' ich selbst hinunter, wo er steht im heißen Streit,
Schneide mir mit meinem Messer selber ab den besten Kopf,
Und herauf zu unsern Bergen trag' ich ihn an seinem Schopf.
Das soll eine Freude werden! Alle Kinder ruf' ich her,
Alle spannen ihren Bogen, alle laden ihr Gewehr;
Wenn ich dann das Ziel nicht treffe, Mütterchen, so sperr' mich ein
Und laß lange Weiberröcke meine Sonntagskleider sein.

Die Suliotin.

Ich hab' die Spindel lang' gedreht, hab' manche Winternacht
Gewebt am Stuhl und froh dabei ans neue Kleid gedacht;
Ich hab' die Heerden auf den Höhn gehütet manchen Tag
Und bin geklettert ohne Noth den jungen Ziegen nach;
Ich habe meinen Kleinen auch manch Kinderspiel gezeigt,
Und Sprung und Lauf und Schuß und Wurf ward mir mit ihnen leicht.
Jetzt schleif' ich einen Stahl für mich und drehe Sennen mir —
Mein Herr, mein Hort, mein Herz, o nimm mich in den Kampf mit dir!
Ich kenne jeden Felsenpfad auf Sulis steilen Höhn,
Und wo die flinke Gemse zagt, da kann ich sicher stehn.

Hast du noch nicht gesehn, was ich vermag im Sprung und Lauf,
Wohlan, so gib ein Probestück mir mit den Männern auf,
Und eine Klippe zeige mir auf Suli weit und breit,
Die ich dir nicht erklettern kann zu aller Frauen Neid!
Den Vogel treff' ich in der Luft, wo's gilt nur einen Scherz —
Meinst du, verfehlen könnt' ich ja des großen Feindes Herz?
Mein Herr, mein Hort, mein Herz, o nimm mich in den Kampf
mit dir!
Mein Töchterchen kann spinnen schon — was sitz' ich länger hier?
Mein jüngster Knabe steht allein — was ist mein Arm ihm werth?
Mein ältester geht auf die Jagd — was sorg' ich für den Herd?
Mit dir, mit dir will ich ins Feld; da hab' ich meinen Stand,
Bei dir, bei dir, da, Brust an Brust, da, Liebster, Hand in Hand!
Und sollt' ich fallen, sieh nicht hin und denke nicht an mich —
Denk an den Feind, denk an den Kampf, und denke, Herz, an dich,
An unsre Kinder, an dein Haus, an Sulis heil'ge Höhn,
An unsers Gottes Tempel, die auf ihren Gipfeln stehn,
An deiner Heldenväter Staub, und dann an eine Gruft
Für mich, für dich in freier Erd' und unter freier Luft!

Lied vor der Schlacht.

Wer für die Freiheit kämpft und fällt, deß Ruhm wird blühend
stehn,
Solange frei die Winde noch durch freie Lüfte wehn,
Solange frei der Bäume Laub noch rauscht im grünen Wald,
Solang' des Stromes Woge noch frei nach dem Meere wallt,
Solang' des Adlers Fittich frei noch durch die Wolken fleugt,
Solang' ein freier Odem noch aus freiem Herzen steigt.

Wer für die Freiheit kämpft und fällt, deß Ruhm wird blühend
stehn,
Solange freie Geister noch durch Erd' und Himmel gehn.
Durch Erd' und Himmel schwebt er noch, der Helden Schattenreihn,
Und rauscht um uns in stiller Nacht, in hellem Sonnenschein,
Im Sturm, der stolze Tannen bricht, und in dem Lüftchen auch,
Das durch das Gras auf Gräbern spielt mit seinem leisen Hauch.
In ferner Enkel Hause noch um alle Wiegen kreist
Auf Hellas' heldenreicher Flur der freien Ahnen Geist;
Der haucht in Wunderträumen schon den zarten Säugling an
Und weiht in seinem ersten Schlaf das Kind zu einem Mann;

Den Jüngling lockt sein Ruf hinaus mit nie gefühlter Lust
Zur Stätte, wo ein Freier fiel; da greift er in die Brust
Dem Zitternden, und Schauer ziehn ihm durch das tiefe Herz,
Er weiß nicht, ob es Wonne sei, ob es der erste Schmerz.
Herab, du heil'ge Geisterschar, schwell' unsre Fahnen auf,
Beflügle unsrer Herzen Schlag und unsrer Füße Lauf;
Wir ziehen nach der Freiheit aus, die Waffen in der Hand,
Wir ziehen aus auf Kampf und Tod für Gott, für's Vaterland!
Ihr seid mit uns, ihr rauscht um uns, eu'r Geisterodem zieht
Mit zauberischen Tönen hin durch unser Jubellied;
Ihr seid mit uns, ihr schwebt daher, ihr aus Thermopylä,
Ihr aus dem grünen Marathon, ihr von der blauen See,
Am Wolkenfelsen Mykale, am Salaminerstrand,
Ihr all' aus Wald, Feld, Berg und Thal im weiten Griechenland!

Wer für die Freiheit kämpft und fällt, deß Ruhm wird blühend stehn,
Solange frei die Winde noch durch freie Lüfte wehn,
Solange frei der Bäume Laub noch rauscht im grünen Wald,
Solang' des Stromes Woge noch frei nach dem Meere wallt,
Solang' des Adlers Fittich frei noch durch die Wolken fleugt,
Solang' ein freier Odem noch aus freiem Herzen steigt.

Die Könige und der König.

Die auf der Erde Thronen mit Schwert und Scepter stehn,
Sie winken: „Fort von dannen!“ sobald sie uns ersehn;
Sie wollen uns verschließen die Häfen und das Land,
Sie wollen uns verschließen Ohr, Auge, Herz und Hand.
Der auf des Himmels Throne mit Kreuz und Palmen steht,
Er winkt und ruft: „Mir nahet, die ihr in Thränen geht!
Zu mir kommt, ihr Betrübten! Ich bin an Troste reich,
Ich habe Augen, Ohren, hab' Wunden auch für euch.“
Heil uns! Wir schauen fürder nicht mehr nach Nord und West.
Ob uns in West und Norden die Christenheit verläßt,
Christus will bei uns bleiben, und Christus ist uns nah,
Er winkt, und seine Heere sind schon zum Siege da;
Sie ziehn aus fernen Landen nicht her in trägem Zug,
Vom hohen Himmel stürzen sie mit des Blitzes Flug.
Dahin laßt uns denn schauen — die Wolken wehren's nicht,
Durch Nacht und Dunst und Nebel des Glaubens Auge bricht —

Dahin laßt uns denn richten Herz, Aug', Ohr, Mund und Hand;
Dahin sei unser Jammer und unser Dank gesandt;
Dahin laßt Opfer steigen, und fehlt's an Weihrauchduft,
So fliegt des Feindes Flotte hoch dampfend in die Luft!

Lied des Trostes.

Mit uns, mit uns ist Gott der Herr! Drum, Brüder, zaget nicht,
Wenn über unsern Häuptern auch die Wetterwolke bricht,
Die Donnerpfeile niederschießt und rothe Flammen speit!
Mit uns, mit uns ist Gott der Herr! Zum Zagen ist nicht Zeit.

Ob unter solchen Schlägen auch der Heide niederfällt,
Die Faust geballt, das Haar gesträubt, allein auf weiter Welt,
Ob er den Boden wühlt und stampft und in den Rasen beißt
Und, seinen Blick zur Gruft gekehrt, verflucht den Lügengeist,
Der ihm Triumph und Heil verhieß im Kampfe für den Mond
Und nun mit Wunden, Schmach und Tod den Gläubigen belohnt.
Wir Christen haben andern Brauch: sind auch die Hände wund,
Wir falten sie zusammen doch in unsrer letzten Stund';
Und sinken wir zur Erde hin, wir sinken auf die Knie;
Und brechen unsre Augen auch, gen Himmel brechen sie.

Mit uns, mit uns ist Gott der Herr! Wir küssen fromm die Hand,
Die Wonn' und Sieg, die Pein und Tod auf uns herabgesandt.
„Aus Noth und Tod ins Morgenroth!" sei unser Feldgeschrei;
Ist es nicht eh'r, dort werden wir ja alle, alle frei.

Alte und neue Tempel.

Laßt die alten Tempel stürzen; klaget um den Marmor nicht,
Wenn die Hand des blinden Heiden seine schöne Form zerbricht!
Nicht in Steinen, nicht in Asche wohnt der Geist der alten Welt;
In den Herzen der Hellenen steht sein königliches Zelt.
Darin hat er lang' geschlafen, hat an Gestern stets gedacht
Und des Morgens ganz vergessen in dem Traum der langen Nacht;
Und vom Vater zu dem Sohne, und zum Enkel von dem Sohn
Ging aus Brust in Brust der Schläfer und bewahrte seinen Thron.
Mancher hat wol kaum geahnet, wen er in dem Herzen trug,
Auch verschmähet und verstoßen haben leider ihn genug;
Aber als der Herr der Herren sprach das große Wort: „Erwacht!"
Und von Hellas' Bergesgipfeln in der heil'gen Osternacht

Seiner Engel Scharen bliesen die Posaunen durch das Land:
Da, da hat der alte Schläfer jauchzend sich in uns ermannt,
Ist gefahren durch die Glieder, in das Haupt und in die Hand;
Ja bis in die Lanzenspitze, ja bis in des Schwertes Knauf
Zuckt er, wenn des Kriegers Rechte schwingt die freien Waffen auf.
Laßt die alten Tempel stürzen; in uns ist der alte Geist,
Der uns einen neuen Tempel, einen ewigen, verheißt,
Einen Tempel des Erhalters, der den Schläfer hat bewacht,
Einen Tempel des Erweckers in der heil'gen Osternacht!

Die Mainotenwitwe.

Sieben Wunden vor der Stirne und drei Wunden auf der Brust,
In der Faust das rothe Eisen und im Auge Siegeslust —
Also lag er auf dem Felde; und im Kreis eng' um ihn her
Lagen seiner Feinde Waffen: Dolch und Büchse, Schwert und Speer,
Aber ihrer Träger Leichen lagen ihm so nahe nicht,
Abgewendet von dem Helden barg im Staub sich ihr Gesicht.

„Tochter, hole mir das Kränzlein, welches hängt in meinem Schrein,
Aber faß' es sanft, es wird wol dürre zum Zerbrechen sein;
Damit will ich heut mich kränzen wie an meinem Ehrentag,
Will auf diesem Felde feiern noch einmal mein Brautgelag.
Schaff' auch schöne frische Blumen für den Bräutigam herbei,
Daß das Lager weich und duftig meinem edlen Schläfer sei.
Einen Rosensenker steck' ich ihm in jedes offne Mal,
Daß sie einst aus seinem Hügel sprießen im Eurotasthal;
Und von diesen Rosen wind' ich dir den Kranz, mein Töchterlein,
Wenn einmal ein Heldenknabe wird um deine Liebe frein,
Einer, der zum Werbegelde so viel Türkenschädel gab,
Als blutrothe Rosenstöcke blühn auf deines Vaters Grab! —
Aber morgen in der Frühe, wenn mein Bräutigam nun ruht,
Zieh' ich aus die Festgewänder, nehm' den Kranz von meinem Hut,
Und im grauen Witwenhemde schleich' ich durch den grünen Wald,
Nicht zu lauschen, wo im Dickicht Nachtigallenschlag erschallt,
Nein, um einen Baum zu suchen ohne Blüt' und ohne Blatt,
Den die Turteltaubenwitwe sich zum Sitz erlesen hat,
Und dabei die frische Quelle, die sie trübe macht zuvor,
Eh' sie trinkt und eh' sie badet, seit sie ihren Mann verlor.
Da will ich mich niederlegen, wo kein Schattendach mich kühlt,
Wo der Regenguß die Thränen kalt mir von den Wangen spült,
Und mit meiner Turteltaube geh' ich einen Wettstreit an,
Wer am jämmerlichsten klagen, wer am frohsten sterben kann.“

Konstantin Kanaris.

Konstantin Kanaris heiß' ich, der ich lieg' in dieser Gruft.
Zwei Osmanenflotten hab' ich fliegen lassen in die Luft,
Bin auf meinem Bett gestorben in dem Herrn als guter Christ;
Nur ein Wunsch von dieser Erde noch mit mir beerdigt ist:
Daß ich mit der dritten Flotte unsrer Feind' auf hohem Meer
Mitten unter Blitz und Donner in den Tod geflogen wär'. —
Hier in freie Erde haben meinen Leib sie eingesenkt:
Gib, mein Gott, daß frei sie bleibe, bis mein Leib sie wieder sprengt!

Halt fest!

Halt fest, halt fest der Freiheit Hort, o Hellas, halt ihn fest!
Dein ist er; wehe dir, wenn je du wieder von ihm läßt!
Weh dir, dir wäre besser dann, du hättest nie die Hand,
Nach ihm zu greifen, losgedreht aus deinem Sklavenband!
Halt fest, halt fest, wie jener einst gethan, dein Heldensohn,
Als aus dem Feld von Marathon die Perserhorden flohn:
Da faßte der ein volles Boot hart an des Meeres Strand
Und hielt es an dem Schnabel fest mit seiner starken Hand;
Die rechte ward ihm abgehaun, da griff die linke zu;
Die link' auch fiel zu Boden hin, und flugs in einem Nu
Packt' er die Beute wie ein Leu mit seinen Zähnen an,
Und biß sich ein und wankte nicht, bis daß er sie gewann.
So halte fest der Freiheit Hort mit Herz und Mund und Faust,
Wenn auf dich ein der Heiden Schwarm in wilden Wogen braust!
Halt fest, halt fest; und muß es sein, wirf deinen wunden Leib
Ganz über ihn und blute dich zu Tod' als freies Weib!

Achelous und das Meer.

„Achelous, Achelous, sag', was toben deine Wellen?
Haben Pindus' weiße Gipfel dich berauscht mit jungen Quellen?
Rissen wasserschwere Wolken sich an seinen scharfen Spitzen
Voneinander und entluden sich mit Donnern und mit Blitzen?
Sag', woher der wilde Taumel, welcher häuptlings deine Wogen
Stürzt in meine stillen Fluten, die kein Wind hat überflogen?“ —

„Keine junge Wasserquelle hat berauscht mich alten Zecher,
's ward kein Wasserschlauch zerrissen von dem jähen Wolkenbrecher.

Was ich taumle? Was ich stürze? Was es tobt in meinem Bette? —
Vater Ocean, o daß ich warmes Blut für dich noch hätte! —
Warmes Blut hab' ich getrunken, warmes Blut in vollen Zügen,
Warmes Blut der freien Griechen, die an meinen Ufern liegen,
Hingestreckt auf Lorberzweigen, überweht von Siegesfahnen,
Hoch umrauscht vom Geisterreigen ihrer Brüder, ihrer Ahnen:
Solches Blut hab' ich getrunken heut von den agräer Fluren.
Fragst du auch nach Sklavenblute? — In Morästen such' die Spuren
Seiner Ströme. Jeden lauen Tropfen hab' ich ausgespieen;
Freies Griechenblut nur trank ich, kannt' es wohl an seinem Glühen.
Vater Ocean, da fing ich an von alter Zeit zu träumen
Und von junger Freiheitswonne brausend mich emporzubäumen,
Also, daß des Ufers Bande mich nicht länger konnten halten,
Daß erzitterten die Ebnen und die Berge widerschallten.
Nimm mich auf, du Weltumarmer; trage meine hohen Wogen,
Ungemischt und ungebändigt, mit dem Blut, das sie gesogen,
Fort gen Norden und gen Westen, daß sie an die Ufer schlagen
Und den Felsen und den Menschen laute Kund' aus Hellas sagen!"

Bozzari.

Freiheit war sein letzter Hauch; Freiheit hat er nun gefunden.
Frei flog seine Heldenseele aus des Busens offnen Wunden
In das Reich der Freiheit auf. Oder will sie noch verweilen
Unter uns und jeden Kampf mit den Erdenbrüdern theilen?
O, so sei gegrüßt im Streite, sei gegrüßt beim Siegesmahle;
Wollen dir die ersten Tropfen aus dem schäumenden Pokale
Auf den Grabeshügel schütten, dir die ersten Lorberzweige
Auf den nassen Rasen legen. Freier sel'ger Geist, dann neige
Segnend dich herab und fache hell in uns empor die Gluten,
Die auch mit des Heldenblutes letztem Tropfen nicht verbluten,
Die noch heut im Staube brennen unter Pylas heil'gen Grüften,
Die auf Marathons Gefilden ewig wehen in den Lüften,
Die wir alle in uns trinken recht in vollen, heißen Zügen,
Wenn Bozzari's Nam' ertönt und uns ruft zu neuen Siegen!

Mark Bozzari.

Oeffne deine hohen Thore, Missolunghi, Stadt der Ehren,
Wo der Helden Leichen ruhen, die uns fröhlich sterben lehren,
Oeffne deine hohen Thore, öffne deine tiefen Grüfte,
Auf, und streue Lorberreiser auf den Pfad und in die Lüfte;
Mark Bozzari's edlen Leib bringen wir zu dir getragen.
Mark Bozzari's! Wer darf's wagen, solchen Helden zu beklagen?
Willst zuerst du seine Wunden oder seine Siege zählen?
Keinem Sieg wird eine Wunde, keiner Wund' ein Sieg hier fehlen.
Sieh auf unsern Lanzenspitzen sich die Turbanhäupter drehen,
Sieh, wie über seiner Bahre die Osmanenfahnen wehen,
Sieh, o sieh die letzten Werke, die vollbracht des Helden Rechte
In dem Feld von Karpenisi, wo sein Stahl im Blute zechte!
In der schwarzen Geisterstunde rief er unsre Schar zusammen.
Funken sprühten unsre Augen durch die Nacht wie Wetterflammen,
Uebers Knie zerbrachen wir jauchzend unsrer Schwerter Scheiden,
Um mit Sensen einzumähen in die feisten Türkenweiden;
Und wir drückten uns die Hände, und wir strichen uns die Bärte,
Und der stampfte mit dem Fuße, und der rieb an seinem Schwerte.
Da erscholl Bozzari's Stimme: „Auf, ins Lager der Barbaren!
Auf, mir nach! Verirrt euch nicht, Brüder, in der Feinde Scharen!
Sucht ihr mich, im Zelt des Paschas werdet ihr mich sicher finden.
Auf, mit Gott! Er hilft die Feinde, hilft den Tod auch überwinden!“
Auf! Und die Trompete riß er hastig aus des Bläsers Händen
Und stieß selbst hinein so hell, daß es von den Felsenwänden
Heller stets und heller mußte sich verdoppelnd widerhallen.
Aber heller widerhallt' es doch in unsern Herzen allen.
Wie des Herren Blitz und Donner aus der Wolkenburg der Nächte,
Also traf das Schwert der Freien die Tyrannen und die Knechte;
Wie die Tuba des Gerichtes wird dereinst die Sünder wecken,
Also scholl durchs Türkenlager brausend dieser Ruf der Schrecken:
„Mark Bozzari! Mark Bozzari! Sulioten! Sulioten!“
Solch ein guter Morgengruß ward den Schläfern da entboten.
Und sie rüttelten sich auf, und gleich hirtenlosen Schafen
Rannten sie durch alle Gassen, bis sie aneinandertrafen
Und, bethört von Todesengeln, die durch ihre Schwärme gingen,
Brüder sich in blinder Wuth stürzten in der Brüder Klingen.
Frag' die Nacht nach unsern Thaten; sie hat uns im Kampf gesehen —
Aber wird der Tag es glauben, was in dieser Nacht geschehen?
Hundert Griechen, tausend Türken: also war die Saat zu schauen
Auf dem Feld von Karpenisi, als das Licht begann zu grauen.

Mark Bozzari, Mark Bozzari, und dich haben wir gefunden —
Kenntlich nur an deinem Schwerte, kenntlich nur an deinen Wunden,
An den Wunden, die du schlugest, und an denen, die dich trafen —
Wie du es verheißen hattest, in dem Zelt des Paschas schlafen.

Oeffne deine hohen Thore, Missolunghi, Stadt der Ehren,
Wo der Helden Leichen ruhen, die uns fröhlich sterben lehren,
Oeffne deine tiefen Grüfte, daß wir in den heil'gen Stätten
Neben Helden unsern Helden zu dem langen Schlafe betten! —
Schlafe bei dem deutschen Grafen, Grafen Normann, Fels der Ehren,
Bis die Stimmen des Gerichtes alle Gräber werden leeren.

Auf den Tod des Markos Bozzaris.

Ein kleines Vöglein hat geseufzt dort auf Sanct-Niklas-Höhe,
Da welkten gleich die Zweige hin umher in allen Gärten,
Und auf den Feldern, die's gehört, vertrockneten die Gräser.
Zwei Griechen haben's auch gehört, zwei Anatolioten:
„Mein Vöglein, was zerraufst du dich und weinst im Sonnenscheine?" —
„Vorgestern als ich flog vorbei an Karpenisis Höhen,
Da hört' ich, wie in Skondra's Zelt sie miteinander sprachen;
Und in dem Rathe sagten sie die Kunde, die ich sage:
Im Kampf fiel Markos Bozzaris, und tausend schlug er nieder."

Auf den Tod des Georgis.

Wie viele Mütter sind betrübt, sie trösten sich doch alle;
Des Georgis Mutter ist betrübt, und sie wird Trost nicht finden.
An ihrem Fenster sitzet sie und überschaut die Felder,
Sie sieht den Fuß des Berges dort von Lunos sich verfinstern.
Und ist es von dem vielen Schnee, und ist es von dem Winter? —
Es ist nicht von dem vielen Schnee, es ist nicht von dem Winter.
Sie schlossen ein den schwarzen Georg, Ungläubige von Lala;
Es waren ihrer wenig nicht, es waren zwei-, dreitausend,
Und der Georgis war allein mit seinen zwölf Genossen.
Der Derwisch rief, der Araber, von seinem festen Posten:
„Heraus, Georgis, beuge dich und gib uns deine Waffen!" —
„Georgis, ich, des Giania Sohn, des ersten Kapetanos,
Bestehen will ich diesen Kampf mit meinen zwölf Genossen."
Makri Panagos rief herab von einem hohen Berge:

„Halt aus, Georgis, in dem Kampf, halt aus der Flinten Feuer!
Ich komme dir zu Hülfe her und bringe zwei-, dreitausend.“ —
„Wie halt' ich aus, mein lieber Ohm, drei Tage und drei Nächte,
Und ohne Wasser, ohne Brot, und ohne alle Stütze?“

Wer ist so würdig und so schnell, zu gehen nach Trikorfa,
Auf daß der Neuvermählten er, der Georgina, sage:
Sollst putzen dich zu Ostern nicht, kein Goldstück an dich hängen —
Getödtet haben sie den Georg mit seinen zwölf Genossen.

Byron.

My task is done, my song has ceased, my theme
Has died into an echo.

Childe Harold.

Siebenunddreißig Trauerschüsse! Und wen haben sie gemeint?
Sind es siebenunddreißig Siege, die er abgekämpft dem Feind?
Sind es siebenunddreißig Wunden, die der Held trägt auf der Brust?
Sagt, wer ist der edle Todte, der des Lebens bunte Lust
Auf den Märkten und den Gassen überhüllt mit schwarzem Flor?
Sagt, wer ist der edle Todte, den mein Vaterland verlor?

Keine Siege, keine Wunden meint des Donners dumpfer Hall,
Der von Missolunghis Mauern brüllend wogt durch Berg und Thal
Und als grause Weckerstimme rüttelt auf das starre Herz,
Das der Schlag der Trauerkunde hat betäubt mit Schreck und Schmerz;
Siebenunddreißig Jahre sind es, so die Zahl der Donner meint,
Byron, Byron, deine Jahre, welche Hellas heut beweint!
Sind's die Jahre, die du lebtest? Nein, um diese wein' ich nicht:
Ewig leben diese Jahre in des Ruhmes Sonnenlicht,
Auf des Liedes Adlerschwingen, die mit nimmer müdem Schlag
Durch die Bahn der Zeiten rauschen, rauschend große Seelen wach.
Nein, ich wein' um andre Jahre, Jahre, die du nicht gelebt,
Um die Jahre, die für Hellas du zu leben hast gestrebt;
Solche Jahre, Monde, Tage kündet mir des Donners Hall:
Welche Lieder, welche Kämpfe, welche Wunden, welchen Fall!
Einen Fall im Siegestaumel auf den Mauern von Byzanz,
Eine Krone dir zu Füßen, auf dem Haupt der Freiheit Kranz!

Edler Kämpfer, hast gekämpfet eines jeden Kranzes werth:
Hast gekämpfet mit des Geistes doppelschneidig scharfem Schwert,
Mit des Liedes ehrner Zunge, daß von Pol zu Pol es klang,
Mit der Sonne von dem Aufgang kreisend bis zum Niedergang;

Hast gekämpfet mit dem grimmen Tiger der Tyrannenwuth,
Hast gekämpft in Lernas Sumpfe mit der ganzen Schlangenbrut,
Die in schwarzem Moder nistet und dem Licht ist also feind,
Daß sie Gift und Galle sprudelt, wenn ein Strahl sie je bescheint;
Hast gekämpfet für die Freiheit, für die Freiheit einer Welt
Und für Hellas' junge Freiheit wie ein todesfroher Held,
Sahst in ahnenden Gesichten sie auf unsern Bergen stehn,
Als im Thal noch ihre Kinder mußten an dem Joche gehn,
Hörtest schon den Lorber rauschen von der nahen Siegeslust,
Fühltest schon in Kampfeswonne schwellen deine große Brust!

Und als nun die Zeit erschienen, die prophetisch du geschaut,
Bist du nicht vor ihr erschrocken; wie der Bräutigam zur Braut
Flogest du in Hellas' Arme, und sie öffnete sie weit:
„Ist Tyrtäos auferstanden? Ist verwunden nun mein Leid?
Ob die Könige der Erde grollend auf mich niedersehn,
Ihre Schranzen meiner spotten, ihre Priester mich verschmähn —
Eines Sängers Kriegesflagge seh' ich fliegen durch das Meer,
Tanzende Delphine kreisen um des Schiffes Seiten her,
Stolz erheben sich der Wogen weiße Häupter vor dem Kiel,
Und an seinen Mast gelehnet greift er in sein Saitenspiel;
Freiheit! singt er mir entgegen; Freiheit! tönt es ihm zurück;
Freiheit brennt in seinen Wangen, Freiheit blitzt aus seinem Blick.
Sei willkommen, Held der Leier! Sei willkommen, Lanzenheld!
Auf, Tyrtäos, auf, und führe meine Söhne mir ins Feld!"

Also stieg er aus dem Schiffe, warf sich nieder auf das Land,
Und die Lippen drückt' er schweigend in des Ufers weichen Sand;
Schweigend ging er durch die Scharen — gleich als ging er ganz allein —,
Welche jauchzend ihm entgegenwogten bis ins Meer hinein.
Ach, es hatt' ihn wol umschauert, als er küßte diesen Strand,
Eines Todesengels Flügel, der auf unsern Wällen stand!
Und der Held hat nicht gezittert, als er diesen Boten sah;
Schärfer faßt' er ihn ins Auge: „Meinst du mich, so bin ich da;
Eine Schlacht nur laß mich kämpfen, eine siegesfrohe Schlacht
Für die Freiheit der Hellenen, und in deine lange Nacht
Folg' ich deinem ersten Winke ohne Sträuben, bleicher Freund —
Habe längst der Erde Schauspiel durchgelacht und durchgeweint."

Arger Tod, du feiger Würger, hast die Bitt' ihm nicht gewährt,
Hast ihn hinterrücks beschlichen, als er wetzt' an seinem Schwert,
Hast mit seuchenschwangerm Odem um das Haupt ihn angehaucht
Und des Busens Lebensflammen aus dem Nacken ihm gesaugt.

Und so ist er hingesunken ohne Sturz und ohne Schlag,
Hingewelkt wie eine Eiche, die des Winters Stürme brach,
Doch die eine schwüle Stunde mit Gewürmen überstreut,
Sie, des Waldes stolze Heldin, einem Blumentode weiht.
Also ist er hingesunken in des Lebens vollem Flor,
Aufgeschürzt zu neuem Laufe harrend an der Schranken Thor,
Mit dem Blick die Bahn durchmessend, mit dem Blick am Ziele schon,
Das ihm heiß entgegenwinkte mit dem grünen Siegeslohn.

Ach, er hat ihn nicht errungen! Legt ihn auf sein bleiches Haupt!
Tod, was ist dir nun gelungen? Hast den Kranz ihm nicht geraubt,
Hast ihn früher ihm gegeben, als er selbst ihn hätt' erfaßt;
Und der Lorber glänzet grüner, weil sein Antlitz ist erblaßt.

Siebenunddreißig Trauerschüsse, donnert, donnert durch die Welt;
Und ihr hohen Meereswogen, tragt durch euer ödes Feld
Unsrer Donner Widerhalle fort nach seinem Vaterland,
Daß den Todten die beweinen, die den Lebenden verbannt;
Was Britannia verschuldet hat an uns mit Rath und That,
Dieser ist's, der uns die Schulden seines Volks bezahlet hat;
Ueber seiner Bahre reichen wir dem Briten unsre Hand:
Freies Volk, schlag ein, und werde Freund und Hort von uns genannt!

Die Feste des Himmels.

Asia hat ausgespieen ihre gelbe Tigerbrut,
Daß sie purpurroth sich trinke in der Griechenkinder Blut;
Afrika aus ihren Wüsten stürmet über Hellas' Meer
Mit des Samums Todeshauche ihre Negerhorden her.
Missolunghi, Stadt der Helden, laß die Kreuzesfahne wehn,
Zähle nicht die Ungezählten, die vor deinen Mauern stehn,
Zähle nicht des Waldes Blätter, zähle nicht den Sand am Meer;
In des Himmels Feldern zähle deines Gottes Sternenheer!
Ob sich deine Tonnen leeren, deine Scheuern werden licht,
Wäge nicht den letzten Brocken, miß den letzten Tropfen nicht:
Hat dein Heiland mit fünf Broten nicht fünf Tausende gespeist?
Bete, bis vor deinem Rufe sich des Himmels Zelt zerreißt;
Manna regnet's aus den Wolken auf der Wüste dürren Sand:
Gott hat Manna für euch alle, streckt nur aus die matte Hand. —
Missolunghi, Stadt der Helden, wach' und bete Tag und Nacht!
Sieh, in ihren tiefen Grüften sind die Todten auch erwacht,

Sieh, auf deinen Wällen schreiten ihre Geister hoch daher,
Flammenschwerter in den Händen — doch die Wunden leuchten mehr.
Markos, Sulis Königsadler, sucht der jähen Zinne Stand,
Und den deutschen Grafen führt er brüderlich an seiner Hand.
Aber einsam auch im Tode schleicht der Britensänger hin,
Denn des Lebens Räthsel schweben dunkel noch vor seinem Sinn,
Durch die Sterne kreist sein Auge, eine Antwort zu erspähn:
Herrscht der Christen Gott dort oben, und muß Hellas untergehn? —
Missolunghi, Stadt der Helden, Hellas' Hort und Ehrenstern,
Schmach der Heiden, Stolz der Christen, Missolunghi, Stadt des Herrn,
Deine martyrfesten Mauern werden nimmer untergehn;
Ist die Erde dein nicht würdig, wirst du einst im Himmel stehn
Als die Wächterin des Thrones, wann des Höllenfürsten Macht
Wider Gott sich will empören und die Engel ruft zur Schlacht.

Missolunghis Himmelfahrt.

Missolunghi, du gefallen? Nein, gefallen bist du nicht,
Bist in donnerndem Triumphe auf der Blitze Flammenlicht
In den Himmel aufgeflogen — Stein und Erde, Thurm und Wall,
Siegeswaffen, Heldenglieder, alles auf in Einem Knall!
Auch die Leichen, die du bargest in dem schwarzen Schos der Gruft,
Hast sie mit hinaufgetragen in des Aethers freie Luft,
Wo die Seelen, die in ihnen lebten ihres Lebens Tag,
Jauchzend wieder sie umfingen, die Erlösten aus der Schmach.
Sieh, und auf der heil'gen Stätte, wo die Martyrfeste stand,
Liegt ein wüster Aschenhaufen an dem blutgetränkten Strand. —
Kommt, ihr hohen Christenhäupter, die ihr mit dem Schwert der Macht
Habt von ferne stillgestanden und an weisen Rath gedacht,
Als die Todesglocken riefen: Helfet uns, so helf' euch Gott!
Als die Heldenherzen brachen in des Hungers grimmer Noth,
Kommt, von dieser Asche sammelt in die Purpurmäntel ein,
Streuet sie auf eure Kronen über Gold und Edelstein;
Und so tretet vor den Richter, der des Himmels Wage hält,
Wann er euch dereinst wird rufen von den Thronen seiner Welt.
An dem Tage wird er fragen: „Helfer ihr, mit meinem Schwert,
Warum habt ihr nicht geholfen, warum habt ihr nicht gewehrt,
Als der Heiden Tigerzähne würgten meine kleine Schar
Und mit ihrem Blut begossen meiner Kirche Hochaltar,
Als sie meines Kreuzes Banner niedertraten in den Staub
Und die Zionsburg der Freiheit ward der Sklavenhorde Raub?"

Das neue Missolunghi.

Durch, ihr Brüder! Durch, ihr Brüder! Durch! Die Stunde hat geschlagen!
Durch! Aus Missolunghis Thoren laßt uns Missolunghi tragen!
Von den freien Bergeshöhen winken schon die Feuerzeichen,
Die uns durch die weiten Lüfte ihre Flammenhände reichen,
Uns zu sich emporzuziehen in die Burg, die Gott erbauet,
In das neue Missolunghi, das er unsrer Wehr vertrauet.
Durch! Aus Missolunghis Thoren laßt uns Missolunghi tragen
Und mit unsrer heil'gen Feste durch den Heidenschwarm uns schlagen,
Missolunghi in den Waffen, in den Armen, in den Herzen,
Missolunghi in dem Sturme unsrer rachefrohen Schmerzen,
Unsre Herzen deine Kirchen, deine Zinnen unsre Lanzen,
Unsre Arme deine Mauern, unsre Brüste deine Schanzen,
Ach, und um uns her gezogen ist ein tiefer rother Graben —
Blut der Weiber und der Kinder, die sie uns geschlachtet haben!

Die letzten Griechen.

Wir fragen nichts nach unserm Ruhm, nach unsrer Namen Preis;
Was frommt's, ob Welt und Nachwelt einst von unsern Thaten weiß?
Wenn Hellas sinken muß ins Grab, was soll der Leichenstein
Auf unsern Hügeln? Laßt sie leer; wir woll'n vergessen sein.
Die Namen unsrer Väter gehn den Fremden durch den Mund,
Sind ihnen in der Schule recht, für alt und jung gesund;
Ach, wenn kein freier Grieche mehr euch griechisch nennen kann,
Miltiades, Leonidas, was ist eu'r Nachruhm dann!
Dann steigt ihr gern mit uns hinab in die gemeine Gruft,
Auf welcher keine Sage steht und schöne Namen ruft.
Barbaren, ihr versteht sie nicht, sie klingen euch ins Ohr,
Hinein zum einen und heraus alsbald zum andern Thor;
Doch ewig taub wird euer Herz für Hellas' Namen sein,
Es sog von unsrer Väter Geist nicht einen Tropfen ein.
Ein Tropfen nur in euer Herz, und Hellas wäre frei
Und umgestürzt der morsche Thurm der stolzen Tyrannei!
Was habt ihr Völker denn gelernt von Hellas' alter Kunst?
Frei sein — so heißt ihr erster Spruch. Blast weg den eiteln Dunst,
Den ihr euch als hellenisch preist, seid ihr so frei noch nicht,
Zu helfen frei mit Wort und That, wo Freiheit Ketten bricht.

Wir fragen nichts nach unserm Ruhm, nach unsrer Namen Preis;
Was frommt's, ob der Barbaren Schwarm von unsern Thaten weiß?
Wenn Hellas sinken muß ins Grab, wir wollen keinen Stein
Für unsre Gruft. Laßt ungenannt die letzten Griechen sein!

Hellas und die Welt.

Ohne die Freiheit, was wärest du, Hellas?
Ohne dich, Hellas, was wäre die Welt?

Kommt, ihr Völker aller Zonen,
Seht die Brüste,
Die euch säugten
Mit der reinen Milch der Weisheit —
Sollen Barbaren sie zerfleischen?
Seht die Augen,
Die euch erleuchteten
Mit dem himmlischen Strahle der Schönheit —
Sollen sie Barbaren blenden?
Seht die Flamme,
Die euch wärmte
Durch und durch im tiefen Busen,
Daß ihr fühltet,
Wer ihr seid,
Was ihr wollt,
Was ihr sollt,
Eurer Menschheit hohen Adel,
Eure Freiheit —
Sollen Barbaren sie ersticken?
Kommt, ihr Völker aller Zonen,
Kommt und helfet frei sie machen,
Die euch alle frei gemacht!

Ohne die Freiheit, was wärest du, Hellas?
Ohne dich, Hellas, was wäre die Welt?

Meine Muse.

„Und willst du, meine Muse, denn gar zur Megäre werden?
Du sangst noch jüngst im stillen Hain den Hirten und den Heerden,
Und nun schwingst eine Geisel du laut durch die lauten Gassen
Und sprühest Flammen um dich her! Ich weiß dich nicht zu fassen.“ —

„Du fragst? Siehst du die Hirten nicht nach scharfen Eisen greifen?
Siehst statt der Lämmer Wölfe nicht Arkadien durchstreifen?
Siehst in Epirus' Felsen nicht die Weiber Schwerter wetzen?
Siehst du auf Spartas Fluren nicht die Kinder Tiger hetzen?
Da mußt' ich Hirtensängerin mein Haferrohr zerbrechen
Und, wie's die scharfe Zeit gebeut, in scharfen Tönen sprechen.
Der Freiheit Tuba hab' ich hell durch Stadt und Land geblasen,
Laß meine Geisel nun ums Haupt der Pharisäer rasen!"

Griechisches Feuer.

Könnt' ich meine Feder doch jetzt in griechisch Feuer tauchen,
Das kein Wasser löschen kann, das im Staub nicht darf verrauchen;
O, und könnt' ich mit dem Kiel eure starren Busen spalten
Und ein solches Feuer spein tief in eurer Herzen Falten,
Drinnen ihre Nester baun schillernde Chamäleone
Und der Ottern bunt Gezücht spielt mit Christi Dornenkrone!
Dahin zielt der Muse Pfeil: diese übertünchten Grüfte
Möcht' er öffnen, daß ihr Dunst ungewürzt stieg' in die Lüfte;
Dahin zielt des Feuers Strahl: treiben möcht' er in die Höhe
Alle Brut der Schlangennester, daß die Welt sie kriechen sähe.
Pharisäer, kreuzt ihr euch, daß des glühen Pfeiles Spitze
Eurer blanken Kreuze ja keines auf der Brust euch ritze?
Kreuzt euch nur! Wer kann wie ihr so sich kreuzen, drehn und wenden?
Nein, nie trifft euch ein Geschoß, welches fliegt aus graden Händen.

Pontii Pilati Händewaschen.

O bringet doch Weihwasser her! Vom besten muß es sein;
Holt es aus Rom: das römische, das wäscht ja alles rein!
Pilatus, wasche deine Hand und wasche deinen Mund:
Die Hand, sie ist von Tinte schwarz, der Mund vom Gifte wund;
Nun wasch und sprich: „Ich habe nicht gestochen und gehaun,
An meinen beiden Händen ist kein Tropfen Blut zu schaun;
Nur Tint' und Geifer klebt mir an, damit hab' ich befleckt
Was heilig, hoch, rein, stark und frei, was Männerseelen weckt
Zu Wort und That, zu Kampf und Sieg aus Kerkerluft und Tod,
Was aus des Grabes Nächten ruft des Lebens Morgenroth,
Damit hab' ich gepriesen auch, bejubelt und belacht,
Was wol aus Heidenaugen selbst die Thränen fließen macht,

Was jedes Christenherz zerdrückt, zerbrennet und zerreißt,
Was zarte Lämmer brüllen lehrt und Löwen wimmern heißt.
O bringet doch Weihwasser her! Vom besten muß es sein.
Hab' nicht gestochen und gehaun; Weihwasser wäscht mich rein."

Die neuen Kreuzfahrer.

Der Herr des halben Mondes hat gestiftet einen Orden:
Ein Kreuz für alle Christen, die ihm Christen helfen morden,
Für alle, die der Freiheit Haupt ins Joch ihm helfen beugen
Und lehren, daß das heil'ge Kreuz sich vor dem Mond soll neigen.
Hervor, ihr Ritter allzumal, hervor aus allen Ecken!
Mein Lied soll eurer Thaten Ruf mit hellem Klang erwecken.
Hervor, der du mit frechem Mund die Freiheit nennst Empörung
Und der Hellenen Heldenkampf bejammerst als Bethörung;
Du, der mit seiner Politik du drechselst die Beweise,
Daß man die Menschheit würgen kann auf legitime Weise;
Du auch, der jeden Türkensieg verkündet mit Posaunen
Und, was der Griechen Schwert vollbracht, befleckst mit leisem Raunen;
Ihr alle, die durch Meer und Land die blinden Heiden leiten
Und ihre Heere christlich klug mit Christen lehren streiten;
Ihr, die ihr öffnet euern Arm den flüchtigen Barbaren
Und unter eurer Flagge Hut sie führt aus den Gefahren,
Und die ihr dann vorüberschifft, wo an der Mutter Brüsten
Der Islamit den Säugling würgt mit wilden Henkerlüsten:
Hervor, ihr Ritter allzumal! — Will denn die Schar nicht enden?
Das wird einmal ein Kreuzzug sein, wenn die gen Ost sich wenden!

Der Minister.

Hört! Von Geschäften wurde toll ein christlicher Minister.
So wollen wir einmal beschaun doch sein Geschäftsregister!
Ei, gab es denn in diesem Jahr so schrecklich viel zu schaffen?
Was ist geschaffen und geschafft? Wir dürfen's auch begaffen.
Die Segel auf! Gen Osten hin! Da gibt es was zu sehen:
Schon leuchten uns von Chios' Strand entgegen die Trophäen,
Trophäen prächtig aufgethürmt, Trophäen ohnegleichen,
Trophäen, weiß und schwarz und roth, von Schädeln, Blut und Leichen,
Und Kreuze liegen obenauf, bespieen und zerschlagen. —
Was ist geschaffen und geschafft? Hier laßt einmal uns fragen. —

Und um das hohe Leichenmahl sieht man die Wölf' und Tiger
In festlich wildem Pompe gehn als ehrenwerthe Sieger;
Viel Sklaven ziehn im Joch voraus, viel Greise, Kinder, Weiber,
In Schweiß und Blut und Thränen sind gebadet ihre Leiber:
So schleppen sie ihr eignes Fleisch zum Klotz der Schlächterhöhlen —
Man sagt, es sollen Christen sein, ich will es nicht verhehlen.
Die Segel auf! Nach Osten hin! Da gibt es was zu sehen,
Daß Herz und Gall' und Aug' und Mund vom Sehen übergehen.
Der muß auf hoher Höhe stehn, der ruhig hier mag gaffen;
Wir wollen's ohne Streit gestehn, das Jahr gab viel zu schaffen.

Die verpestete Freiheit.

Was schreit das Pharisäervolk so ängstlich durch die Länder,
Die Häupter dick mit Staub bestreut, zerrissen die Gewänder?
Sie schreien: „Sperrt die Häfen zu, umziebt mit Quarantänen
Die Grenzen und die Ufer schnell vor Schiffen und vor Kähnen!
Die Pest ist unter ihrer Schar. Da seht die Strafgerichte,
Damit des Herrn gerechte Hand Empörer macht zunichte!
Die Freiheit selber, wie es heißt, ist von der Pest befallen
Und flüchtet sich nach Westen nun mit ihren Jüngern allen;
O seht euch vor, daß in das Land die Freiheit euch nicht schleiche
Und der gesunden Völker Herz mit ihrem Hauch erreiche!
Sie kleidet sich zu dieser Zeit in vielerlei Gestalten:
Bald Weib, bald Mann, bald nur ein Kind, bald hat sie greise Falten.
Drum lasset keinen Flüchtling ein, der kommt vom Griechenlande,
Daß nicht die Freiheit ihre Pest bring' in die guten Lande!"

Hymne auf den Tod Rafael Riego's.

(Gehangen am 7. November 1823.)

Muse, Muse! Heran!
Schaudere nicht zurück
Vor dem hölzernen Thore der Schmach,
An dessen Balken
Schwebet dein Held!
Muse, hebe die Schleier auf,
Die dem sterblichen Auge
Der Zukunft Nebelhöhn verhüllen —

Sieh, wie das nackte Blutgerüst
Sich wölbt und rundet
Und von Lorbergewinden ergrünt!
Wie glüht im Morgenrothe
Der Bogen des Triumphes!
Und dein Bild,
Held der Freiheit,
Steht hoch oben,
Winkend und segnend!

Held der Freiheit,
Schmählich gemorderter!
Aber die Freiheit, wer kann sie morden?
Aus der zusammengeschnürten Kehle
Deiner Leiche
Schreit sie hell gen Himmel:
Gerechtigkeit!
Jammert sie dumpf hinab in die Tiefen:
Rache!

Henker, reißt ihn in Stücken nur,
Den heiligen Leib
Des Märtyrers;
Schleift sie durch die Straßen,
Seine zuckenden Glieder,
Schickt sie gen Osten und Westen,
Schickt sie gen Süden und Norden,
Legt sie auf die Altäre des Gottes,
In dessen Namen ihr würget.

Held der Freiheit,
Schmählich gemordeter!
In Norden und Süden,
In Westen und Osten
Flamme sie lodernd empor,
Die Flamme der Freiheit,
Aus deinen Adern,
Aus jedem Tropfen
Deines Blutes!

Und sein Haupt,
Steckt es auf
Auf den höchsten Mast
Dort, wo er der Freiheit Fahnen
Aufgepflanzt hat unter Sklaven,

Daß es schaue über die Lande,
Ueber die Meere,
Schaue nach der Morgenröthe —
Ach, der fernen Morgenröthe,
Deren Licht
Oeffne des träumenden Pöbels Augen,
Daß er erkenne
Sich und das Seine!

Und der Pöbel
Wird ein Volk,
Und die Schergen
Werden Krieger,
Und die Würger
Werden Richter,
Und die Klausen der Finsterniß
Und die Gewölbe der Folter
Und die Altäre des Blutes
Werden zu Tempeln,
Zu deinen Tempeln,
Gott des Lichtes und der Liebe!

Und der da König heißt
Und trägt die Krone
Auf seinem gesalbten Haupte,
Der König wird
Ein Herr —
Herr, der sich selbst beherrscht,
Herr, der beherrscht die Seinen,
Herr des Scepters,
Herr des Schwertes,
Und ein Knecht des Herrn der Herren.

Muse, Muse! Heran!
Siehe, an Einem Tage
Haben sie Galgen und Ehrenpforten
Aufgebaut.
Aber du, hänge den Kranz
Deines unverwelklichen Lorbers
An die schimmernden Bogen nicht auf;
Laß den Pöbel sie umrauschen,
Jenen flatternden Pöbel,
Der im Monde der Rosen

Küßte den Staub von dessen Füßen,
Dem er im Monde der Winde
Höhnend und lästernd
Nachjubelte
Zum Blutgerüst!

Muse, Muse! Heran!
Kränze das Haupt
Des Gewürgten am Galgen —
Rafael Riego's Haupt!

Epigramme.

Erstes Hundert.

1. Was wir bringen.

Rosen pflückten einst die Weisen in der Musen Gartenflur.
Spötter kamen hinter ihnen und sie brachen Dornen nur;
Als sie Dornen nicht mehr fanden, suchten Disteln sie zum Stich.
Dornenlose Rosen bring' ich. Lieber Leser, willst du mich?

2. Most und Wein.

Willst du dich der Lieb' entschlagen, weil ein süßer Rausch sie ist?
O du weiser Mann, bedenke, was du ohne Liebe bist!
Wenn die Hefe liegt im Grunde, wirst du schaler Most nur sein;
Liebe treibt sie in die Höhe, und im Rausche wirst du Wein.

3. Fang auf!

Wenn die Engel Manna streuen, breite deinen Mantel aus!
Wenn die Liebe fällt vom Himmel, flüchte nicht dich in dein Haus!
Hast du Manna nicht gesammelt, sprechen dir die Menschen Hohn;
Ließest du die Liebe liegen, schämst du dich vor Gottes Thron.

4. Getäuschte Liebe.

Sag, womit ist zu vergleichen der getäuschten Liebe Pein? —
Frag den Garten, dessen Blumen schneien in dem Frühling ein.

---

5. Liebe und Lieblosigkeit.

Sage mir, mein spröder Bruder, ob ein trüber Tag im Mai
Dir nicht lieber als die helle Sternennacht des Jänners sei:
Und dann deut' ich dir es aus, um wie viel der Liebe Leiden
Mir begehrenswerther sind als die liebelosen Freuden.

---

6. Rosen und Dornen.

Einen Rosenstrauß der Hoffnung vor uns tragend in der Hand
Wandern wir, der Liebe Pilger, nach dem hochgelobten Land;
Lab' an seinem Duft und Schmelze unterweges deinen Sinn,
Und du schreitest ohne Schmerzen auf des Pfades Dornen hin.

---

7. Herzenstausch.

Treue kann ich dir nicht geben, aber wohl mein treues Herz;
Kann es deinem Treue lehren, so entbehr' ich's ohne Schmerz.
Hat dein Herz dann ausgelernet, schick' es auf die Probe mir,
Und ich gebe für den Schüler lebenslang den Lehrer dir.

---

8. Schiff und Herz.

Uebel ist ein Schiff berathen auf dem sturmbewegten Meer;
Doch ein Herz im Sturm der Liebe ist es wahrlich noch viel mehr:
Jenes wirft die schweren Lasten, die es drücken, über Bord;
Dieses schifft mit voller Ladung durch die wilden Fluten fort.

---

9. Was ist Liebe?

Frage, was die Liebe sei.
Frage den, der liebefrei;
Frag ihn, den die Liebe kost;
Frag ihn, den die Lieb' erbost;
Lieb', und frage deine Brust:
Hat's ein andrer recht gewußt?

10. Was ist das Herz ohne Liebe?

Wie ein Land ohne Herrn,
Wie die Nacht ohne Stern,
Wie der Becher ohn' Wein,
Wie der Vogel ohn' Hain,
Wie ohn' Aug' ein Gesicht,
Wie ohn' Reim ein Gedicht:
So ohne der Liebe Scherz und Schmerz
Das Herz.

11. Die doppelte Wohnung der Liebe.

Zwei Häuser hat das Herz für des Geliebten Bild:
Erst wohnet es im Auge, bis dieses überschwillt
Vom Thränenstrom der Schmerzen und zwingt zur Flucht den Gast;
Dann steigt ins Herz er nieder und findet sichre Rast.

12. Liebe ohne Leid.

Willst du Rosen ohne Dornen, willst du Liebe ohne Leid:
Laß sie auf die Wand dir malen in der holden Maienzeit
Und verschließe deine Fenster vor des Gartens süßem Duft,
Und verriegle deine Pforte, wenn die Gärtnerin dich ruft.

13. Der Spiegel der Liebe.

Der Erde Dunst umschleiert selbst des Himmels Sonnenschein:
Wie könnte wol ein unrein Herz der Liebe Spiegel sein?

14. Eifersüchtige Liebe.

Wenn die Lieb' ist eifersüchtig, so bekommt sie hundert Augen;
Doch es sind nicht zwei darunter, die gradaus zu sehen taugen.

15. Echtes Alter.

Die wahre Liebe gleicht dem guten deutschen Wein:
Er wird dem Alten nie zu alt zum Trinken sein;
Und schäumt zum Rausch er dir in dem Pokal nicht mehr,
So trink als Arzenei die letzte Flasche leer.

16. Recht und Liebe.

Das Recht sagt: Jedem das Seine!
Die Liebe: Jedem das Deine!

17. Bodenlose Liebe.

Die Lieb' ist der Säckel des Fortunat:
Je mehr sie gibt, desto mehr sie hat.

18. Empfänglichkeit.

In die kalte herbe Luft
Haucht die Rose keinen Duft.
Zu der Erde Liebeswonne
Wärme dich in Gottes Sonne.

19. Küsse und Seelen.

Sage nicht, daß in des Menschen Brust nur Eine Seele lebe;
Fühl' ich doch, daß eine Seele dir mit jedem Kuß ich gebe.
Und wie oft ich dich auch küsse, alle Küsse haben Seelen,
Und mir werden eher Küsse, als den Küssen Seelen fehlen.

20. Cardinal der Liebe.

Bittre Pomeranzenschale schneidest du in meinen Wein,
Aber mit dem andern Händchen wirfst du Zucker auch hinein:
Spricht zu mir dein sprödes Mündchen bittre Worte manches mal,
Gibt mir süßen Trost dein Auge, und mein Herz trinkt Cardinal.

21. Atlas.

O Atlas, großer starker Riese, wie wird des Himmels Last dir schwer!
Die Liebe trägt dieselbe Bürde und hüpft so selig hin und her.

22. Der Schmetterling.

Will der Schmetterling entflattern, reißt der Knab' ihm aus die Schwingen;
Will die Liebe von dir fliegen, kannst du sie zum Bleiben zwingen?

23. Der April.

Der spröden Rosenknospe gleich erscheinst du mir, April,
Die, wie auch Luft und Licht sie kost, sich noch nicht öffnen will;
Doch aus den rothen Ritzen schielt sie dann und wann hervor
Und zittert schüchtern gleich zurück, wenn's trüb' ist vor dem Thor.

24. Einheit.

Denkst du anders, als ich denke,
Geh mit mir nur in die Schenke —
Zur Vereinigung.

Denkst du aber, wie ich denke,
Führ' ich auch dich in die Schenke —
Zur Bestätigung.

Einheit suchen wir auf Erden:
Einheit wird im Wein uns werden —
Zur Beseligung.

25. Welt und Himmel.

Dem Meer muß ich die Welt vergleichen, der Himmel gibt als Strand sich kund:
Dort schwimmt die leere Muschel oben, die Perlenschnecke liegt im Grund;
Doch wenn des Todes Woge beide zusammen an das Ufer trägt,
Wird jene schmählich weggeworfen, die andr' als Kleinod eingelegt.

26. Doppeltes Feuer.

Die Erde wird bald ein Aschenhaufen; es brennen von oben und unten daran
Der Himmel — soviel die Menschen wollen, die Hölle — soviel der Teufel kann.

27. Jedem das Seine.

Ist nach Gottes Willen nicht Wein und Kuchen für die Frommen,
Warum laßt bei Brot und Wasser die Verbrecher ihr verkommen?

28. Des Menschen Seele und der Thautropfen.

An des Lebens voller Blüte hängt des Menschen Seele fest,
Wie des Thaues Perlentropfen in der Rose süßem Nest;
Aber wann er auf die Erde mit den welken Blättern sinkt,
Folgt er gern dem Strahl der Sonne, der ihn liebend in sich trinkt.

29. Doppelte Drehung.

Wie die Welt um ihre Achse, dreht der Mensch sich um sein Ich.
Jene kreist auch um die Sonne: Mensch, die Sonne kreist um dich!

30. Weltlust.

Einer Buhlerin vergleichbar ist die süße Lust der Welt,
Die in jeder Hand erhoben eine goldne Schlinge hält:
Mit der einen hat sie eben ihren Liebling aufgehängt,
Während sie mit ihrer andern sich ein neues Herzchen fängt.

31. Die beiden Bräute.

O Welt, du altes böses Weib, hast doch so viele Freier;
Des Himmels Jungfrau steht verschmäht und weint in ihrem Schleier.

---

32. Unseliger Segen.

Glaube nicht, du seist von Gott gesegnet,
Bleibst du trocken, wenn der Himmel regnet.

---

33. Frage.

Pflanze, willst du dumpf umschlossen in dem engen Glase sein,
Oder unterm Himmel fühlen Regen, Sturm und Sonnenschein?

---

34. Gegenfrage als Antwort.

Frag den Grashalm, der der Sonne regenschwer entgegenzittert,
Ob er heute wünschen möchte, daß es gestern nicht gewittert.

---

35. Die Schirme.

Schirme gegen Sonn' und Regen deinen Hut und deinen Kragen;
Unter Gottes freiem Himmel soll das freie Herz dir schlagen.

---

36. Regen, Segen.

Der Regen fließet von den Bergen hernieder in des Thales Grund:
Der Segen aus des Himmels Höhen wird selten hier den Hohen kund.

---

37. Licht und Rauch.

Tabacksfeuer ist Menschenbrauch;
Aber die Sonne macht keinen Rauch.

---

38. Zwei Reisen.

Keine Reis' auf Erden scheint mir so groß und schwer zu sein
Als die Reis' aus uns heraus, als die Reis' in uns hinein.

39. Zeit und Mensch.

Was heißt das, über die Zeit zu klagen!
Wie jeder sie macht, so muß er sie tragen.

40. Adam's Erdenkloß.

Wie vergoldet und bemalt sich der Mensch so lange schon —
Und noch immer guckt er durch, Vater Adam's alter Thon!

41. Das Ziel.

Jeder hat ein Ziel vor Augen, dem er nachläuft bis zur Gruft —
Aber oft ist's eine Feder, die er aufblies in die Luft.

42. Das Glück.

Laß dich von dem Glücke suchen.
Fehlt's den Weg, so mag es fluchen;
Aber suchst du selbst das Glück,
Kommst du fluchend oft zurück.

43. Form und Geist.

Kannst du ohne Erdenbild himmlischen Verstand verstehen:
Wirst du ohn' Gefäß den Wein keltern, gären, trinken sehen.

44. Oberflächlichkeit des Lebens.

Wie Wolkenbilder über den Fluß, so schweben die Menschen durchs Leben.
Sie wollen sich über die Fläche nicht auf Flügeln gen Himmel erheben,
Sie wollen sich auch mit ihrem Gewicht hinab in die Tiefe nicht tauchen;
Drum kann ein jeglicher Wind so leicht ihr Alles in Nichts verhauchen.

45. Gefährliche Drehung.

Weil unter ihm die Welt sich dreht, drum dreht der Mensch sich auch so viel:
Nimm vor dem Schwindel dich in Acht, wenn einst du stille stehst am Ziel!

46. Innere Reife.

Im dämmernden Schatten des Laubes versteckt, da reifen die Früchte der Reben:
So muß, wer gedeihen im Innersten will, sich des äußeren Schimmers begeben.

47. Grenzen der Menschheit.

Könnten wir alles mit eigner Kraft,
Wie bald wär' Gott aus dem Himmel geschafft!

48. Veränderlich und beständig.

Wie schnell und leicht auf Erden auch Maschinen alles treiben,
Noch immer will die Erde doch im alten Gange bleiben.

49. Die Erfindungen.

Es ist noch nichts erfunden hier, solange Menschen leben,
Wofür ein Privilegium der Himmel hat gegeben.

50. Die schwerste Last.

Nichts ist dem Menschen so schwer zu tragen
Als eine Last von guten Tagen.

---

51. Der seligste Glaube.

Der seligste Glaub' auf dieser Welt:
Der nur das glaubt, was ihm gefällt.

---

52. Die besten Gaben des Mundes.

Welche sind des Mundes beste Gaben? —
Lust zum Singen, Trinken, Küssen haben.

---

53. Glück und Unglück.

Ueber dein Unglück triumphiren
Ist leichter als dein Glück regieren.

---

54. Die Jäger der Ruhe.

Die Menschen, die nach Ruhe suchen, die finden Ruhe nimmermehr —
Weil sie die Ruhe, die sie suchen, in Eile jagen vor sich her.

---

55. Herz und Kopf.

In des Busens enger Zelle wohnt das Herz als Eremit,
Aug' und Ohren ihm erzählen, was es selbst nicht hört und sieht.
Gläubig ist's und leicht zu täuschen, lauscht auch einem Märchen gern,
Stets bereit zu Klag' und Jubel; aber schüchtern vor dem Herrn,
Der mit finsterm Stirnerunzeln oft ein dummes Kind es schilt
Und als Wacht im Kopfe thronet mit der Wahrheit blankem Schild.
Aber an den bunten Bildern, die ihm zeigt der Sinne Spiel,
Kann das Herz nicht satt sich sehen; nach dem Schilde blickt's nicht viel.

---

56. Der erste Flecken.

Wenn du durch den Koth der Straße mußt mit neuen Schuhen gehn,
Wirst du trippelnd auf den Spitzen nach den blanken Steinen sehn;
Hat sie erst beschmuzt ein Fleckchen, lernst du waten sicherlich:
Hüte, Kind, in deiner Seele vor dem ersten Flecken dich!

57. Lehre und Beispiel.

Wenn des Weisen gute Lehre eine Hand ist, dich zu führen:
In des Guten weisem Beispiel wirst du einen Flügel spüren.

58. Die Reisenden.

Auf einem Esel reitest du, dein Vordermann auf einem Roß,
Und hinter deinen Fersen keucht zu Fuß ein ungezählter Troß.
Du siehst mit Neid dem einen nach; wie viele sehn dir hinterdrein! —
Und wenn die Herberg' ist erreicht, gehn alle doch zu Fuß hinein.

59. Unsichtbares Wirken.

Licht und Wärme gibt die Sonne, wenn auch Wolken sie verstecken:
Also wirst in seinem Wirken Gottes Dasein du entdecken.

60. Memento mori!

Springst du freudig durch die Thüre in dein neugebautes Haus,
Denk, aus dieser selben Thüre tragen sie dich einst heraus!

61. Das geflügelte Wort.

Ist das Wort der Lipp' entflohen, du ergreifst es nimmermehr,
Fährt die Reu auch mit vier Pferden augenblicklich hinterher.

62. Gute Tage, schlechte Zeit.

Weil ihr zu gute Tag' euch macht, so müßt um schlechte Zeit ihr klagen;
Macht eure ganze Zeit nur gut, und fraget nicht nach schlechten Tagen.

63. Die Verfolgten.

Wenn man jagt den Elefanten um sein weißes Elfenbein,
Wenn man schlägt das Dach der Auster um die edeln Perlen ein:
Sag, wie kann es dich verwundern, daß die Welt dich jagt und schlägt,
Weil sie dir es angesehen, daß dein Busen Schätze hegt!

64. Nicht zu früh!

Der Narr wirft bei der ersten Wärme hinweg sein altes Winterkleid;
Vergiß nicht, wenn das Glück dir dämmert, den guten Freund aus böser Zeit.

65. Hülfe ohne Frage.

Willst du aus der Flut mich retten, frag nicht, wo hinein ich fiel;
Wo ich jetzt zu Grunde sinke, das sei deines Auges Ziel:
Reicher, frage nicht den Armen, wie er arm geworden ist;
Willst du fragen, frag dich selber, wie du reich geworden bist.

66. Geduld und Zorn.

Wer erst das Hemd der Geduld zerreißt,
Gar oft die eigenen Blößen weist.
Des Zornes Mantel ist zwar weit,
Trägst du ihn nur mit Schicklichkeit;
Du wirfst ihn dreifach um den Kopf,
Und doch bleibt unbedeckt der Kropf.

67. Die starke Geduld.

Bedenke, Freund, daß die Geduld nie bei der Schwachheit steht:
Das Mühlenrad, des Baches Spiel, mit Saus und Braus sich dreht,
Indeß die Sonne ruhig stets die ew'ge Bahn durchkreist,
Wie toll und arg die Erdenwelt sich unter ihr erweist.

68. Eigen Lob.

Wenn nach mir die Rosen riefen: Riech an uns! ich thät' es nicht;
Und die Tugend sollt' ich proben, die von sich mit Ruhme spricht?

69. Feuer und Stroh.

Einer welcher gerne redet, einer welcher gerne hört:
Beid' ein Stündchen nur zusammen, und der ein' ist schon bethört.

70. Disharmonie.

Erzähl' dein Glück dem Unglück nicht, dein Unglück nicht dem Glück!
Hier klingt dir Leid auf deine Lust, dort Lust auf Leid zurück.

71. Der Schneeball.

Der Schneeball und das böse Wort,
Sie wachsen wie sie rollen fort:
Eine Hand voll wirf zum Thor heraus,
Ein Berg wird's vor des Nachbars Haus.

72. Was er weiß, macht ihn heiß.

Viele lange Jahr' es währt,
Daß ein Tag den andern lehrt;
Wird der Jüngste Tag zu heiß,
Ist's von allem, was er weiß.

73. Regel der Censur.

Schilt mir keinen von unten bis oben,
Daß dir ein Plätzchen noch bleibe zum Loben;
Stopf' auch keinen mit Lob so voll,
Daß der Tadel nicht weiß, wo hinein er soll.

74. Apfelblüte und Mädchenwange.

So Apfelblüt' als Mädchenwange — jemehr in hellem Licht sie steht,
Je schneller die verschämte Farbe der Knospenunschuld ihr vergeht.

75. Knechtschaft und Freiheit.

Sklavenhände selber können mir ein Joch vom Nacken heben;
Aber das vermag kein Freier, Sklave, Freiheit dir zu geben.

76. Erdenhöhe, Himmelshöhe.

So sitz auf deinem Elefanten, du hoher Mann, und brüste dich;
Doch ich will bei der Sonne fragen, wie viel du näher ihr als ich.

77. Der Ahnensaal.

Ein großer voller Ahnensaal ist kleiner leerer Enkel Lust;
Bist du so groß wie jen' im Saal, so nimm sie auf in deine Brust.

78. Wohin.

Da, wo du recht hingehörst, ist es dir gewiß zu schlecht;
Wo du aber möchtest sein, bist du keinem andern recht.

79. Lebende Todte und todte Lebende.

Mancher liegt schon lang' im Grabe und beherrscht noch diese Welt;
Unterdessen schläft der andre, der zum Herrschen ist bestellt.

80. Der Gletscher.

In Eis gepanzert steht der Gipfel der Alpen in der Sonne Strahl.
Kann ihn die Sonne nicht zerschmelzen, was klagst du ihm dein Leiden, Thal?

81. Alles an seinem Orte.

Wenn Ehre dich schmückt in des Königs Palast
Und Schand' in dem eigenen Hause du hast,
Kann Schande von hier dich dort nicht beflecken,
Wird Ehre von dort dich hier nicht bedecken.

82. Unnütze Besoldung.

Der Fürst, der einen Weisen nährt und ihn nicht fragt um Rath,
Ist gleich dem Krüppel, der kein Bein und doch ein Reitpferd hat.

83. Getheilte Gewalt.

Der Ehestand ist gut bestellt,
Wo jedes Theil sein Scepter hält:
Die Frau regiere Herz und Topf,
Der Mann den Becher und den Kopf.

84. Reichthum und Rauch.

Wie der Reichthum ist ein Rauch, kann dich mancher Schornstein lehren:
Gold und Silber flog hinauf, Ruß wird man hinunterkehren.

85. Das rechte Maß.

Aus der engsten Kammerzelle kannst du in den Himmel sehn,
In dem kleinsten Vaterlande lernt der Mensch die Welt verstehn.
Fühl' erst groß dich in dem Kleinen, aber dann im Großen klein,
Und im Großen wie im Kleinen wird dein Maß das rechte sein.

86. Vaterlandsliebe.

Es ist das kleinste Vaterland der größten Liebe nicht zu klein:
Je enger es dich rings umschließt, je näher wird's dem Herzen sein.

87. Riesenstolz.

Wer für sein kleines Vaterland sich dünken will zu groß,
Der gleicht dem Riesen, der sich schämt vor seiner Mutter Schos.

88. Wem gebührt die Krone?

Die größten Wüsten sind leichter regiert,
Als kleine Gärten cultivirt.

89. Wenn sie könnten!

Wie viele haben wol die Nachwelt schon belogen;
Doch frag einmal, wie viel von allen sie betrogen.

90. Vertröstung.

Ist der arme Fisch vertrocknet, was doch frommt ihm dann die Flut?
Glück, verheiß mir nicht das Beste, mach' es gleich mir leidlich gut!

91. Die Weisheit ein Edelstein.

Kannst die Weisheit du vergleichen einem reinen Edelstein,
So begreifst du auch, weswegen wenige sie kaufen ein.
Dieser weiß sie nicht zu schätzen, mißt sie mit des Kiesels Maß,
Und weil schediger es schimmert, wählt er buntes Flitterglas,
Jener möchte sie wol haben, doch sein Beutel ist nicht schwer;
Und ein blindes Huhn nur findet sie in Spreu von ungefähr.

92. Die Biene.

Wie die Biene Blumensäfte, also sammle Weisheit ein:
Ist die Blütenzeit vorüber, wird der Blüten Honig dein.

93. Der rechte Lehrmeister.

Folg' als Jünger nicht dem Lehrer, dessen Saal ist immer voll,
Weil im Spiel er alle Schüler zu Doctoren machen soll;
Der mit Müh' dem Doctor lehret, daß er nur ein Schüler ist,
Dessen kleine Pforte suche, eh' zu groß du worden bist.

94. Das Echte bleibt der Nachwelt unverloren.

Wie liegt der edle Kern so lange in Spreu und Plunder tief versteckt!
So bleibt auch oft das Werk des Meisters vom leichten Tand der Zeit bedeckt.
Mag drüber hin das Unkraut wuchern, der starke Keim bricht doch hervor
Und streckt zu einem Wunderbaume sich vor der Nachwelt schnell empor.

95. Tiefe und Klarheit.

Wie hell und klar auch sei der Himmel, du kannst doch seinen Grund nicht sehn.
Je tiefer das Gedicht ich schöpfe, je lichter wird es vor dir stehn.

96. Tiefe und Dunkelheit.

Es reizt der dunkle Sumpf mich nicht, hineinzugehn:
Wie tief dein Werk auch sei, ich mag es nicht verstehn.

97. Tantalus.

O Tantalus, dir gleicht der Dichter, der aus dem Himmel Nektar stahl!
Er wandelt einsam auf der Erde, verwiesen aus der Götter Saal;
Und wann von oben goldne Früchte im Traum ihm spielen um den Mund,
So gibt er hier in süßen Liedern der Sehnsucht Qual und Wonne kund.

98. Das Prisma.

Dem Prisma gleicht des Dichters Seele, in welcher Freud' und Leid sich bricht
Mit hellen und mit trüben Strahlen zu buntem Regenbogenlicht.

99. Kleines für Kleines.

Die liebe kleine Zeit will Kleines haben,
Drum bring' ich ihr so viele kleine Gaben.
Aus vielen Tagen wird ja doch ein Jahr —
Sei ganz, und sieh ein Ganzes in der Schar.

100. Schreiber und Leser.

Schreiber, was bemühst du dich immer gut zu schreiben?
Liest dich denn ein jeder gut? Treib's wie's alle treiben!

Epigramme.

Zweites Hundert.

1. Die zerbrochene Leier.

Ich schlug zu Stücken meine Leier ergrimmt auf diese tolle Welt;
Doch bald empfand ich Langeweile, und eine neue ward bestellt.
Indessen klimpr' ich auf der Saite, die an der alten hängen blieb:
So lange nehmt, geneigte Leser, mit kleinen Reimen auch vorlieb.

---

2. Bav und Mav.

Bav oder Mav —
Es schüttle sich wen's traf.
Zeichne sie zum Kennen —
Brauchst sie nicht zu nennen.

---

3. Verschiedene Wege zu Einem Ziele.

Viel breite Wege führen in das Land der Narrenzunft;
Doch die allermeisten wählen sich den engen der Vernunft,
Quälen sich hinauf, hinunter, keuchen, schwitzen Tag und Nacht,
Während im Spazierengehen Harkelin die Reise macht.

---

4. Beschwerliche Weisheit.

Wie der Esel Säcke Goldes, trägst du deiner Weisheit Last.
Ach, wie wohl wirst du dich fühlen, wenn du abgeladen hast!

---

5. Wo gehört er hin?

Wenn ein Narr zum Weisen wird, läßt ihn Narr und Weiser stehn;
Wenn der Weise wird ein Narr, ist er beiden gern gesehn.

6. Narrenstolz.

O sagt, warum die stolzen Narren so mürrisch durch die Straßen gehn,
Warum sie bald erbost zu Boden, und bald ergrimmt gen Himmel sehn? —
Dort will das Pflaster sich vor ihnen noch nicht erheben mit Respect,
Und oben bleiben alle Thürme mit ihren Hüten gar bedeckt.

7. Der beste Narr.

Narren gibt's überall auf der Welt,
Doch jedem sein eigner am besten gefällt.

8. Der Nadler.

Mein Narr will fein und spitzig sein:
O sperrt ihn bei dem Nadler ein,
Da kann er ohne zu betrüben
Sein niedliches Talentchen üben!

9. Mir wie Dir.

Wer sich nicht selbst verspotten kann,
Der fang' es nicht mit andern an.
Narr, hudle nur den eignen Herrn,
So haben dich die Gäste gern.

10. Alles gilt, wo es zu Hause ist.

Manches arme Närrchen würde reich und klug zu Hause sein;
Aber ach, es findet nimmer sich ins eigne Haus hinein!

11. Kaufprobe.

Wie kommt es, daß dir deine Braut
In schönen Kleidern wird getraut?
So wird nach langer Werbung Qual
Die hohe Weisheit dein Gemahl;
Und hast du sie in deinem Haus,
So ziehst du ihr die Kleider aus:
Dann sieht der Doctor ohne Frist,
Wie viel er hat, wie viel er ist.

12. Alles zu seiner Zeit.

Ach, wie treiben's doch die Narren mit den Weisen hier auf Erden!
Weiser, lern' zu rechter Zeit auch einmal ein Narr zu werden.

13. Einer und Zwei.

Ein Narr und ein Weiser im Verein
Die wissen mehr als ein Weiser allein.

14. Narrheit und Vorsicht.

Zu Pfingsten möchte mancher Narr gern auf dem Eise stehn;
Doch keiner will zur Weihnachtszeit im Flusse baden gehn.

15. Die Narrenschuhe.

Es muß auf Erden jeder Mensch sein Pärchen Narrenschuh vertragen,
Doch mancher läßt die Sohlen sich mit Eisen um und um beschlagen.

16. Rückwirkung.

Warum sterben doch so viele alte Narren hier auf Erden? —
Weil so viele weise Kinder ebenda geboren werden.

17. Wahl.

Viel lieber mit alten Narren verkehren,
Als weise Kinder predigen hören:
Die einen treiben's nicht weiter auf Erden;
Ach, aber was kann aus den Kindern noch werden!

18. Die glücklichen Wunderknaben.

Glücklich preis' ich auf der Welt alle Wunderknaben,
Werden sie als Wunder noch wunderbar begraben;
Tragen sie auf ihrem Haupt erst einmal Perrüken,
Kann mit Puppen sich nicht mehr ihre Weisheit schmücken.

19. Leer lärmt am meisten.

Stößt du an ein leeres Faß, dröhnend wälzt sich's um und um;
Ist mit Wein es angefüllt, bleibt es liegen fest und stumm.

20. Die Schwätzer.

Hast ein Schatzhaus du gesehn
Ohne Schloß und Riegel stehn?
Freund, ein immer offner Mund
Gibt nur leere Scheuern kund!

21. Die helle Stirn.

In dem Bach sind wenig Fische, welcher immer klar und licht.
Stirn, die immer heiter lächelt, viel Gedanken hast du nicht.

22. Die finstre Stirn.

Frösche wohl, doch keine Fische wohnen in dem schwarzen Moor.
Stirn, die immer finster brütet, laß nur nichts aus dir hervor!

23. Flachheit und Dunkelheit.

Wenn alles, was dunkel ist, tief auch wär',
So stieße sich keiner im Dunkeln mehr.
Und guckst du bei Nacht zum Fenster hinaus,
Der Schornstein sieht schwarz wie der Himmel aus.

24. Triumph der Dunkelheit.

Er hat es weit im Denken gebracht:
Er versteht schon halb, was er selber gedacht;
Und was er versteht, halb kann er's dir sagen.
Mit den Worten magst du dich weiter plagen.

25. Eselstrab.

Vor dem forcirten Schwärmer sei nicht bange!
Ein Eselstrab der dauert selten lange.

26. Kleine Geister, große Bücher.

Männchen mit dem kleinen Geiste, deine Bücher wie so groß! —
Nicht im Kopfe, such' im Bauche meiner Kinder Mutterschos.

27. Die Wiederkäuer.

Ein Dichter, der nur dichten kann nachdem er erst sich voll gelesen,
Ist wie ein wiederkäuend Thier, das in der fremden Saat gewesen.

28. Reißender Absatz.

Haderlumpen! Haderlumpen! — Was die deutschen Dichter laufen,
Jeder will ein neues Röckchen sich aus fremden Lumpen kaufen
Von der Seine, von der Themse, wie viel Fuhren groß und schwer:
Haderlumpen! Haderlumpen! — Still, wir haben keine mehr.

29. Reisegelegenheit.

Wie schnell und leicht durchreist sich jetzt die Welt!
Drum reitet auch die Kunst schon als Kurier.
Wer sich an ihres Pferdes Schweife hält,
Reist frei mit ihr als blinder Passagier.

30. Die Unsterblichen unter sich.

Ihr schmückt euch freundlich und zufrieden mit grünen Lorberkränzen aus,
Und dürft ihr draußen nicht sie tragen, so bleiben sie für euer Haus.
Wollt ihr auf Erden schon genießen den Vorschmack der Unsterblichkeit,
Werft euern Lorber in die Suppe und schluckt hinein die Ewigkeit.

31. Der Pfingstochse.

Seh' ich diesen Dichterling also stolz mit Kränzen prangen,
Mein' ich, solch ein Wunderthier sei zum Schlachten eingefangen:
In dem bunten Schmuck der Pfingsten zieht es in das Thor herein
Und die Schlächterin, die Nachwelt, mit dem Beile hinterdrein.

32. Das größte Wunder der Dichtkunst.

Orpheus hat so Wunderbares nicht im Dichten ausgerichtet
Als ihr Reimer, die ihr dichtend euch zu Dichtern selber dichtet.

33. Die metrische Uebersetzung.

Wer heißt euch Fell und Federn der Nachtigall zerfetzen? —
Wir wollen ihre Lieder nur metrisch übersetzen.

34. Versäum's nicht!

Wenn du willst ein Frommer werden,
Weil es Mode wird auf Erden,
Fang es heute lieber an —
Morgen kann es jedermann.

35. Fromme Politik.

Warum wollt ihr ins Kloster gehn? —
Weil draußen so viele Galgen stehn.

36. Gläubige und Gläubiger.

Was hilft's, daß reich vor Gott ich bin, hab' ich auf Erden Schulden!
Hier muß der Gläubige das Recht des Gläubigers erdulden.

37. Leichte Bekehrung.

Der Jude meint, er sei ein Christ,
Wenn er nur Schweinebraten ißt.
Er sieht von Christi Wunderlehr'
An vielen Christen auch nicht mehr.

38. Die bequemste Rückkehr.

Wer sich auf der Sünderwiese seinen Fußsteg erst getreten,
Lernt, um selbst nicht umzukehren, ein Gebetchen rückwärts beten.

39. Belehren und Bekehren.

O, Bruder, wolle mich belehren! —
Halt still, ich muß dich erst bekehren.

40. Höllenerweiterung.

Wenn die Menschen werden gescheiter,
Macht der Teufel die Hölle weiter.

41. Empfindlichkeit.

Ziehe dem Himmel ein schiefes Gesicht,
Gott und die Engel bemerken's nicht;
Lach' einmal in die Hölle hinein,
Was da wird für ein Zischen sein!

42. Die Kammerherren.

An des Himmels Pforte stehn keine Kammerherrn,
Jeder König öffnet sie ohne Diener gern;
Aber an der Hölle Thor wird dem Bettelmann
Gleich ein Kammerherr bestellt, klopft er selbst nicht an.

43. Brautbett und Sterbebett.

Im Brautbett und im Sterbebett gibt's keine Langeweile,
Und mit dem Schlafe hier und dort hat's eben auch nicht Eile.

44. Gott bewahre den Himmel!

Wenn die Kopfhänger all' in den Himmel kommen,
Erbarme dich, Gott, der fröhlichen Frommen!
Sie desertiren aus deinem Saal
Vor langer Weil' in die Höllenqual.

45. Der gute Mann.

Er ist ein guter Mann,
Er läßt, was er nicht kann:
Trinkt nie aus einer leeren Flasche
Und steckt keinen Kirchthurm in die Tasche.

46. Verdienstlose Tugend.

O prahle mit deiner Tugend nicht! Das Sündigen wird dir sauer.
Wer keine Beine zum Gehen hat, der springt nicht über die Mauer.

47. Die Beter nach der Mode.

Das nenn' ich mir doch Heilige! Sie beten ohne Rast und Ruh,
Und wenn sie Christum kreuzigen, sie beten Kyrie! dazu.

48. Wie die Arbeit, so der Lohn.

Der Frevler, der im Todeskampfe noch lernt ein Kreuz der Reue schlagen,
Der wird zum Lohn dafür von Engeln bis vor der Hölle Thor getragen.

---

49. Bequeme Frömmigkeit.

Das Frommsein macht dem Mann nicht viel zu schaffen,
Der mager ist und beichtet fetten Pfaffen.

---

50. Die Stolze.

Adelstolz sitzt auf hölzernem Pferde,
Bauerstolz wälzt sich auf der Erde,
Bürgerstolz geht auf hohen Hacken,
Geldstolz steht auf gelben Schlacken,
Dichterstolz fliegt in den Himmel hinein:
Wo mag der stolzeste Stolz wol sein?

---

51. Vornehmer Geschmack.

Das heiß' ich mir doch einen vornehmen Mann!
Sein Pferd rührt kein bezahltes Futter an.

---

52. Hungrige Behaglichkeit.

Ein kleiner Pfennig, ein kleiner Sinn,
Ein Wappenmantel mit großen Falten —
Man kann so nobel bequem darin
Wie Mäus' im leeren Sacke schalten.

---

53. Der Geadelte.

Als Bürger ging ich gestern schlafen und schnarcht' als Bürger durch die Nacht;
Und heute früh bin ich geadelt aus meinem Bürgertraum erwacht.
Da fühlt' ich grob und plump im Magen mein bürgerliches Abendbrot:
So hat man mit dem Bürgerwesen im Adel seine liebe Noth!

---

54. Die Taufe von ungefähr.

Der Jude fiel ins Wasser und wollte schier ersaufen,
Da schrien böse Spötter: „Er hat sich lassen taufen."
Wie der getaufte Jude geworden ist ein Christ,
So wird Unedel edel, wenn es geadelt ist.

55. Adelsinstinct.

Wappen ließ die edle Dame in des Säuglings Windeln nähen;
Und das Kind starb an Verstopfung, eh' es noch sein Schild gesehen.
Lernt daraus, wie viel es heiße, adelich geboren sein!
Nur aus nobelm Bauchinstincte hielt das Kind den Adel rein.

56. Geschenkte Ahnen.

Ahnen kann der Kaiser geben. Sag', wo mag er her sie nehmen? —
Von den umgetauften Söhnen, die sich ihrer Väter schämen.

57. Vornehmer Pöbel.

Lieber dem Bettler den Brotsack tragen,
Als mit dem vornehmen Pöbel sich plagen!
Besser riecht verschimmeltes Brot
Als der raffinirte Koth.

58. Bauer und Edelmann.

Wenn der Bauer wird ein Edelmann,
So guckt er den Pflug mit Brillen an.

59. Der alte Adel.

Jüngst sprach zu mir ein faules Holz: „Ich bin des Pfirsichstammes Sohn,
Der viel der edeln Früchte trug vor mehr als tausend Jahren schon."
Ich warf es lachend ins Kamin. Was thu' ich mit dem leeren Wicht,
Der prahlerisch zu seinem Ruhm von alter Ahnen Thaten spricht?

60. Geadelte Geister.

Wer die edeln Geister edler durch den Adel machen kann,
Dieser stell' als Kammerjunker auch die Engel Gottes an.

61. Hallel's fest.

Die, so außer ihrem Adel haben weiter nichts als Tadel,
Sind mit Recht am meisten eitel auf den tadellosen Adel.

62. Titel ohne Mittel.

Wer nur ein falsches Hellerchen besitzt,
Der reibt und putzt daran, bis daß es blitzt:
So machen es mit ihrem Titel
Die Ehrenmännchen ohne Mittel.

63. Geldstolz.

Es ist kein Stolz so erdentoll wie der auf deines Beutels Last:
Speis' alle Bettler heut, und sieh, was für das Geld du morgen hast.

64. Der Ehrenplatz.

Auf dem hohen Schneeberg brüstet sich das Kind mit Stolz und Trutz;
Doch die Sonne schmilzt den Gipfel, und der Knabe liegt im Schmutz.
Eitler Thor, so prangst du thronend auf der Ehre leckerm Stuhl;
Deck' ihn vor der Wahrheit Strahlen, oder er versinkt im Pfuhl!

65. Petrus und die Höflinge.

Als Petrus nur in den Hof gerochen,
Da hat er Gott die Treu gebrochen:
Dem Höfling, der's den Menschen thut,
Gibt Petri Beispiel hohen Muth.

66. Hofordnung.

Wo der Pavian ist König, kommen Affen nur zu Ehren:
Löwe, willst Minister werden, laß dir Affentänze lehren!

67. Der beste Posten in Hungersnoth.

Sag', wer wird zum letzten mager, wann im Land ist Hungersnoth? —
Spitz, der Hund der Fürstenküche; denn er frißt nur Zuckerbrot.

68. Der Selbstherrscher.

Wenn der König hat den Schnupfen, kann für ihn kein Schranze niesen:
Daß sie doch auch ohne Schnupfen ihm die eigne Nase ließen!

69. Wohl bekomm's!

An des Königs Ehrentafel schmeckt auch Essig süß dem Gast;
Aber beim Nachhausegehen fühlst du was im Bauch du hast.

70. Wer gibt die Haare dazu?

Wenn die großen Herrn sich raufen und verlieren Schopf und Zopf,
Preise glücklich sich der Bürger, welcher hat den kahlsten Kopf.

71. Wir müssen's alle tragen.

Gegen den Löwen und Elefanten
Sind zu brauchen die Leibtrabanten;
Aber der Mücke wehren sie's nicht,
Daß sie des Königs Nase zersticht.

72. Die Zünfte und die Zunftlose.

Handwerk, Kunst und Wissenschaft, alles sucht sich seine Zunft;
Eine freie Meisterin kenn' ich noch — sie heißt Vernunft.

---

73. Die Rechte und das Rechte.

Viele Recht' und Rechtchen fechten um das Rechte hier auf Erden:
Ach, wann wird doch allen Rechtlern endlich recht das Rechte werden?

---

74. Hat's doch den Namen.

Daß vorn ihr lebt, fällt hinten euch nicht ein —
Und heißt doch Leben, heißt doch Menschen sein!

---

75. Der Friedensheld.

Ein Soldätchen, das im Frieden mit dem langen Säbel klirrt,
Gleicht der Windmühl', deren Flügel ohne Korn im Steine schwirrt.

---

76. Haar und Bart.

Held Simson hatte seine Kraft in seines Hauptes Haaren;
Den neuen Helden ist sie nun in ihren Bart gefahren:
Und wer reißaus sie nehmen sieht vor Messern und Raseuren —
Wer weiß, ob Simson tapfrer wär' im Kampfe mit Friseuren!

---

77. Gesellige Talente.

Im Bürgerclub ist der zu brauchen,
Der Bier kann trinken und Taback rauchen;
Der gehört in die höhere Societät,
Der sich in Thee zu berauschen versteht.

---

78. Gesellige Liebenswürdigkeit.

Willst du der Leute Liebling sein,
Sei charmant und sei gemein!
Was sie nicht können und was sie nicht fassen,
Sie werden's verspotten oder hassen.

---

79. Nicht alles auf einmal.

Willst du wiederkommen zum Schmaus,
Singe beim ersten dein Lied nicht aus.

---

80. Das Unersetzliche.

Wie kann das Lob der weiten Welt dem todten Sokrates vergelten,
Daß lebend er von seiner Frau sich ließ im eignen Hause schelten!

---

81. Weibchen und Männchen.

Das Weibchen weint, so oft es will, und lacht, so oft es kann,
Und will es nicht und kann es nicht, so muß der liebe Mann.

---

82. Der Dichter und der Ehemann.

Der Dichter und der Ehemann, wie das sich reimen soll!
Ein Weibchen für den Ehemann, neun Mädchen für Apoll!

---

83. Das böse Weib.

Nur ein einziges böses Weib lebt noch unter der Sonnen —
Aber jeder Ehemann meint, er hab's gewonnen.

---

84. Das Element.

Setz' einen Frosch auf einen weißen Stuhl,
Er hüpft doch wieder in den schwarzen Pfuhl.

---

85. Die Natur siegt.

Kitzle ein gewaschenes Schwein,
's legt sich in den Koth hinein;
Kitzl' ein bestäubtes Vögelein,
's putzt sich gleich die Federn rein.

---

86. Ein Trost in drei Nöthen.

Wenn morsche Bäume anfangen zu brennen,
Wenn faule Pferde anfangen zu rennen,
Wenn alte Weiber anfangen zu lieben —
Gottlob, noch keines hat's lange getrieben.

---

87. Man sieht's ihm nicht an der Nase an.

An dem umgekehrten Besen
Sieh, wozu er nutz gewesen;
Gäben's doch so deutlich kund
Menschenhand und Menschenmund!

---

88. Zwerge und Riesen.

Die Zwerge, die auf Stelzen gehn,
Meinen den Riesen zu übersehn;
Aber stürzen sie in den Graben,
Möchten sie doch seine Beine haben.

---

89. Die Eule und ihr Junges.

Wo gibt's eine Eul' auf dieser Welt,
Die nicht für schön ihr Junges hält!

---

90. Gewöhnung ohne Geschick.

Auch die links gewöhnten Knaben
Eine gute Rechte haben:
Wüßte jeder, was er kann,
Dummkopf fing' es klüger an.

---

91. Arbeitsregel.

Faulenz' und schrei,
Du bekommst für zwei;
Arbeit' und schweige,
Dir bleibt die Neige.

---

92. Neue Diener.

Die neuen Diener können gar viel,
Sie treffen zehn Kegel in jedem Spiel.

---

93. Die schlechteste Waare.

Nichts ist auf Erden so schlecht,
Einer bezahlt es dir;
Mach' ich's allen recht,
Keiner dankt es mir.

---

94. Der Sand.

Jedes Land
Hat seinen Sand:
Sieh nur zu,
Daß er nicht lauf' in deine Schuh'!

---

95. Der Beruf.

Wer geboren ist zum Stehlen,
Kann sich selbst einen Galgen wählen,
Aber der unberufene Mann
Muß den ersten besten hinan.

---

96. Einer nach dem andern.

Laßt sie nur sagen —
Wir müssen's tragen;
Laßt sie nur machen —
Dann wollen wir auch einmal lachen.

---

97. Schweigen und Denken.

Schweigen und Denken
Wird keinen kränken;
Unbedacht sagen —
Wer wollt' es vertragen?

---

98. Zu wenig und zu viel.

Zu wenig und zu viel
Ist nur ein Narrenspiel;
Und sind wir, wie wir sollen:
Wir haben, was wir wollen.

---

99. Commandowort.

Geht es schlecht, so laß es gehen;
Geht es gut, so heiß' es stehen!

---

100. Das Sprichwort.

Der Gedanke trügt:
Kein Sprichwort lügt;
Von Mund zu Mund
Läuft's rein und rund,
Und nennen's hundert Weise dumm,
Es klingt und schiert sich nichts darum.

Epigramme.

Drittes Hundert.

1. Schätzung des Lebens.

Kein schönes Leben wird gefunden,
Zerlegst du es in Tag' und Stunden.

2. Himmelshuld und Menschenschuld.

Alle Morgen neu geboren wird des Himmels Huld;
Und mit jedem neuen Tage altert unsre Schuld.

3. Noth lehrt beten.

Die Noth lehrt jeden Christen beten — und kennt doch keinen Feiertag,
Und gibt ihr Gott erst Kirchenkleider, so geht es gleich ins Festgelag.

4. Der Weg zum Ziele.

Oft irregehen — macht den Weg nicht recht,
Und leicht gefunden — macht das Ziel nicht schlecht.

5. Lasterentledigung.

Fehlt zu Haus ihm volle Kost, läuft der Hund in andre Gassen:
Wenn ein Laster dich verläßt, sage nicht: ich hab's entlassen.

---

6. Die Tageszeiten.

Alle Morgen neue Sorgen,
Alle Tage neue Plage —
Abend, sei nur wieder labend,
Bis die liebe stille Nacht
Sorg' und Plag' in Schlaf gebracht!

---

7. Das Zuckerrohr.

Das Leben gleicht dem Zuckerrohr; es birgt der hochgestreckte Schaft
In seinem tiefsten Knotenring das Süßeste von seinem Saft:
Das ist die Demuth, die der Tag der Ernte hebt aus ihrem Staub,
Indeß zu Streu getreten wird das üppig stolze Wipfellaub.

---

8. Menschenfreiheit.

Wie ein Kind, das von dem Vater ließ auf einen Gaul sich heben,
Also reitest du, o Bruder, also reit' ich durch das Leben:
Weil des Rosses Zaum wir halten, glaubst du daß wir es regieren —
Sieh, dein Vater geht daneben, an der Halfter es zu führen!

---

9. Die Hoffnung.

Die längste Hoffnung kommt doch an dasselbe Ziel,
Das auch nach kurzem Lauf noch keiner wohlgefiel.

---

10. Weltlust.

Die Lust der Welt ist Honigseim, um den wir wie die Fliegen schweben:
Noch keine hat daraus genippt, ihr blieb ein Stückchen Flügel kleben.

---

11. Toleranz.

In jeder Kirche Gottes hat der Teufel ein Altärchen —
Vergebt dem weißen Pfaffenbart doch auch ein rothes Härchen!

---

12. Der Wille.

Des Menschen Will' ist sein Himmel auf Erden;
Jenseits wird seine Höll' er werden.

---

13. Die nackte Wahrheit.

Die nackte Wahrheit paßt nicht mehr für unsre Welt,
Seit Vater Adam sich das erste Kleid bestellt.

---

14. Sie wollen's mit keinem verderben.

Wie mancher hofft den Himmel zu erben,
Und will's doch nicht mit dem Teufel verderben;
Und wer sich thut dem Teufel verschreiben,
Der meint: kann's Gott nicht hintertreiben?

---

15. Teufelsflecken.

Gäb's schwarze Flecken überall, wo Satan hat gesessen,
Du sähest manche Kirchen an für alte Schmiedeessen.

---

16. Ungetrübte Lebensfreude.

Leben, willst du deinen Menschen ungetrübte Freude geben,
O so lehre sie vergessen, daß sie auf der Erde leben!

17. Lebenskunst.

Fragst du nach der Kunst zu leben? Lern' mit Narr und Sünder leben!
Mit dem Weisen und dem Guten wird es sich von selber geben.

18. Leben in der Ewigkeit.

Läßt du kurze Tage dir in des Jahres Ring behagen,
Warum willst du kurze Leben in der Ewigkeit beklagen?

19. Weltgunst.

Die Gunst der Welt ist gleich dem Winde, der schmeichelnd um die Knospe kreist
Und, wenn die Ros' ist aufgebrochen, die Blätter aus dem Kelche reißt.

20. Liebe und Vernunft.

Wenn Liebe mit Vernunft sich rüsten will,
So spricht sie zu dem Wasserfall: Steh still!

21. Die Feuermauer der Liebe.

Willst du, daß die Glut der Liebe sei von langer Dauer,
Baue zwischen Flamm' und Flamme eine Feuermauer.

22. Eins für alles.

Ein Gott und eine Liebe,
Ein Himmel und ein Herz!
Ob heiter oder trübe,
Ein Licht in Lust und Schmerz!

23. Die Liebesrose.

Wenn der Liebesrose Dornen, Armer, dich erstochen haben,
Dann vergeudet sie die Blätter, dich in ihnen zu begraben!

24. Vier Wege zum Himmel.

Vier Wege gehn von hier zum Himmel, sie heißen Wein, Schlaf, Lieb' und Tod:
Warum will der dir nicht gefallen, auf welchem keine Rückkehr droht?

25. Die blinde Liebe.

Siehst du mit der Augenbinde unter uns die Liebe gehn,
Glaub', es ist um nur die Leiden dieser Welt nicht anzusehn.

26. Das blinde Glück.

Blind durch die Welt Fortuna rennt,
Weil treue Liebe sie nicht kennt.

27. Gott gibt's, halt's fest!

Gott bescheret dir die Kuh, aber nicht den Strick zum Binden:
Schwer zu halten ist das Glück, sei's auch noch so leicht zu finden.

28. Ein Spiel ums andere.

Alle treibt ihr mit dem Glück eure Spiel' und Possen;
Wenn es euch ein Beinchen stellt, seid ihr gleich verdrossen.

29. Armuth und Freundschaft.

Wenn die Armuth durch die Thüre kommt geschlichen in das Haus,
Stürzt auch schon die falsche Freundschaft aus dem Fenster sich heraus.

30. Der arme Freund.

Wenn schon als Last dein armer Freund dich drückt,
Bedenk, er liegt auch fest und unverrückt;
Der sich bequem läßt auf der Nase tragen,
Den Freund kann eine Mücke dir verjagen.

31. Das Glück als Pritsche und als Ball.

Wie das Glück mit jedem spielt, der mit ihm nicht spielen kann,
Schlägt die Narren es als Pritsche, fliegt als Ball dem weisen Mann.

32. Jedem das Seine.

Recht für die Wachenden!
Glück für die Schlafenden!
Liebe den Träumenden!
Gnade den Sterbenden!

33. Gottes Livree.

Wer von milden Gaben lebt, dieser steht in Gottes Sold,
Darum trägt er als Livree schlechte Kittel ohne Gold.

34. Der Eigendünkel.

Der Eigendünkel ist zu nennen Geheimerath der ganzen Welt:
Er findet in den ärmsten Hütten für sich ein Cabinet bestellt.

35. Die weise Frau.

Was sollen dir die tausend Weiber, Herr Salomon, du weiser Mann? —
Ich suche nur, ob unter allen ich eine weise finden kann. —
Er suchte lang' und unverdrossen, und als er endlich eine fand,
Da war sie, daß sich Gott erbarme, gar aus dem schwarzen Mohrenland!

36. Erfahrung ohne Klugheit.

Erfahrung ohne Klugheit tritt als blindes Gaul ein Rad;
Laß es auf krummer Straße gehn, und sieh ob's Augen hat.

37. Klugheit ohne Erfahrung.

Die Klugheit ohn' Erfahrung ist ein scharfes Aug' im Labyrinth:
Je mehr es späht, je mehr es läuft, je müder es das Ziel gewinnt.

38. Schaden und Vortheil.

Macht Schaden mich nicht reich, so macht er mich doch klug.
Macht Vortheil dich nur reich, so hast du auch genug.

39. Der Neid.

Der Neid verfolgt als Schattenbild dich in des Ruhmes Sonnenschein,
Je höher diese Sonne steigt, je kleiner zieht das Bild sich ein.

40. Gelahrtheit und Weisheit.

Gelahrtheit, Kind, das heißt:
Mehr sagen, als du weißt.
Weniger sagen als wissen,
Das heißt: der Weisheit beflissen.

---

41. Die sprechenden Thiere.

Wohl uns, daß in der Fabel nur die Thiere Menschensprache sprechen!
Der Schoshund wäre bald ersäuft; wer aber kann die Flöh' erstechen?

---

42. Vorgerückte Wohlthaten.

Dem du einmal wohlgethan, rückst du's zehnmal ins Gewissen:
Thu' ihm jetzt noch neunmal wohl, und die Rechnung sei zerrissen!

---

43. Hoffart.

Hoffart wird gar leicht gelernt, aber schwer vergessen:
Große Schüsseln kauft sie noch, hat sie nichts zu essen.

---

44. Schlecht ist bald geschliffen.

Schlechter Stein ist bald geschliffen,
Aber noch schneller blind gegriffen.

---

45. Versiegte Weisheit.

In der Armuth leerem Beutel mehr versiegte Weisheit steckt,
Als der Reichthum dicke Thorheit in dem vollen Kasten heckt.

---

46. Die Farbe der Nacht.

Es trägt die Nacht ein schwarzes Kleid: wer steckt nur wol darinnen?
Dem einen scheint es Priestertuch, dem andern Teufelslinnen.

---

47. Wohlfeile Schule.

An fremdem Tuch lernt jeder leicht den Schnitt,
Doch bringt er gern die eigne Schere mit.

48. Der gefährliche Prediger.

Predigt der Fuchs von Treu und Glauben,
So verstecke nur deine Tauben.

49. Der Argwohn.

Den Argwohn kannst du leicht betrügen:
Sprich wahr; so wird er sich selbst belügen.

50. Das plattirte Zeitalter.

Aus Gold und Silber, Blei und Eisen hat Zeus die Zeiten fabricirt:
Von welchem Erz ist mein Jahrhundert? — Man sieht es nicht, es ist plattirt.

51. Zwiefache Staatskunst.

Das Volk zu hassen und zu fürchten, das lehrt als Staatskunst der Tyrann;
Den Fürsten nenn' ich gut und weise, der's liebt und doch verachten kann.

52. Große Gräber.

Meinet ihr, durch große Gräber bei der Nachwelt groß zu bleiben:
O, so laßt von Todtengräbern eine Weltgeschichte schreiben!

53. Wie der Herr, so der Knecht.

Was wundert's dich, daß um den Thron der kleine Höfling kriecht,
Wenn oben drauf sein großer Schach auf allen Vieren liegt?

---

54. Regel für fürstliche Diät.

Tragt ihr, Fürsten, so viel Sorge für das Herz als für den Magen:
Laßt den süßen Hofschmarotzer mit dem sauern Koch verjagen!

---

55. Manche-Potentaten.

Von Gottes Gnaden wir Potentaten
Wir haben im Namen unsre Thaten.

---

56. Ahnenwerth.

Ahnen sind für den nur Nullen, der als Null zu ihnen tritt;
Steh als Zahl an ihrer Spitze, und die Nullen zählen mit.

---

57. Herr von Adam.

Die frömmsten Edelleute fühlen zu einem Zweifel doch Beruf:
Warum wol Gott am fünften Tage nicht einen Herrn von Adam schuf?

---

58. Derselbe noch einmal.

Den Herrn von Adam hat der Schöpfer gemacht am ersten Feiertag:
Er that es noch zum Ueberfluß, als alles fertig vor ihm lag.

---

59. Der Baum der Thorheit.

Die Thorheit ist ein großer Baum mit vielem bunten Obst daran;
Nach seinen vollen Zweigen langt der König und der Bettelmann:
Der pflückt sich rothen Stolz heraus, der hat sich gelben Neid erwählt —
Und einer lacht den andern aus, daß er die schönste Frucht verfehlt.

---

60. Gift und Wollust.

Was schauderst du zurück vor Gift — wie selten stirbt ein Mensch daran! —
Und lachst der Wollust sehnlich zu, die stündlich mordet, was sie kann?

---

61. Das Herz.

Herz, du spielst dem armen Menschen unablässig Lug und Trug
Von der Wiege bis zum Grabe — und doch hat er nie genug!

---

62. Rath und That.

Wer jeder That sich unterfängt, der kommt zu keinem Rath;
Wer jeden Rath berathen will, der kommt zu keiner That.

---

63. Der Geiz.

Dem vollen Bauch beliebt das Fasten:
Der Geizhals geizt bei vollem Kasten.

---

64. Das Mistrauen.

Herb ist der Reue reife Frucht; um wie viel herber muß
Mistrauen sein, der herben Reu' unreifer Vorgenuß!

---

65. Die Zähne.

Als deines Grabes Spaten brauchst die Zähne du auf Erden:
Was Wunder, wenn sie dir davon bald stumpf und mürbe werden!

---

66. Das Element.

Der schwere Tölpel Anker wähnt, er sei in seinem Element,
Wenn er im Wogengrunde liegt und einen Fisch Herr Bruder nennt.

---

67. Weinen und Lachen.

Das Weinen ist die erste Kunst, die lächelnd uns das Leben lehrt:
So lehr' es lächeln uns zuletzt, wann es sich weinend von uns kehrt!

68. Der Bekehrer.

Es waget sich der Teufel selber zu diesem Frommen nicht hinein,
Aus Furcht, vor ihm bekehrt zu werden und Engel dann mit ihm zu sein.

69. Die Auspicien.

Fang nur dein falsches Werk in Gottes Namen an:
Der Teufel hilft gewiß, wenn's sonst nicht fürder kann!

70. Gott beschert über Nacht.

Der Herrgott beschert nur über Nacht;
Doch ist noch kein Mensch darüber erwacht,
Und hat er früh morgens die Hände nicht voll,
So weiß er nicht, wo er es suchen soll.

71. Gott thut das Seine, thu das Deine!

Gott gibt Kleider für den Regen, der auf dich vom Himmel fällt;
Wahr' dich selbst in deinem Hause, wenn das Dach nicht Wasser hält!

72. Der Mensch denkt, Gott lenkt.

Laß nur den Menschen denken:
Gott wird es dennoch lenken. —
Nein, mag auch Gott es lenken,
Der Mensch soll dennoch denken!

73. Gleich und ungleich.

Wir müssen die Katz' auf die Ratze binden,
So werden wir sie nicht bissig finden:
Mag gleich und gleich sich gern gesellen,
Ungleich lernt öfter gleich sich stellen.

74. Gute Tage und schlechte Tage.

Um zu tragen gute Tage brauchst du festen Fuß und Rücken;
Schlechte Tage kommen weiter auch auf Höckern und mit Krücken.

75. Gewohnheit.

Gewohnheit ist dem Narrenfuß ein trockner Wassersteg;
Dem Weisen aber spart er oft des Stromes Segelweg.

76. Gebet ohne Arbeit.

Faul in der Arbeit, fleißig im Beten:
Orgelspiel ohne Balgentreten.

77.

Hat Gott für dich die Hände mit Arbeit immer voll,
Sag' mir, du frommer Beter, womit er segnen soll?

78. Bartweisheit.

Dem faden Brauseweine gleich, der durch das Alter sauer worden,
Ist Thorheit, die um ihren Bart getreten in der Weisheit Orden.

79. Hochzeitskalender.

Jung gefreit
Macht das Kind zu früh gescheit;
Wer als Greis zum Altar geht,
Wird ein närrisch Kind zu spät.

---

80. Kunst und Künstler.

Die Kunst geht immer noch nach Brot,
Zu büßen ihres Hungers Noth;
Willst aber einen Künstler suchen,
Lauf hinterdrein mit Wein und Kuchen!

---

81. Die Weisheit auf den Gassen.

In jedem Haus' ein Narr,
In jeder Kirch' ein Pfarr;
Der Weisheit auf den Gassen
Ist Raum genug gelassen.

---

82. Der fromme Teufel.

Herr Satan, einst ein böser Christ,
Ist nun geworden ein Pietist:
Für fromme Sünder schickt sich's wohl,
Daß sie ein frommer Teufel hol'.

---

83. Je länger, je lieber.

Was uns Gott auf einmal gab, nimmt er nach und nach uns wieder:
Fordre, Herr, zuletzt mir ab meine Thorheit, Träum' und Lieder!

---

84. Aufgabe der Menschheit.

Strebe, Mensch zu sein auf Erden,
Nicht eines Engels Aff' zu werden!

---

85. That und Wille.

Der Menschenseele gleich in ihres Leibes Hülle,
So wohnt in jeder That des Thäters freier Wille;
Und wann die Todten einst zum neuen Leben gehn,
Wird aus der Thaten Gruft der Wille nur erstehn.

---

86. Verfängliche Frage.

Sag', wer wird in diesem Staate baß besoldet und geehrt,
Einer, welcher Pferdefüßen, oder Menschenköpfen lehrt?

---

87. Zeit und Gelegenheit.

Eine Stunde recht zu fassen
Thut der Narr ein Jahr verpassen:
Wart' auf die Gelegenheit,
Aber nimmer auf die Zeit!

---

88. Frommer Aufblick.

Wißt ihr, warum Pius' Blicke stets gen Himmel sich ergehn?
Weil er es nicht wagt auf Erden einem ins Gesicht zu sehn.

---

89. Tugendliebe.

Die Jungfrau Tugend lieben
Wird selten übertrieben:
Will sie's vielleicht nicht leiden?
Bist du nur zu bescheiden?

---

90. Eier und Küchlein.

Kein Küchlein steckt heraus den Kopf,
Schlägst du die Eier in den Topf.

---

91. Die Brille des Richters.

Richter, willst du ohn' Gefahr durch die Finger gucken,
Mußt die Brille dir dazu vor die Augen rucken.

92. Gottes schönste Gaben.

Das sind Gottes schönste Gaben,
Die wir ohn' all unser Zuthun haben.
Gibt im Schlaf er doch das Leben:
Also woll' er den Tod auch geben!

93. Lehre des Todten.

O todter Bruder, lehr' uns hier im Leben,
Wie in der Gruft, vergessen und vergeben!

94. Kurzer Bestand.

Das Feuer im Stroh,
Das Wasser im Siebe,
Auf dem Nagel der Floh,
Die Geduld bei der Liebe:
Sag' an, wem's gefällt,
Was am längsten sich hält?

95. Rechte und linke Hand.

Die faule Linke nur schmückt sich mit goldnen Ringen;
Die starke Rechte muß für sie das Eisen schwingen.

96. Villeggiatura der Muse.

Nun wecken alle Morgen mich des Haines Nachtigallen,
Die Maienblüten weiß und roth durch meine Fenster fallen,
Mit hellen blauen Augen blickt, getaucht in Perlenflitter,
Der Himmel auf das Lager mir durch grüne Knospengitter;
Wie kannst du in der Frühlingspracht so stumm, o Muse, bleiben?
Du meinest wol, es sei nicht schön, so schön dir vorzuschreiben?

97. Der Spiegel.

In der kleinsten Wasserperle, die das Blatt der Blume trägt,
Spiegelt sich der weite Himmel mit dem Kelche, der sie hegt:
Also strahlt aus deines Auges thränenhellem Perlensee
Deines Herzens Lilientiefe und des blauen Himmels Höh'.

98. Vorgeschmack.

Schönes Kindlein, laß dich küssen; bist zum Kusse nicht zu klein:
Schmeckt der Kenner doch im Moste, wie ihm schmecken wird der Wein.

99. Erschließung der Seele.

Dein Mund ist deiner Seele Schloß; der Schlüssel fehlt, es aufzuschließen:
Ein Kuß der Liebe sprengt es dir und läßt heraus die Seele fließen.

100. Das Spiegelzimmer der Muse.

Durcheinander bunt und wirr kreuzt sich hier Gestalt und Schimmer:
Tretet nur herein, es ist meiner Muse Spiegelzimmer.

Deutsche Reimsprüche.

1. Die Sphinx.

Die Lieb' ist eine Sphinx, vom Himmel hergesandt;
Wer löst ihr Räthsel wol mit irdischem Verstand?

---

2. Der gern verbesserte Irrthum.

Einen Irrthum gibt's auf Erden, welcher gern verbessert wird:
Wenn der Kuß, die Lippen suchend, in die Schleifen sich verirrt.

---

3. Die Nachtigall.

Dein Gesang, o Nachtigall, ist ein Wunder dieser Welt,
Weil ihn keiner kann verstehn und er jedem doch gefällt.

---

4. Pegasus.

Verwehre dem Dichter zu trinken und zu lieben —
Pegasus, wo sind deine Flügel geblieben?
Verwehre dem Dichter zu lieben und zu trinken —
Pegasus lernt wie ein Karrengaul hinken.

---

5. In vino veritas.

Im Wein ist Wahrheit; jede Flasche hat Grund:
Drum netzen wir Weisen so gern den Mund.
Zerbrich dir den eignen Kopf nur nicht;
Zerbrich ihn der Flasche — so hast du Licht!

---

6. Hans und Hänschen.

Ein verschrumpfter Apfel bleibt oft am Baume kleben;
Hofft er denn, das andre Jahr soll ihm Reife geben?
Eine Jahreszeit versäumt einmal ist für immer,
Und was Hänschen nicht gelernt, Hans der lernt es nimmer.

---

7. Haben gehabt und haben werden.

„Haben gehabt" ist ein armer Mann,
„Haben werden" sein guter Kumpan:
Heute sie haben kein Hellerchen Geld,
Morgen sie wollen sich kaufen die Welt.

---

8. Nie genug.

Fahr hundertmal dieselbe Straße, du machst doch immer neue Gleise:
Und ob du hundert Jahre lernest, zum Lernen wirst du nie zu weise.

---

9. Der König.

Ein guter König gleicht der Sonne, die uns erwärmet und erhellt;
Sie brennt uns nur, wenn ein Vermittler sich als ein Glas dazwischenstellt.

Anmerkungen.

S. 64, Z. 12 v. u.: Der „Bolsëner See", Lago di Bolsena, in der päpstlichen Provinz Viterbo. An seinem Ufer liegt höchst malerisch auf einem vereinzelten Hügel die Stadt Montefiascōne. Der hier erbaute Muskatellerwein gehört zu den berühmtesten Weinen Italiens. In der St.-Flavianskirche zu Montefiascone ist noch das Denkmal mit der Inschrift vorhanden, woran sich die vom Dichter poetisch behandelte Sage knüpft.

S. 79, Z. 8 v. u.:

„Wo der Held, wie groß er ist,
Seines Magens nicht vergißt". —

Odysseus sagt (Odyssee, Gesang VII, Vers 215 fg.):

Aber laßt mich genießen des Mahls, wie sehr ich betrübt bin:
Nichts unbändiger doch denn die Wuth des leidigen Magens,
Der an seinen Bedarf mit Gewalt jedweden erinnert —

S. 79, Z. 4 v. u.:

„Wo die jungen Königinnen
Wuschen ihres Hauses Linnen." —

Nausikaa, Tochter des Alcinous, Königs der Phäaken auf der Insel Scheria, wusch mit ihren Dienerinnen am Ufer des Meeres die leinenen Gewänder, als Odysseus mit seinen Gefährten daselbst landete.

S. 79, Z. 2 v. u.:

„Und ein Kronprinz ohne Scham
Zu den Schweinehirten kam." —

Telemăchos, der Sohn des Odysseus, sah bei dem Sauhirten Eumäos zuerst seinen Vater wieder, als dieser von Ilios zurückkehrte.

S. 80, Z. 6 v. o.: „Honig seiner Zung' entfloß." — Vgl. Ilias, Gesang I, Vers 248 fg.:

Nestor mit holdem Gespräch, der tönende Redner von Pylos,
Dem von der Zung' ein Laut wie des Honigs Süße daherschoß —

S. 80, Z. 16 v. o.:

„Aber keiner konnte tragen
Den zum Munde so wie er“ —

Vgl. Ilias, Gesang XI, Vers 631 fg.:

... Ein stattlicher Kelch, den der Greis mitbrachte von Pylos,
Den rings goldene Buckeln umschimmerten; aber der Henkel
Waren vier, und umher zwo pickende Tauben an jedem,
Schön aus Golde geformt; zwei waren auch unten der Boden.
Mühsam hob ein andrer den schweren Kelch von der Tafel,
War er voll; doch Nestor, der Greis, erhob unbemüht ihn.

S. 97, Z. 11 v. o.: „So die Heil'ge Mutter Gottes selber sich ersehen hat“. — Die Sage von der Gründung der Stadt Parga erzählt Pouqueville („Voyage dans la Grèce“) aus neugriechischen Quellen wie folgt. Das alte Parga bestand schon lange vor der Eroberung Konstantinopels durch die Türken. Nachdem diese Barbaren die Hauptstadt des oströmischen Reichs eingenommen hatten, verbreiteten sie sich verheerend und mordend in die Provinzen. Die Priester von Parga sahen eine unvermeidliche Katastrophe für die Stadt voraus und waren darauf bedacht, den Bewohnern einen Zufluchtsort in der Nähe des Meeres zu verschaffen, wo sie sich besser vertheidigen, oder schlimmstenfalls in ein gastliches Land flüchten könnten. Nun war es aber schwer, ein Volk, das so fest an seinem Heimatboden hängt, zum Verlassen desselben zu bewegen. Gewöhnliche Vorstellungen hätten hier nicht ausgereicht; der Himmel selbst mußte sprechen. Ein Ziegenhirt entdeckte in einer Höhle am Vorgebirge Chimarium ein Bild der heiligen Jungfrau, das in feierlicher Procession nach der Stadt gebracht wurde, trotz der Anbetung aber, die man ihm zollte, von selbst wieder zu seiner Höhle zurückkehrte. Da entschlossen sich die Einwohner, ihm zu folgen; und um dieses wunderthätige Palladium her erbauten sie das neue Parga.

S. 119, Z. 15 v. o.! „Wie jener einst gethan, dein Heldensohn“. — Der Athenienser Cynegirus. Vgl. Justin. Lib. II. c. 9.

S. 129, Z. 3 v. o.: „Siehst in Epirus' Felsen nicht die Weiber Schwerter wetzen?“ — Die Suliotinnen.

S. 129, Z. 4 v. o.: „Siehst du auf Spartas Fluren nicht die Kinder Tiger hetzen?“ — Die Mainotenknaben.

Druck von F. A. Brockhaus in Leipzig.